华夏图志

著 | 方曦闽

西方文献中的中国视觉形象

江苏人民出版社

图书在版编目（CIP）数据

华夏图志：西方文献中的中国视觉形象 / 方曦闽著
. -- 南京：江苏人民出版社, 2020.9

ISBN 978-7-214-25017-9

Ⅰ. ①华… Ⅱ. ①方… Ⅲ. ①中国历史 – 中古史 – 史
料②中国历史 – 近代史 – 史料 Ⅳ. ①K240.6②K250.6

中国版本图书馆CIP数据核字(2020)第097530号

书　　名　华夏图志：西方文献中的中国视觉形象

著　　者　方曦闽
责任编辑　汪意云　魏　冉
装帧设计　姜　嵩
出版发行　江苏人民出版社
出版社地址　南京市湖南路1号A楼，邮编：210009
出版社网址　http://www.jspph.com
排　　版　江苏凤凰制版有限公司
印　　刷　南京新世纪联盟印务有限公司
开　　本　787毫米×1092毫米　1/16
印　　张　22.25　插页4
字　　数　340千字
版　　次　2020年9月第1版　2020年9月第1次印刷
书　　号　ISBN 978-7-214-25017-9
定　　价　108.00元（精装）

江苏人民出版社图书若有印装错误可向出版社调换。

目　录

一、建　筑

二、人　物

三、动　物

一、建　筑

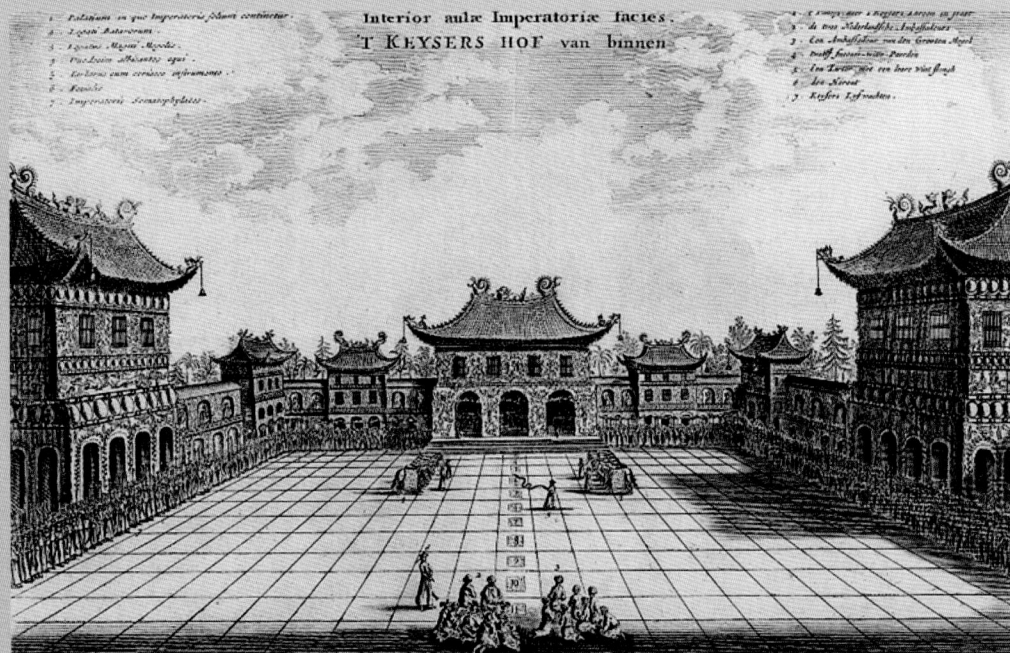

Interior aulæ Imperatoriæ facies.
'T KEYSERS HOF van binnen

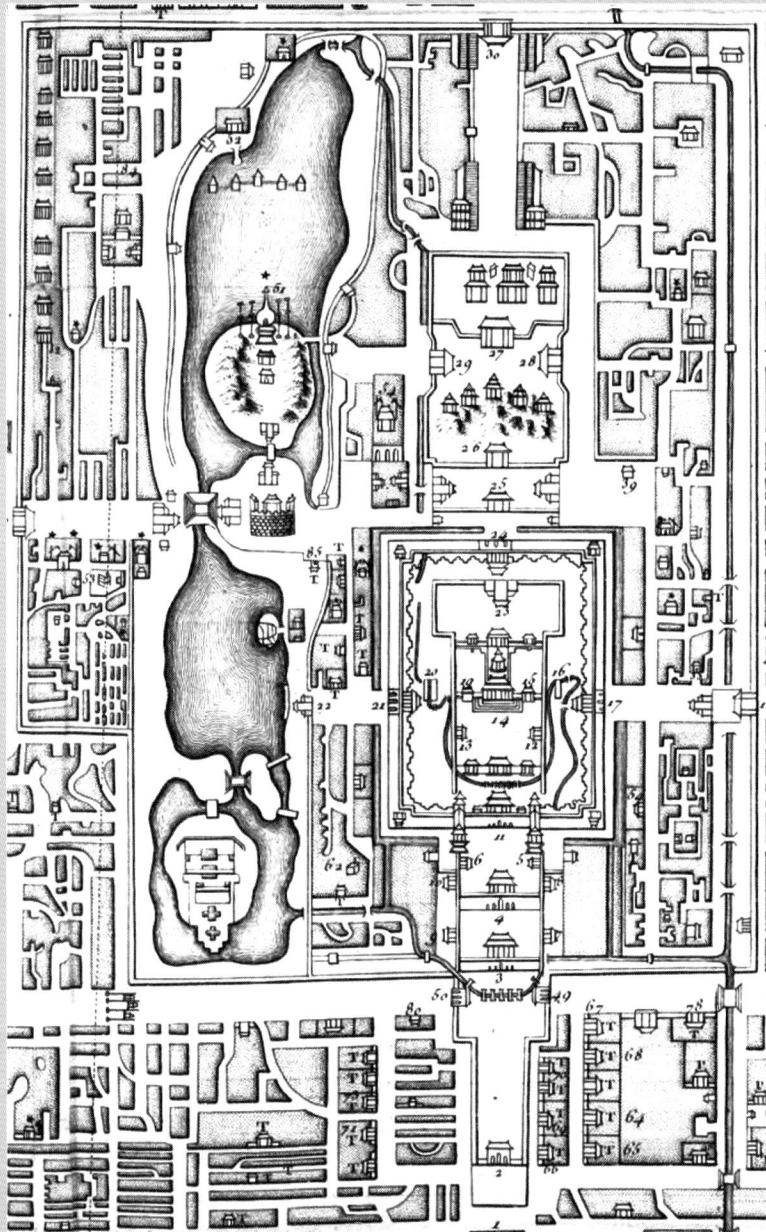

1.1　长城

公元4世纪，罗马历史学家阿米阿努斯·马瑟林努斯（Ammianus Marcellinus，约330—400）在其著作《历史》第31卷第23章中说："向东有高墙围绕着赛里斯，他们因其王国的富有和广阔而闻名。"[1] 这可能是西方文献中首次出现中国有高墙的记载。

此后有关高墙或是长城的信息在西方沉寂了一千多年，直到在1561年出版的一本名叫《埃塞俄比亚史》的书中才又现端倪。此书附有很多耶稣会士的书信，其中有一位在中国当了六年俘虏的人在书信中回忆了自己在中国的经历。其人先说中国人善于筑墙，在中国的每个城市都有城墙。然后讲述了一场在北方长墙边发生的战争：

在中国与鞑靼接壤的边界，有一道坚固的墙，其长度相当于一个人走一个月的距离，国王在舷墙里屯了大量军人。在墙跟山连接的地方，他们把山体凿成墙壁的形状，因为鞑靼人骁勇善战。当时我们是囚徒，鞑靼人攻破了一部分墙体并进入境内一个半月旅程的距离；但是，国王动员了大量军人，这些人有上好的装备（中国人长于此道），他阻遏了在马背上战斗的鞑靼人。由于鞑靼的马已经变得虚弱而且快饿死了，一名中国军官命令将大量豌豆放在田野上，这样马就会违背自己主人的意志去吃豆子。中国国王的军队以这种方式使敌人陷入混乱，并转而驱逐了他们。

1　［意］曼斯缪·奎尼等：《天朝大国的景象》，安金辉等译，华东师范大学出版社2012年版，第232页。"赛里斯"是西方对中国的古称。

现在，墙上还防守甚严。[1]

两年后，葡萄牙历史学家巴洛士（João de Barros，1496—1570）在其《亚洲十年一记·第三个十年》（初版于 1563 年）中说：

在（北纬）43 度和 45 度之间，横亘着一道墙，它从这个地区的门户，也是两座大山之间叫做嘉峪（Ochióy）的关隘起，向东延伸，一直到东部海边的山区止。整个墙的长度超过 200 里格。中国人说他们的皇帝建造了这道墙以防御外敌，就是我们说的鞑靼人，因为鞑靼人征服了墙的另一侧。此墙出现在中国人画的地形图上，所有的土地、山脉、河流、城镇和乡村都标注了名字，我们曾受命将地形图连同译本和一些书籍一同寄回。在这之前，我们得到了一小册《寰宇志》，书中有地方位置图及说明。这书上面虽然没有此墙的形象，但是我们从中国人的图中了解到了信息。我们知道此墙不是连绵不断的，在中国和鞑靼之间，有一道崇山峻岭，所以仅在关隘处建了墙。现在我们看到中国人画出了，真让我们吃惊。[2]

1569 年，葡萄牙多明我会教士克路士（Gaspar da Cruz，约 1520—1570）的《中国志》出版，这是欧洲出版的第一本记述明代中国的书，也是欧洲第一本以中国为叙述对象的书。克路士曾在广州附近的沿海地区活动了几个月，了解到了一些关于长城的信息：

一般可信的说法是在中国和鞑靼之间有一道长达 100 里格的墙，有人断言超过 100 里格。[3]

他们（指鞑靼人）一直在跟中国人打仗，正如我以前说过的，在中国和他们之间有一道 100 里格（有人说更长）的墙，在那里总是有军人驻守以防御鞑靼人入侵。据信这道墙不是连续的，中间杂有山峦。一位波斯贵族曾经向我确认在波斯的某些地方也有类似的工程，中间也夹杂着大大小小的山。[4]

1　参考 *The History of the Great and Mighty Kingdom of China*，ed. Sir George Thomas Staunton，London，1853，XIIV - XIV。　．

2　João de Barros：*Decadas da Asia*，*Lisboa*，1777，v. 5，pp. 188–189.

3　C. R. Boxer：*South China in the Sixteenth Century*，London，1953，p. 70.

4　同上书，第 85 页。

　　1575 年，西班牙传教士拉达（Martin de Rada, 1533—1578）来到中国，并在中国南方盘桓了两个多月，其间得到了有关长城的知识：

　　在中国的北边有一道雄伟的用方石筑成的边界墙，它是世界上最著名的杰作之一。它大约有 600 里格长，7 寻高，底部有 6 寻宽，顶部 3 寻宽，听说都覆盖了瓦片。据中国史书记载，此墙是国王在 1800 年前建的。中国国王指派了一位总督和三位大将率军戍守墙外的许多城镇作为前线来抵御鞑靼人，然而因为这块地方是驱逐鞑靼人后兼并的，所以这些城镇不算是大明的，尽管它们在大明的治下。[1]

　　到了 1585 年，西班牙人门多萨（Juan González de Mendoza, 1545—1618）总结了前辈及同时代人的中国游记，并加入了从其他地方收集到的有关信息，在他的名著《中华大帝国史》中写下了后来在欧洲广为流传的，但也是以讹传讹的对长城的描述：

　　在这个王国有一道防御的墙，一共有 500 里格。它起始于一个西部高山上的城市嘉峪，一直向西延伸。建造该墙的国王叫嬴政（Tzintzon）。他之所以建这道墙，是为了防御鞑靼人的入侵，他已经跟鞑靼人交战了多次，这道墙封锁了鞑靼边境。但是你必须了解，该墙自然的部分长达 400 里格，这部分是高大的岩石，它们彼此靠得很近。还有 100 里格是岩石之间的空档，这部分国王命令人工用非常坚固的岩石筑成，底部有 7 寻宽，高度也是 7 寻。该工程始于海边的广东(Canton)省，经过北直隶(Paguia)及江西（Cansay），止于四川（Susuan）省。上述国王为了建造这道雄伟的墙，在整个王国中每三个男子中抽一丁，或每五个男子中抽两丁。这些壮丁长途跋涉，吃尽千辛万苦，到不同的地区去劳作（虽然上述地区的附近储存着大量的劳力），在工程完工时他们几乎都死了。

　　建造这道气势庞大的墙引发了全国反抗国王的起义。在他统治了王国 40 年后，他被杀了，他的名叫二世（Agnitzi）的儿子也命归黄泉。关于这道墙的报告是千真万确的，因为是经过旅行到菲律宾、广东和澳门的中国人证实的，他们曾见到过那道墙。墙位于那个王国最远的地方，我们当中还没有人去过那儿。[2]

1　C. R. Boxer：*South China in the Sixteenth Century*，London，1953，p. 263.

2　*The History of the Great and Mighty Kingdom of China*，ed. Sir George Thomas Staunton，London，1853，pp. 28–29.

在地图方面，几乎与《埃塞俄比亚史》记叙长城的同时（1561），葡萄牙地图学家维和（Bartolomeu Velho，？—1568）出版了一套航海图集，其中亚洲的部分标有印度、中国、鞑靼等地。在中国与鞑靼之间，有崇山峻岭相阻隔，而山岭之间的空隙，似乎用墙体填满了。如果那些墙真的是长城，维和就是西方将长城从文字变成图像的第一人。

维和所绘《航海图》中国和鞑靼的细部，有崇山峻岭（在图中呈左下—右上走势）将两处分开，山岭之间较粗的黄色横线，很可能代表长城

奥特里乌斯《中国地图》细部，此图的右侧为北

比门多萨《中华大帝国史》早一年出版的《寰宇地图集》（*Theatrum orbis terrarium*）增订版中的《中国地图》（*Chinae*）是欧洲第一幅将中国列为主要对象的现代地图，地图的原稿由葡萄牙绘图家巴布达（Luis Jorge de Barbuda，约1564—约1613）贡献，出版商则是荷兰的奥特里乌斯（Abraham Ortelius，1527—1598）。在这幅中国地图上，有一道自西向东的高墙，建在山岭之间。每隔一段距离，墙体上就有烽火台。光从外形上看，这已经是活脱脱的长城了。在这道高墙的南侧，还有两行拉丁语，意为"中国皇帝在山间建立长城，总长400里格，用来抵御鞑靼的入侵"。有了这条文字说明，就可以确认奥特里乌斯出版的这幅中国地图是欧洲第一幅明确地画上了长城的地图。

裴德《中华帝国地图》中长城细部，但说明文字指出长城有 500 里格长，与奥特里乌斯《中国地图》的说法不一致

洪迪乌斯《中国地图》中长城细部，他抄袭了奥特里乌斯对长城的说明，但将长城上的烽火台去掉了

　　奥特里乌斯的中国地图出版后，其他地图出版商纷纷在亚洲或是中国地图上加上长城，如荷兰人考讷里斯·德·裴德（Cornelis de Jode，1568—1600）的《中华帝国地图》（China Regnum，1593），弗莱芒人洪迪乌斯（Jodocus Hondius，1563—1602）的《中国地图》（China，1606）等。

　　但最令人感到惊奇的是一幅出版于 1590 年前后的《中华帝国及周边王国和岛屿图》（Sinarum Regni alioru［m］q［ue］regnoru［m］et insularu［m］illi adiacentium descriptio），这幅无名氏所画的地图以三维的方式画出了曲折的长城，虽然墙体显得单薄且没有烽火台，但雉堞和券门却历历在目。

　　此图的画法，明显地受到了中国明代舆地学家罗洪先（1504—1564）根据元朝朱思本（1273—1333）的《舆地图》而制作的《广舆图》的影响。欧洲无名氏的地图在长城西北侧画有沙漠地带，这也是西方在地图上表现出中国沙漠的最早例子。

　　1626 年，英国的普察斯（Samuel Purchas，1577?—1626）出版了一套精美的游记集，其中收录的一幅中国地图因为有中文标题《皇明一统方舆备览》而格外引人注目。这幅地图上的长城自东向西，横贯中国北方；而长城西北侧的沙漠，则以粗黑色显示，这跟《广舆图》的处理手法如出一辙。地图上有三幅人物插画，左下和右下为中国男人和女人，左侧中部为意大利传教士利玛窦（Matteo Ricci，1552—1610）。"皇明一统方舆备览"这八个汉字，从书写风格上来看，显然是汉语为非母语的外国人写的，很可能是某位传教士的手笔。之所以放上利玛窦的画像，是因为游记集中收录了利玛

无名氏《中华帝国及周边王国和岛屿图》细部。香港科技大学藏

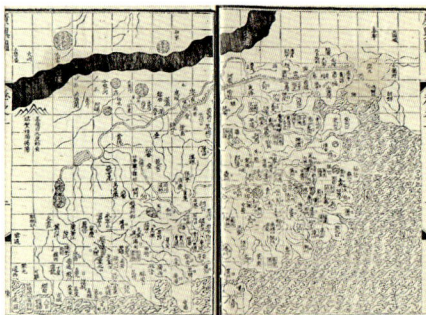

明万历刊本《广舆图》之《舆地总图》　　　　　　　　左图细部

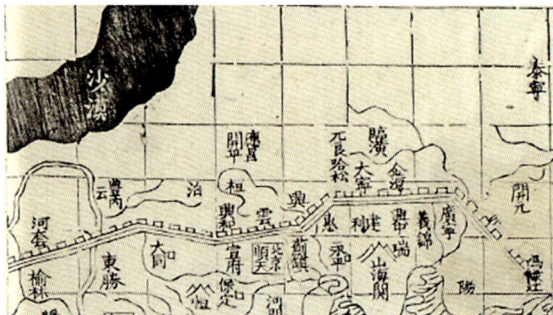

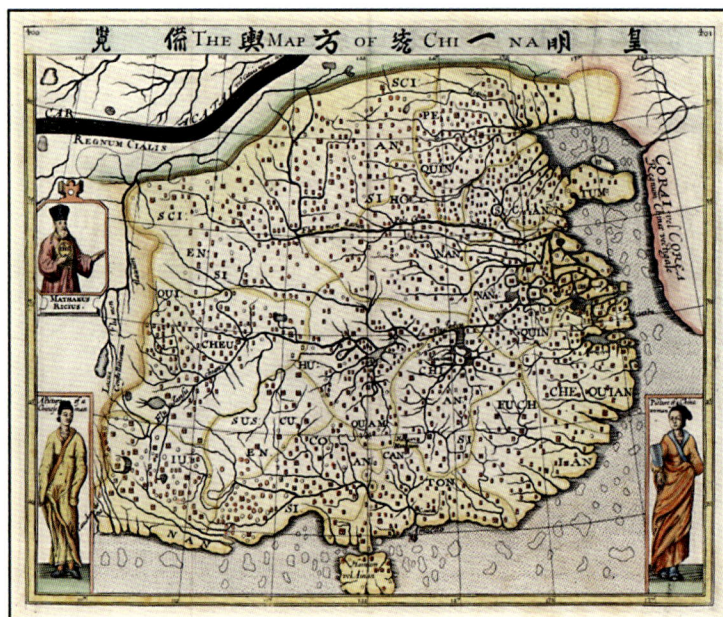

普察斯编辑的游记集中收录的《皇明一统方舆备览》图

窦著、法国传教士金尼阁（Nicolas Trigault，1577—1628）编辑的《中华帝国志》[1]的英译本（*Of the Kingdom of China*）。

作为最早一批进入中国的传教士之一（1582年入华），利玛窦对地图有极大的兴趣。在他随身携带的物品中，就有奥特里乌斯编的《寰宇地图集》。不过这本珍贵的书在他至天津等待赴北京觐见万历皇帝之时，被宦官马堂搜刮去了。[2]

利玛窦在中国期间，绘制了著名的《坤舆万国全图》，这是世界上第一幅以汉字标注的世界地图。这幅图的中国部分位于中央略靠左的位置，其中长城和沙漠的走势与《广舆图》类似。在此图的绘制过程中，明朝官员李之藻曾参与其事。李之藻对舆地学颇有研究，收集了不少前人绘制的地图，《广舆图》也曾寓目。[3]

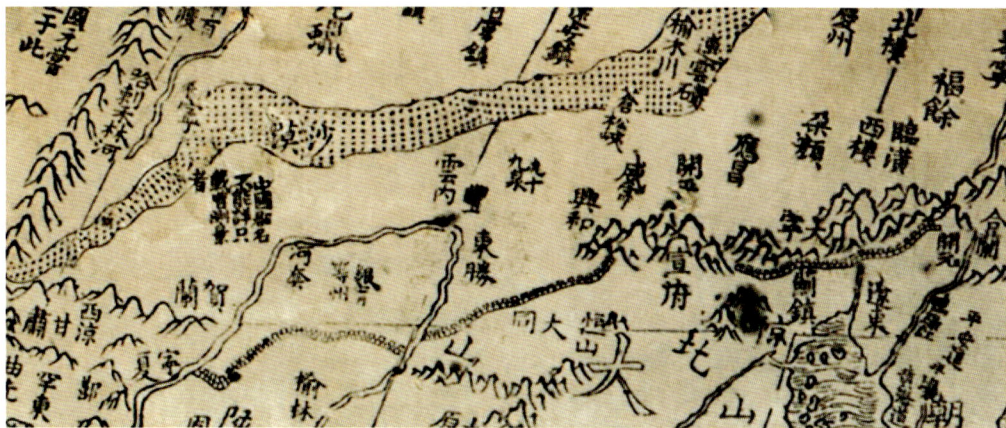

《坤舆万国全图》细部，长城上的雉堞密密麻麻

1643年来华的意大利传教士卫匡国（Martino Martini，1614—1661）对绘制地图也抱有极大的热忱。他于1655年在荷兰阿姆斯特丹出版了一套《中国新图志》（*Novus Atlas Sinensis*），这是欧洲历史上第一套纯粹收录中国地图的地图集，书中包括中国总图与分省地图。在总图上长城的长度与《坤舆万国全图》类似，且也被处理成是不连续的（中间被一处山岭隔开），但线条看起来更直一些。

---

1 《中华帝国志》实际上是金尼阁编辑的《利玛窦中国札记》（*De Christiana expeditione apud Sinas*）中有关中国总论的部分。《利玛窦中国札记》有多种译名，如《利玛窦中国传教史》《基督教征服中国史》《基督教进入中国史》等。

2 见《利玛窦中国札记》，何高济等译，中华书局1983年版，第394页。

3 见李之藻《坤舆万国全图》跋。

《中国新图志》中中国总图细部。长城西北侧的沙漠被画得很宽，并标上了中文发音"XAMO"

卫匡国肖像

卫匡国所画的长城令西方人印象深刻。西方流传最广的卫匡国肖像由无名氏画于1660年代，画中的卫匡国左手拿着一幅中国地图，而他右手食指所指的位置，正是横贯中国东西的长城。

比卫匡国晚两年到中国的波兰传教士卜弥格（Michał Boym，1612—1659）也是一个热衷于绘制地图的传教士。他曾绘有《中国地图集》手稿，但他的地图中的长城比较简单，几乎只起到示意的作用。

不过卜弥格在他书中及手稿中多次提到长城，比如他在《关于中国边界上防御野蛮人侵犯的城墙，鞑靼人是在什么情况下侵入中华帝国的？》一文中说：

中国的史书上有这样一个说法："亡秦者胡也。"说的是中国北方的领土将遭到鞑靼人的侵犯。皇帝因此以为，整个中国将隶属于鞑靼。为了防止这种危险的发生，他马上调集了七万人，在中国北方的土地上修了一道特别长的城墙："万里长城"，有一万里长，相当于七百德国里，想用这个办法防止鞑靼对北方领土的入侵。但是在1273年，从沙漠和金王国来的称为鞑靼（Nyalh-cie）的鞑靼人侵占了中国东部的领土，在那里建立了今天的政权。他们只用了一年时间，就赶走了那里的中国人，迫使中国人向他们进贡。明洪武皇帝（Hum vu）曾经使得北方的长城（它曾被鞑靼人破坏，所以威尼斯人马可·波罗没有见到它）以外的七百个鞑靼的世族臣服于他，中国的总督们在那里还建立了行政管理机构。[1]

他在《中华帝国简录》中说：

它的西部有很多山，有峡谷和流沙，因此走陆路去大黄河（Huam），去北部的戈壁沙漠，去万里长城（Vamliciamcim，一万中国里相当于六百德国里）都很困难。这道延伸在帝国边界上起防护作用的城墙是一个很特殊的艺术品，它的宽度和长度在中国史书上都有记载。金尼阁神父认为中华帝国的面积宽五百二十八 leuca，他声称这个宽度就是从澳门到北京城郊的距离（但是中国的地理学家认为，中华帝国的疆域要从海南岛算起，它的位置在北纬十七度；还包括云南省的南部，一直到戈壁沙漠上的长城）。[2]

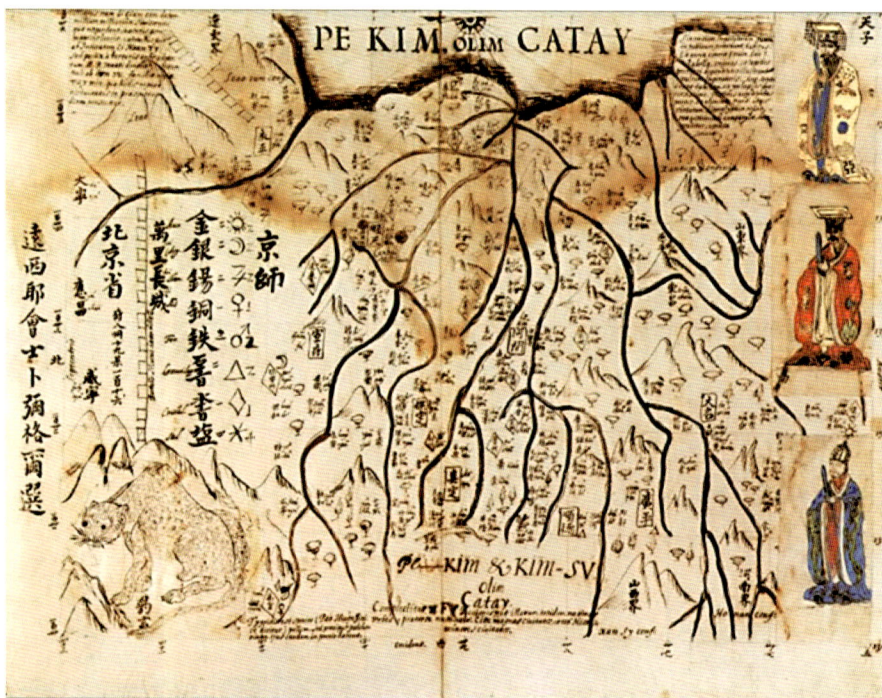

卜弥格所绘北京地图手稿。他在地图的左上角对长城作了说明："万里长城，一万中国里长，相当于五百德国里。由始皇帝建造，后来被鞑靼人毁了，是在威尼斯人马可·波罗来到之前被毁的。今天依然统治中国的大明王朝洪武将它重建，修复后保存至今。"梵蒂冈教廷图书馆藏

---

1 《卜弥格文集》，张振辉等译，华东师范大学出版社 2010 年版，第 164 页。

2 同上书，第 170 页。

　　卜弥格来华后，基本上在中国南方活动，足迹并未到达长城，但他却清楚地知道，在他那个时代的长城是明代重修的，而不是战国时代保留到当时的长城。他的这个认知，比他的一些同代人要高明。

　　1667 年，卜弥格的老师、德国学者吉歇尔（Athanasius Kircher， 1602—1680）在阿姆斯特丹出版了《中国图说》，他在这本图文并茂的书中有数处提到长城，其中有一处说：

　　以下是《中国地图集》中所述："这道迄今尚未得到说明的了不起的墙，非常有名。它围绕着不是一个，而是四个完整的省份，或者更好的说法是，它围绕着整个帝国。虽然我开始认为这个估计太长了，但现在我发现它的长度超过了 300 德国里，其中每 15 里是一段。它始于中国海（在那儿来自鞑靼东部的黄河流入海中），止于黄河河岸的金村山上。它不超过 20 段，但曲线和转折补足了长度。它是连续不断的，只是北方北京（Pequing）省的顺（Siuen）城的一小部分由令人生畏的和难以进入的山脉连接到坚固的墙体，在那里，黄河与较小的河流汇合。在供外国人进入的地方，他们建造了拱门和拱顶，就像在桥上的那样。其余各部分的形状都是一致的，不仅在少见的一马平川的地面上，而且即便此墙经过山岭地区时也是如此。墙每隔一段就有带门的高塔，供人有理由出门时通行。在地图上可以看到墙附近有城堡用于驻军和防御。中国皇帝保持不下一百万人的兵力来守护这道从东到西的墙。墙的高度是 30 中国腕尺，宽度是 12 腕尺，但通常是 15 腕尺。中国人称之为万里城，即 10000 里的墙。他们通过这个数字表示墙的巨大和惊人的长度，因为 250 中国里等于一个赤道度[1]，则整个长度会扩展到大约 40 度。这比整个亚洲的长度都要长。

　　开始这项工程的人是秦始皇，他是中国皇室的缔造者，他的政绩、成就以及战争的荣耀与所有其他的中国皇帝相埒，甚或超过他们。他在推翻姬家王朝后征服了整个中国，从一个小国王登上了皇帝宝座。他曾大肆杀戮鞑靼人，为的是防止未来他们对中国的侵袭。他在登基后的第 22 年，也就是基督诞生之前的 215 年开始建造这道墙。五年后整个工程完工，全赖众多役人的非凡劳作。秦始皇要求在全中国每十人中抽取三个壮丁参与修建墙的各个部分。在极其短暂的五年里，墙被造得如此坚固，以至于如果有人能在切割好的方石之间插入钉子，那部分的建造者就会被处死。中国人写道：

1　赤道度为长度单位，1 赤道度约为 111 公里。

为了将几里长的墙建到大海里，有许多装载着大量铁块的船只被沉入海中，用作基础。这道墙在这个基础上修筑起来，向西和辽东地区延伸，很快建到北京，然后到山西和陕西省。它并不总是直的，而是随着各地的地形蜿蜒曲折。这项工程宏伟壮观，令人惊叹，它一直保存到现在还完好无损。"[1]

吉歇尔《中国图说》中的长城片段图，可见高达三层的城楼，两个券门及卫戍的骑兵等。城墙上有八匹马并行

　　吉歇尔还提到："西宁或西宁府是个人口众多的大城市。城市建在中国的长城边，城墙上有一个门，通过此门，印度商人算是踏上了中国的土地。他们需在此地等待皇帝的批准才能进入内地。此城位于北纬36.20度。"[2]印度人由西宁进入中国显然是吉歇尔道听途说得来的消息，但这也许是在他的长城插图中有一头大象的缘故。

　　尽管卫匡国在他的《中国新图志》前言中声称他曾到过长城，[3]但他可能只是看到了长城，并没有机会登上长城，更不用说对长城进行精准地测量了。这些遗憾只能

1　Athanasius Kircher：*China Illustrata*，translated by Charles D. Van Tuyl，Indian University Press，1987，pp. 206–207.

2　同上书，第58页。

3　Martino Martini：*Novus Atlas Sinensis*，Amsterdam，1655，pp. 17–18.

等到西方使团到中国时才能弥补。[1]

1675年，罗马尼亚人尼古拉·斯帕塔鲁·米列斯库（N. Spataru Milescu，又译为斯帕法里，1636—1708）作为俄国使节出使中国，在其日志和专著《中国漫记》中都提到了长城。

他在日志中说：

（5月10日）当爬到山顶时，侍郎指着中国长城对大使说，长城起自东海，环绕中华帝国的许多省份，连绵不断，总长达一千五百俄里〔一千英里〕。它越过崇山峻岭，跨过深涧幽谷。每隔一百沙绳〔七百英尺〕，就有一座墩台。长城是这样建筑的：墙基用未琢磨过的花岗石大石方垒成，上面再砌以砖墙。墙高四沙绳〔二十八英尺〕，宽二沙绳〔十四英尺〕。山里有些地方，长城已部分倒塌。中国人在谈起长城时，总是夸口说，在建筑它的时候，山上的石头都采光了，沙漠中的沙子都用尽了，河里的水全舀干了，森林中的树木也砍完了。但是，有关长城建筑的年代与经过及其规模等情况，我们将在介绍中华帝国一书中另作叙述。

……我们通过的第一道城门，宽二十八英尺，那里有岗哨。向前走二十八码，来到第二道城墙，也有类似的城门；接着，又来到第三道城门。所有这些城门和城楼都很坚固，其中又以第三道(内城墙)为最厚。三道城墙都建在宽约五十六英尺的山谷中，山谷两侧均有高耸的哨壁。城楼下的城门都是用铁包的。在城门和城楼内侧，有几间供卫兵住的房子；还有一个官衙，侍郎和城镇长官代表博格达汗[2]，在这里迎接大使，并以茶水招待。饮茶后，大使和侍郎又骑马约走了半俄里，来到边镇喜峰口。[3]

他又在《中国漫记》中说：

关于环绕中华帝国的长城，已有无数古今历史学家竭诚讴歌。它是战功赫赫、

1　葡萄牙人平托（Fernão Mendes Pinto，约1509—1583）在《远游记》（*Peregrinaçam de Fernam Mendez Pinto em que da conta de muytas e muyto estranhas cousas que vio & ouuio no reyno da China*……1614年初版）中称自己1540年曾经在中国长城地段做过苦役，并曾丈量过长城。但许多学者认为此游记更像文学作品。参见 *The Travels of Mendes Pinto*，edited and translated by Rebecca D. Catz，University of Chicago Press，1990，p. 186；里贝卡·卡茨：《评〈远游记〉——平托是海盗吗？》，载澳门特别行政区文化局：《文化杂志》，中文版第5期，第44—49页。

2　博格达汗，意为"伟大的可汗"。此处指康熙皇帝。

3　［英］约·弗·巴德利：《俄国·蒙古·中国》，商务印书馆1981年版，第1443—1444页。

业绩卓著、建树辉煌的秦始皇开始修的。秦始皇原也是一个小诸侯，后来战胜了周朝，征服了全中国，建立了一支庞大的军队，进而入侵博格达人和蒙古人的领土，征服了他们。可是这些人言而无信，劣性不改，不时偷袭中华帝国，烧杀掠夺，劫走人质。为一劳永逸地阻止其再进犯，秦始皇便想出了修筑长城的办法，使他们再也无法侵犯中国。他们在秦二十二年，即耶稣诞生前215年，距今1900年，开始修建长城，历时五年。为建筑长城，秦始皇从全国征集民夫，每十人抽三人。长城周围人声鼎沸，蔚为壮观。民工如此众多，以至于运送砖石泥灰无需再爬到山巅，用手相互传递即可。因为是在多处地段同时兴建，故而工程进展神速，整个长城在很短的时间内便得以建成。御者规定极其严格，用石灰粘结石缝，要坚硬到以至于铁钎也无法插入，否则就要处以极刑。长城的结构是：以巨石奠基，上面砌以城砖，用石灰接缝。有的段落则全以石块砌成。高五寻，宽近二寻，墙头布满垛口。长城东起辽东地区的海湾，离阿穆尔河不远，雅鲁河（Ial，大概指"鸭绿江"）即流入此海湾。在起始处，秦始皇沉没了许多船铁矿石，以为墙基。所以，长城实际上起始于大海，并由此开始跨越四个大省。中国人把长城叫作"万里长城"，这并不符合实际，因为长城实长约一千五百多俄里，中国人所以称之为"万里长城"，是喻其巍峨宏大。长城起始于沿海，蜿蜒而至黄河之滨的山地金城（Kin）。长城的走向时而笔直，时而弯曲，随地势而变。但是，整个长城连绵不断，除了北京附近的喜峰口（Sifen）附近的山区，因地势格外陡峻无法逾越而有一小段间断外，别无间断。在黄河流经的"塞"（Se）处也有一些小间断，这是因为，凡是自北向南流入中国的河流，穿越长城处城墙即砌成穹形，形似桥梁。整个长城形状如一，无论是穿越平原或跨过高山、甚至盘桓在峰顶山巅，都是一样。在道路交叉处都筑有堡垒；在道路穿越处，则建有城门。在城门附近有城堡和市镇，边防将士居住于此。在汉人当政的朝代，中国皇帝通常沿长城陈兵百万，守卫长城及长城附近的城池。因此长城环绕辽东地区、北京省、山西省、陕西省等地，宏伟壮丽，如果古时就为世人知晓，将会与世界七大奇迹并驾齐驱而毫不逊色。长城完好保存至今，只有个别地方曾坍塌过，但一旦哪里发生坍塌，中国人马上就会派工匠去修复。[1]

　　1693年，俄国又派荷兰人伊台斯（E.Ysbrandts Ides，1657—1708）出使中国，

1　［罗马尼亚］尼·斯·米列斯库：《中国漫记》，蒋本良等译，中华书局1989年版，第54—55页。

伊氏也从喜峰口入关，他在回忆录《三年使华记》中记载道：

（1693年）10月27日，我们抵达了岩石顶上的瞭望台，从那儿我们可以看到"扎干克里姆"，即长城，我们当天也抵达了，它不愧为世界奇迹之一。离长城还有500寻的地方是个山谷，山谷两边各有一个石块筑成的瞭敌楼，两座瞭敌楼之间竖起了一道3寻高的墙，中间有如图所示的出入口。我们穿过这个出入口，就到了长城的入口，入口建在一个8寻高的有石拱的烽火台下面，城门巨大，用铁皮和铁条加固着。长城由东向西，穿过山谷，直达极高的山顶。在山的两侧，每隔500寻的地方，竖立着一座烽火台，正如插图所示。长城的墙基由巨大的条石建成，每块条石高一英尺。墙基上面的建筑材料是砖和石灰，但是看起来从前都是用同样的石头筑成的。这第一道城门内有一块100寻宽的平地，走过这块地就到了第二道城门，这道门两边都有墙。正如第一道墙一样，也是横跨山谷。这里有50名士兵守卫，跟第一道墙一样。第一道墙上，也就是长城上有座庙，有神明及皇帝的旗帜在上面飘扬。该墙有6寻高、4寻宽，6位骑士可以轻易地并辔而行。长城状况良好，就好像二三十年前刚建好。它跟其他的古墙不一样，没有倒塌的地方，也没有恼人的野草和污物。[1]

长城500寻外的入口

---

1 Evert Ysbrants Ides：*Three Years Travels from Moscow Overland to China*，London，1706，pp. 60–61.

喜峰口。此处可看到瓮城 [1]

　　英国迟至1792年才派遣第一个使团以祝贺乾隆皇帝寿辰的名义出使中国。使团的成员本来无缘看到长城。但是由于乾隆决定在避暑山庄接见他们，所以这些英国人才得到了一个千载难逢的抵近接触长城的机会。使团副使斯当东（George Staunton，1737—1801）在他的回忆录《英使谒见乾隆纪实》中花了相当大的篇幅记录这次意外的收获，以下是其中的部分摘录：

　　（1793年8月10日，中国钦差大臣在天津接见英国特使）用过茶点，互相寒暄之后，钦差大臣对大使说，当下皇上正在热河行宫，并计划在那儿庆祝寿辰。吉日是农历八月十三日，合公历9月17日。皇上打算在热河接见使团。大使听罢，喜从心生，除了需听从皇帝的意愿外，趁此机会，可以经过鞑靼地区，到边界去饱览长城一番。有着极大好奇心的名流约翰逊博士 [2] 说过，某人如果看到长城，那大概会成为他孙子向人吹嘘的一个资本的。[3]

　　在第四天早晨的旅行中，一道突出且不平均的细线映入眼帘，彷佛是某种东西的所在，但线条不规则，犹如在苏格兰格奈斯山边远眺石英矿脉。此线一直延伸至鞑靼地区的山顶，足够引人注目。少顷，城墙和雉堞清晰可见。此处不易为人所觉，或者说此墙于不可建墙之处而建。举目四望，可见此墙高达山岭，深至幽谷，以拱形跨洞而过。重要关防处建有二至三重墙，每隔百码则穿插高塔群堡。目光所及之处，高墙

1　此图亦见于荷兰学者魏岑（Nicolaas Witsen，1641—1717）于1692年出版的《北鞑靼与东鞑靼》（Nicolaes Witsen：*Noord en Oost Tartarye*，Amsterdam），那幅图的说明文字为："分隔中国与鞑靼的著名的墙"。魏岑是伊台斯《三年使华记》荷兰文本（初版于1704年）的编者。

2　指塞缪尔·约翰逊（Samuel Johnson，1709—1784），英国作家、词典编纂家。

3　George Staunton：*An Authentic Account of an Embassy from the King of Great Britain to the Emperor of China*，London，1797，v. 2，pp. 27—28.

巨制，令人惊心动魄。此墙之片段风光，载于图册第 24 幅。以吾等之角度来看，此墙之奇，并非在于墙体之高大，可阻挡北方之鞑靼；而在于一众劳工，前赴后继，以普通之法而完成此工程。实难想象建材是以何种手段运送，而人迹罕至之处，又如何筑起高墙。这才是令人感觉惊奇且可敬佩处。长城矗立山脊最高处实测为 5225 英尺。

将这种坚固的工事称为墙，实难传神。据称此工事虽有中断，但延绵 1500 英里，横跨文明的中国与生性流动骚扰的鞑靼的边境。[1]

为防御之目的，史上埃及、叙利亚和米太都建过墙……但无论从墙覆盖的国家、保护的对象、动用的人力物力以及困难的程度，皆不能与长城相提并论。长城之坚固耐久，远超他国之墙。长城亦有许多内部及薄弱处因日久而圮坏，有的地方曾经修复，但看起来绝大部分皆经精工细作而成，即使没有后续额外的照料，两千年来保存完好。它坚如大自然在鞑靼和中国之间形成的山脉的岩石，难以受损。[2]

使团一行循着陡峭之山路上至南门，此名相对于鞑靼一侧的北门而言。南门跨过山脊之巅之小径，而此山之大部分地方则无法到达。此门为防守要地之关隘而建，山脊陡峭狭窄，山巅之径经过关隘，而径之最远端为一兵站。

巴瑞施上尉观察到，"兵站通常是各种尺寸的方形塔楼，有少数士兵经常驻扎在那里。一旦发生战争，它们很可能成为附近部队的集合点。兵站位于关隘的入口，或难以进入的地方及河流狭窄的通道处。它们大小不一，大到大约 40 平方英尺及 40 英尺高，小到 4 平方英尺及 6 英尺高，那么小的确实很少，可是，有个小的，我们在北京到这儿的路上就碰见了。较大的塔楼可通过一段台阶进入，台阶通常由松散的石头垒成，上台阶可到一个小拱门，拱门的高度为从基础到塔楼的高度的一半。塔楼的平台似乎只是用于防御，因为在两侧很少看到炮门。平台边有雉堞。塔楼通常是实心的，除非尺寸巨大。自下往上看，可见在楼的顶部有一个屋宇，看起来足够驻扎少量驻军。这屋宇的一端是一个旗杆，上面挂着一面黄色的旗帜。屋宇的内壁有彩绘的龙之类的装饰。塔楼附近通常有一间草舍，前面是一个红色的支架，上面放着一些长矛和火枪。这间小屋被用作警卫室或营房。每个兵站附近都有一个木造的轻巧的牌楼或凯旋门，漆成黑色、白色和红色。其近处是三、四、五或六尺高的石造物，上面雕着龙，

1 George Staunton：*An Authentic Account of an Embassy from the King of Great Britain to the Emperor of China*，London，1797，v. 2，pp. 178–180.

2 同上书，第 180—181 页。

龙的数目与它们的尺寸一致。以前这些东西里面放着可燃物质，用于发出信号而传递情报；但据说它们现在变成仅是装饰物。它们的形状不同，有些是椭圆形的，有些是半球形的，有些是圆锥形的，但都安在立方形的基础上。"[1]

古北口附近之长城有若干豁口，遂成为攀登及观察之绝好机会。此失修之处似乎足以保证外人免于因放纵好奇心而遭嫉妒或被归咎于轻率，因此，禁不住脑海中由此大名久扬之重要的屏障而引起之强烈兴奋，使团之所有成员皆攀上而一睹真容。[2]

英国使团成员巴瑞施（H. W. Parish）受命测量了长城的七八十项数据，并且根据这些数据，画出了长城的结构图。

斯当东说"使团的所有成员"参观了长城，实际上是不确切的。因为使团的随团画家亚历山大（William Alexander， 1767—1816）被要求留守在北京，并没有机会跟团到承德去见乾隆。他在日记中表达了未能亲眼目睹长城的遗憾："离惊人的人类丰碑只有 50 英里之遥……却无法亲见，就像约翰逊博士说的，这事本来是孙辈们吹牛时可以提起的，我一定会抱憾终生。"[3]

但画家的职责是记录整个使团的行程，因此，待大队人马从承德回来后，亚历山大跟巴瑞施索要了他所绘制的长城测量图以及长城周边的速写图，再根据团员们的描述，绘制出了一幅著名的长城风光图。

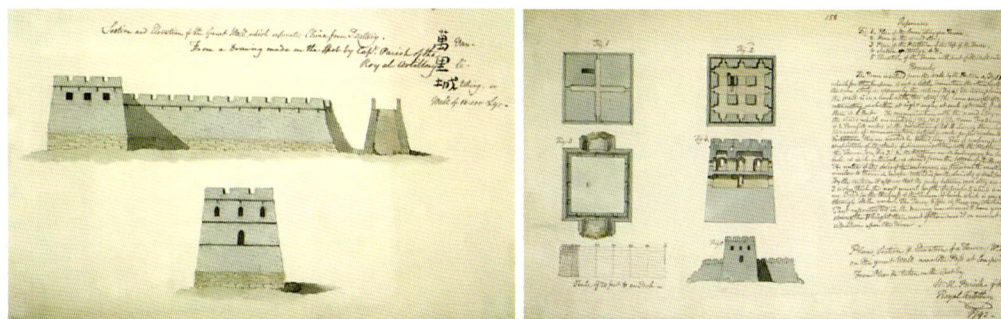

巴瑞施长城测绘手稿。大英图书馆藏

1　George Staunton：*An Authentic Account of an Embassy from the King of Great Britain to the Emperor of China*，London，1797，v. 2，pp. 185–187.

2　同上书，第 189 页。

3　大英图书馆藏亚历山大日记手稿。

巴瑞施长城速写。大英图书馆藏

亚历山大根据巴瑞施的资料所绘的长城水彩画。大英图书馆藏

在 18 世纪，"长城"作为词条，已经直接或间接地进入了形形色色的欧洲百科辞典。[1] 法国耶稣会士杜赫德（Jean-Baptiste Du Halde，1674—1743）所编的百科全书式巨著《中华帝国全志》自然也不会漏载。他在书中总结了前人对长城的记叙，但特别指出

1　Georg Lehner：*China in European Encyclopaedias*，*1700–1850*，Brill，2011，pp. 334–335.

基于亚历山大长城水彩画而作的版画，收录于斯当东的《英使谒见乾隆纪实》。此画后来被许多画家模仿，也被许多著作转载

为了加固防御，许多城池跟长城之间还有"内长城"[1]，书中并附了北京附近的永平府[2]的城防系统。

　　法国思想家伏尔泰（Voltaire，1694—1778）是个中国迷，他的许多有关中国的知识来自杜赫德编的书。伏氏不愧为哲学家，他对长城的思考是多元的。他说："中国人，在我们通俗纪元前二百多年就修筑了万里长城，这道城墙却也没有挡住鞑靼人的入侵。埃及人，三千年前，用他们那有九万平方尺地基的惊人的金字塔给大地增加了负重。没有人怀疑，倘若有人想要在现今搞这些无用的工程，虽然浪费大量金钱，也不易办到。万里长城是一座由恐惧不安而产生的巨大建筑；金字塔是一些虚荣和迷信的遗迹。长城和金字塔都证明人民的巨大耐心，却并不说明任何高等的建筑技术。无论是中国人也好，埃及人也好，都不会塑成一件像现今我们的雕塑家所塑造的人

1　（Jean-Baptiste）Du Halde：*The General History of China*，translated by Richard Brookes，London，1741，p. 22.

2　具体位置可参考本节中的《舆地总图》细部。

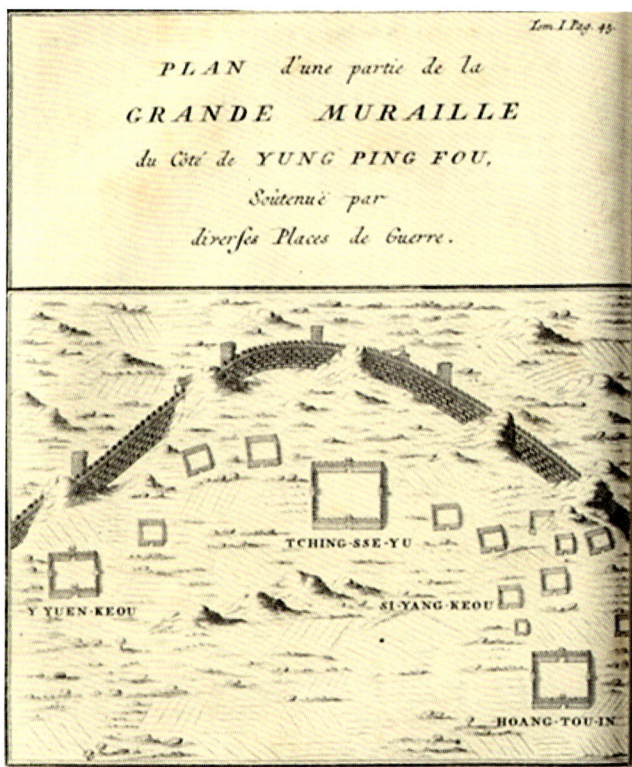

永平府内城墙

像。"[1] 不过他也说："必须承认，中国的长城是赋予人类精神最高荣誉的纪念碑之一。它在纪元前三百年就建成了。"[2]

伏尔泰很可能看到过欧洲人绘制的长城图像。他深受欧洲美学标准的影响，把华丽的建筑和雕塑看成艺术的高峰，而相对质朴的长城，就难以入他的法眼了。不过他对长城精神的评价是很中肯的，因为直到现在，长城对于中国人乃至海外华人，也还是一种精神的象征。

1　伏尔泰：《哲学词典》，王燕生译，商务印书馆 1991 年版，第 100 页。

2　*Euvres complètes de Voltaire*，Paris，1879，t. 29，p. 240.

1.2　故宫

　　自从明成祖朱棣在北京修建了富丽堂皇的宫殿，并把明朝的首都从南京迁到北京后，进入北京的皇宫、面见天朝的皇帝就成了许多到中国的旅行者、商人及传教士的梦想和愿望。天主教在中国传教事业的开拓者之一利玛窦尤其执着地抱持着这一愿望。他甚至在还没有进入中国内地之前就已经打听了皇宫的情况并对紫禁城的结构有所了解，这在他 1583 年 2 月 13 日的一封信（写于澳门）中便可看出："紫禁城午门有三道门：中为正门，特别高大，只有皇帝一人可以出入，正门左右另有二门，左门供文武百官出入之用，右门专为宗室王公之用。"[1]

　　1601 年 1 月 24 日，在历经了种种磨难后，利玛窦得偿夙愿，进入北京，此后获得明神宗（万历皇帝）的恩准，在宫中服务。利玛窦也因为可以出入皇宫，对紫禁城进行了仔细观察，甚至数了宫中动物的数目。他在给德·法比神父的信（1608 年 8 月 23 日撰于北京）中写道：

　　今年北京宫中开始修建一座非常雄伟辉煌的建筑，据说皇帝花费了三百万两黄金；许多石块用大车搬运，经过会院的门口，体积真是大极了，用一百匹骡子方能拉得动，这些将作大殿柱子的基石。而柱子是木头的。基石取自不远的山上，只是挖掘装车，每块需花费在千元以上。

　　我们可以自由进入皇宫，当然应有理由才可，例如去检查我们献给皇帝的两架钟表或其他借口。妇女不准进入，和尚如不戴帽子也不可以进入，因为他们都把头发剃光。

　　宫内有无数太监，分担各种职务。皇帝、皇后、宫女、太子、公主、太后等都住

1　《利玛窦全集》（3），罗渔译，光启出版社、辅仁大学出版社联合发行，1986 年，第 33 页。

在宫中，除太监可以进入外，任何人都不可以进去。宫后面有御花园，其中有花坛、假山、凉亭、莲池与其他寻乐之处；皇帝一般不出皇宫一步，所以老百姓谁也不曾看见过皇帝一面。宫内还养了一些珍禽奇兽，如熊、虎、豹及其他动物；大象就有四十多头；这些大象整天什么也不做；每天晚上只有五头象在五座大殿外值更巡逻，不过仍只是做个姿态而已。此外有众多兵卒在宫外守卫，好像敌人就要来袭似的严密把守，每年士卒的薪金就用上几千两银子。你几乎不会相信，皇帝每日是多么怕鞑靼蒙古人或日本人或其他邻国的人来突袭啊。[1]

可惜的是，虽然利玛窦是个百科全书式的奇才，且绘制过巨幅《坤舆万国全图》，但他似乎没有将他所了解的紫禁城的布局或其他细节以图示的方式描绘出来并展示给世人。

利玛窦进京半个世纪后，荷兰东印度公司访华使团在彼得·德·哥耶（Peter de Goyer）和雅克布·德·凯泽（Iacob de Keyzer）的率领下于1656年7月17日抵达北京。此时明朝已经灭亡，在位的顺治皇帝同意荷兰使团的晋谒要求。10月2日，两位大使和六位使团成员被安排进宫，使团的画师兼负责使团礼仪及起居的官员纽豪夫（Joan Nieuhof，1618—1672）在《荷使初访中国记》[2]中记录下了这一过程：

我们被安排在皇宫的第二个广场的左边，二位长官阁下就坐在那里等待天亮。随后吐鲁番的使臣也来了，他就坐在我们的旁边。再其次是丹津喇嘛以及厄鲁特部落的使节和这个帝国的其他大官、王爷。在前面一个高大的殿门两旁，站着三头笨重的大象，被装扮得很别致，还载着镀金的塔；因为挤着很多人，所以再往后就看不见了。

后来我们又经过一个广场，终于来到内宫，大汗的住处就在这里。这个内宫是个完整的四方形，两旁站满了武士，他们一律穿绣有图形的红色丝质长袍。在内宫左边的最前面排列有一百一十二个人，每一个人都拿着一面特别的旗子。皇座旁站着二十二个人，各撑着一把华丽的遮阳伞，伞上有十个像是太阳的圆圈，还有六个月亮。

1　《利玛窦全集》（4），罗渔译，光启出版社、辅仁大学出版社联合发行，1986年，第400—401页。

2　《荷使初访中国记》是荷兰使团报告的手稿誊写本，现藏法国国家图书馆，编号为SG MS8-17。其内容与1665年正式出版的由纽豪夫主笔的《荷使初访中国报告》有重叠，但篇幅较小。此手抄本据信是纽豪夫的手笔，为《荷使初访中国报告》第一部分的基础资料之一。参见 Henri Cordier：*Bibliotheca Sinica*（*supplément*），Paris，1895，p. 1995；*Géographie Cartographie—Voyages*：*Catalogue à Prix Marqués de Livres*，*de Cartes et de Vues*，*Afrique—Amérique—Asie—Australie*，Amsterdam，1894，p. 128。

此外我们看见，广场的一边有十六根缀有彩色丝缨的铁棒，铁棒旁边有三十六面旗帜，绘着镀金的龙和其他动物；另有十面较小的旗帜，四根镀金的梃棍，四把戈戟和四个镀金的鬼头。在另一边我们看到的情形也是一样的，还有数不清的众多廷臣。在皇座的台阶前面站立着六匹雪白的马，罩着镀金的马衣，马勒上缀有珍珠和红宝石。

当我们正在注意这些景物时，又听到了小乐钟的声音，然后就看到一个士兵从人群后面走出来甩了三圈皮鞭。他甩得极其熟练，听起来就好像是三声清脆的手枪声。皮鞭甩过之后，那位副中堂就和约三十个人一起走到皇座的前面，这些人都是这个国家显要的达官贵族，都穿着华丽的金色衣服。在广场中央有二十块标有记号的石头，上面刻有文字，让各级官员各依品位在各自的位置处下跪。他们在那里随着司仪的唱礼声行礼。我们同时也听到一阵由几种乐器合奏出来的柔美的音乐，还伴有悦耳的歌声。这批人退下之后，就另有一批人上来；随后是喀尔喀的使臣和厄鲁特的使臣，他们行礼完毕之后，就轮到我们和那些吐鲁番人走到皇座前面。那个副中堂在左边指示二位使臣阁下要到标着第十等的界石旁边站立。这时司仪就像以前那样开始唱礼，我们就跟着号令统统跪下，把头弯向地面三次，然后很快地退到一旁，回到原来的地方。二位使臣阁下和上述使节被带到一个高高的台上，但我们却都留在下面了，有侍者在那里给我们喝加牛乳的鞑靼茶。然后我们再次听见那小乐钟和皮鞭的响声，于是所有的人就统统跪下。[1]

这段亲历者见证外国使臣谒见中国皇帝的描述生动而有趣，我们从中也可以看到利玛窦提到的大象除了夜间巡逻之外还有装点仪式的作用。纽豪夫接着写道：

上面说的这个皇宫举世闻名，因此我要进一步描绘一下它的情况，将我自己看到的和观测过的数据尽量写下来。

这个皇宫为正方形，方圆十二里，但需步行三刻钟，位于北京城的第二道城墙之内。所有的建筑都造得金碧辉煌，壮观无比。房屋外面巧妙地延伸着镀金的柱廊和栏杆，屋顶沉重，建造精美，是用黄色釉瓦覆盖的；在有阳光的时候，这些釉瓦远远看去，就像黄金那般闪烁。这个皇宫的东、西、南、北方向各有一个大门，所有建筑物沿十

---

1 ［荷］包乐史（Leonard Blussé），［中］庄国土：《〈荷使初访中国记〉研究》，厦门大学出版社1989年版，第87—88页。

字形中轴道路分布，很整齐地被分成几个部分。城墙是用红色的瓷砖建造的，上覆黄瓦，高不过十五尺。城濠外面有一个极为开阔的广场，经常有骑士和士兵在那里守卫，非有命令皆不得通行。

使臣阁下通过南门，来到一个前院。这座前院位于方圆四百步的铺砖十字路口上。我们往右行，经过一道四十步长的石桥以及一个有五个拱门、五十步长的大门楼时，可以看见在正前方三座精美的房屋。这个广场长宽各四百步，上述三个防御用的坚固的城楼控制着整个广场。第三个广场和皇帝住处所在的广场一样，呈正方形，四座主要的宫殿造型典雅古朴，并依中国建筑的风格盖着贵重的瓦。这些宫殿有四个台阶可供上下，这些台阶占去了广场面积的三分之一，广场上铺着灰色的石板。在这最深之处的十字道路的尽头，有几处花园。花园里满是各种果树和漂亮的房屋，这些都是这个皇帝派人精心栽培建造的，我们从未见过如此漂亮的地方。[1]

《荷使初访中国记》中附了一幅描绘当时皇宫内情形的插图。从图中的广场来看，这幅画展现的好像是午门及其两侧。但午门内又绘有台阶和御座，跟实际的情况不符。我们也许可以这样解释：纽豪夫等人谒见顺治皇帝的时间是天刚破晓的凌晨，当时他也不可能带着纸笔在现场作画。且故宫建筑各式各样，他回到住处后凭记忆将谒见时的场景绘下，难免将午门和太和门、太和殿等建筑搞混。

《荷使初访中国记》中外国使者谒见中国皇帝时的场景

左图细部。券门内隐约可见御座；券门外有白马和鸣鞭校尉等；外国使者跪于广场前

1　［荷］包乐史（Leonard Blussé），［中］庄国土：《〈荷使初访中国记〉研究》，厦门大学出版社1989年版，第88—89页。

在纽豪夫所绘的广场中，有一排圆圈，这些便是他提到的"在广场中央有二十块标有记号的石头，上面刻有文字"。但在《荷使初访中国报告》中，除了提到有二十块石头外，还说石头上有铜牌，牌上刻有汉字。"石头体现阶位，表示每个人需站立和下跪的位置。"[1]

实际上，这些所谓的"石头"是"品级山"，即底部呈椭圆形、上部呈山形的表示品级的标志。品级山用铜铸成，上有"正一品""从一品"等文字，在有重大典礼时放置在宫内广场特定的位置上，以指示文武官员等按部就班地站立或下跪。《荷使初访中国记》的配图中用圆圈表示了品级山大致的形状。但《荷使初访中国报告》的出版者及制图者似乎误解了纽豪夫的意思，在他们制作的插图中，宫内广场的地面被刻上了数字，而且这些数字还是阿拉伯数字。

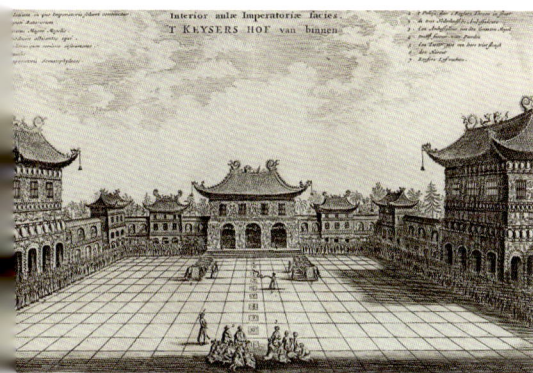

《荷使初访中国报告》中的插图[2]。大图见本篇开篇页

左图细部。地面上的数字清晰可辨。图中站立者为清廷传令官，而下跪者则为外国使者

纽豪夫在《荷使初访中国记》中还画了一幅皇宫的鸟瞰图，图中可见皇宫的布局为十字型，其中四个角院种满树木，殿、门和广场则分布在中轴线上。

而《荷使初访中国报告》中的中国皇宫鸟瞰图则对纽豪夫的手稿进行了大量美化和加工，比如为东西南北四个广场各增加了一个内广场，并为内外广场增加了出入的门洞。另外纽豪夫提到的大象也有了自己的位置。

《荷使初访中国报告》于1665年在阿姆斯特丹出版后，其中两幅有关中国皇宫

1　Joan Nieuhof：*Het gezantschap der Neêrlandtsche Oost-Indische Compagnie*，*aan den grooten Tartarischen Cham*，*den tegenwoordigen keizer van China*，Amsterdam，1665，pp. 174.

2　此为《荷使初访中国报告》拉丁语版（1668）插图，与荷兰语版（1665）及法文版（1665）的插图图版基本一致。注意宫殿后方的树木中有棕榈或是椰子树，这些植物是《报告》的出版者加上去的。

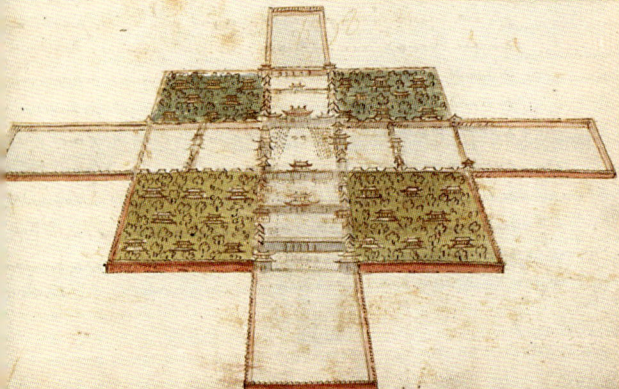

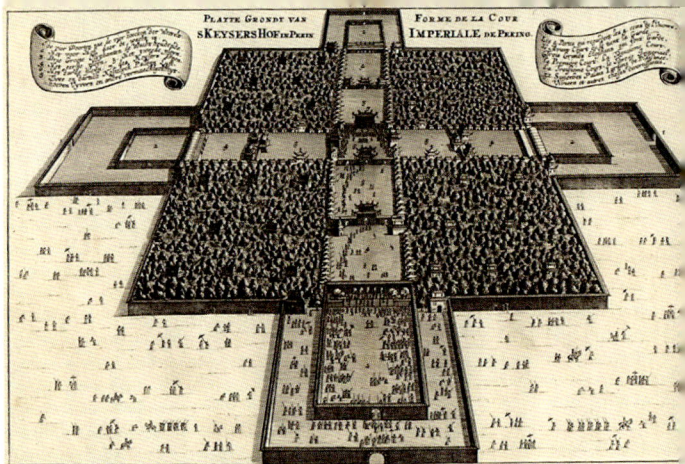

《荷使初访中国记》中的中国皇宫鸟瞰图。图中正中的广场为外国使者谒见顺治皇帝时举行典礼的地方，外国使者在广场中央略靠前的位置

《荷使初访中国报告》中的中国皇宫鸟瞰图。皇宫外各色人等熙熙攘攘

上右图细部。可见三头大象站立在一人多高的台子上

的插图成了欧洲文献中描绘中国宫廷的标准模版。

1670年，荷兰学者奥弗特·达帕（Olfert Dapper，1636—1689）编辑出版了《大清志》（*Gedenkwaerdig bedryf der Nederlandsche Oost-Indische maetschappye，op de kuste en in het keizerrijk van Taising of Sina*），其中收录了荷兰东印度公司1667年派遣的以彼得·范·洪恩（Peter van Hoorn）为正使的使团谒见康熙皇帝的报告。报告中说：

（1667年6月）25日午夜过后，礼部郎中带着两个官员到了大使的住所，三人都穿着庄严的服装，以表示顺从皇帝，他们告诉大使，是去宫殿拜谒的时候了。随后，大使和他的大部分随从一起去了，他们被带着通过三道大门进入一个院子（他们上个早晨曾在那儿坐过），并被指示在那儿等到天亮，那时皇帝就会出现在他的宝座上。两个小时过后，东方发白，他们看到了院子里充满了文武官员，且都穿着华丽的服装，这些人是来三呼万岁，或者说是为了表示顺从皇帝的。因此，荷兰人就用观察芸芸众人的方式来娱乐自己。继续枯坐到天亮后半个时辰，他们被引导到第四道大门。在离门大约15步的地方，他们看到了5头大象，3头在门的右侧，2头在左侧，背上都有镀金的宝塔，从这儿到大门的两侧另有4辆没有配马的辂车，这道门有3条通道。

他们被引导通过大象之间的左门，他们刚刚通过，马上就看到了第五道门，建得像第四道门一样，但略高一些。他们通过一个台阶到了此门，发现它也有 3 条通道，从中间一条（其右侧是皇帝的肩舆）可直接走到御座。但他们如同在第四道门时一样，通过第三条通道进入了一个宽敞的庭院（因为除了皇帝，没有人敢通过最中间的通道），在广场的后部安置着皇帝的宝座，需通过大理石台阶才能到达。

庭院里满是达官贵人，他们穿着最好的衣服，一排排地挨着坐在那里。在宝座的每一边都有许多黄色、蓝色和白色的伞和旗帜。在宝座旁大理石台阶下面每一侧，大约有 30 个人，穿着黄色的表示皇帝仆从的衣服，另外还有 10 匹黄鞍的白马，每侧 5 个。大使及他的所有随从都被安置在宝座的左侧，在第一排官员的末端。他们刚在那儿坐了一会儿后就被迫站起来为一些前往皇帝宝座的王公让路。

半小时后人们听到有人敲打小钟，随后四个人将鞭子甩得噼啪作响，就好似一片竹林被点着的声音。然后人们就听到有人用满语宣布着什么，许多王公贵族和大人物就马上走到宝座正前方的一些蓝色石头之间（约有半英尺高，18 块或 20 块）并站在那里。传令官一声令下，他们就对着宝座三跪九叩，以表示他们的效忠。在此期间，传来了乐器演奏的优美和谐的音乐。当这些王公贵族行过礼后，大使被传令官传唤。得益于前面提到的蓝色石头，在两位礼部官员的引导下，他被置于 16 号之后，在那儿人们既看不到皇帝也看不到宝座。不过，得按照与在此之前的人相同的方式表示顺从，此时乐声响起。

行完礼之后，礼部官员回到原位，但大使、大使之子，以及诺贝尔先生被引导着从旁边上了大理石的台阶，到了宝座所在的房子，被安置在礼部侍郎的旁边。那儿距离龙椅不到 14 步远，他们看到了闪闪发光的宝座，及穿着金色皇袍的皇帝。此后不久，有人给他们三人各上了一杯皇家豆汤，他们随即喝下。此时皇帝起身，看起来要朝他们走过去，却从御座后面出去了。他是个身材瘦削、皮肤棕色的年轻人，大约 16 岁；荷兰人被告知，有 12 个王保护着他。皇帝陛下离开后不久，大使也跟随从一起退回了住所。因为大使的身体本来有点不适，如今了却了一桩大事，他觉得很高兴。[1]

上面这段描述可以跟纽豪夫的记录互为补充。除了说明宫中门墙重重，御座高高在上外，报告中品级山的形象更加清晰：颜色为蓝色，高度为半英尺。品级山为青铜

1　*Atlas Chinensis*：*Being a Second Part of A Relation of Remarkable Passages in two Embassies from the East-India Company of the United Provinces*，*to the Vice-Roy Singlaming and General Taising Lipovi*，*and to Konchi*，*Emperor of China and East-Tartary*，English'd and adorn'd by John Ogilby，London，1671，pp. 325-326. 按此书从达帕编的《大清志》中节译而成，但出版时原编者却被写成了 Arnoldus Montanus。实际上，Arnoldus Montanus 是另一本书（《日本志》）的编者。

铸造，看上去发蓝应该是可以原谅的错误。另外使团的报告也显示此次中国官方接待荷兰宾客的规格也比 12 年前的要高。比如当时只有 3 头宝象，而这次则有 5 头；当时只有一位鸣鞭校尉，而这次则有 4 位等。

《大清志》中也有一幅中国宫廷内的插图，一看便知是根据《荷使初访中国报告》中插图而画的。但此图对原图的修改却很高明，除了去除了原画中南方才有的棕榈和椰子树外，午门的门洞也由圆形改成了方形，午门前广场两侧的建筑也连成了一片，看上去跟现实中的午门更加接近。

另外，此图也没有描绘荷兰使团谒见康熙皇帝的情景，因为仪式是在太和殿前举行的，而午门曾是荷兰使者将礼物送到宫中且在宫中接受礼物的地方，因此此图的作者将重点放在礼物的交换上。其实荷方送礼物在谒见皇帝前，接受礼物在谒见皇帝后。插图的作者将不同时间的不同事件安排在同一画面中，颇具巧思。

1688 年，葡萄牙传教士安文思（Gabriel de Magalhães， 1609—1677 ）的手稿《中国新史》在巴黎出版。安文思 1640 年抵华，1648 年抵京。由于他善于制造机械，因此被批准在宫内行走。大约从 1650 年开始，他以葡萄牙语记录下了中国的点点滴滴，并把这些细节归入了 12 个类别。对于皇宫，他以机械师独有的犀利眼光进行了仔细观察：

《大清志》中展示荷使在午门前的插图。午门的门庑与今日的格局颇为接近，前方有阴影处为荷兰使团正在向清廷官员点交给皇帝的礼物。中后方有桌子处为清廷官员正在分发给外国使者的礼物

皇宫位于这个大城市的中间，朝南，根据那个帝国的风俗习惯，在那儿，你几乎看不到任何不面向南方的城市、宫殿或大人物的邸宅。皇宫在双重围墙之内，长方形的围墙一层围着另一层。外层围墙的高度和厚度非比寻常，其里外都涂上了红色胶泥，并覆以小巧的金黄色琉璃瓦墙顶，协调的布置颇具艺术性。皇宫从南门到北门的长度是 8 华里，即两个

意大利里。这圈围墙有 4 个门，即每边的中间有 1 个门。每个门都由 3 个通道组成，其中最中间的通道始终关闭着，从未打开过，因为只供皇帝专用。其余的白天总是打开，供出入皇宫的人使用，直到鸣钟清宫时为止。不过南门除外，它总是半开着，除非皇帝出入时才全开。在中国皇帝在位的时代，每个门有 30 名士兵与他们的校尉以及 10 名太监一起守卫。但目前，鞑靼官兵的人数不会超过 20 个。由此可见，曾德昭（Alvaro Semedo）和卫匡国（Martini）所确定的每个门的守卫都由 3000 名男子和 5 头大象组成，是一个很大的误传。他们把整体算成了一部分，因为确实有一支由 3000 人组成的警卫队，被分成中队和小队，轮流在每个月的某些天里守卫着城门和宫门（除了我们提到过的那些人之外）以及环绕内墙的几座塔楼。至于大象，它们从不站在宫门口，而是站在象房，也就是它们的馆舍里。因为它们被养在一个宽敞的院子里，院子中间有一个宽大的房间，它们在那儿度过夏天。但是在冬天，它们被置于单独的象棚里，地面用火炉加热：这些生物永远无法忍受严酷的冬天，在许多情况下，它们由于看管者的疏忽而死亡。从云南省运来的象不超过五六头。人们从不把它们带出象房，但是当皇帝举行公开、庄严的典礼时，如祭祀等，它们就会出场。这些大门的所有通道禁止和尚、盲人、跛子、残疾人、乞丐、脸上有疤疣者、耳鼻被割者等任何身体有明显缺陷的人入内。

紧绕着宫殿的内墙非常高大厚实，全部由整齐划一的大砖砌成，并点缀着精巧的雉堞。从北向南有 6 华里或一个半意大利里长，宽度为一华里半，而周长则是 15 华里或 4$\frac{3}{4}$意大利里。它有 4 个带有大型拱顶和拱门的大门。南边和北边的门有 3 个通道，就像外层围墙的大门一样，两侧则各有 1 个通道。在这些大门上面以及围墙的 4 个角上有 8 个塔楼，或者说是 8 个大得出奇的大厅，因建造得非常精美，显得格外突出。其内部漆成非常漂亮的红色，并饰以金花，楼顶则覆以黄色的琉璃瓦。在中国皇帝统治期间，每个大门有 20 个太监守卫。但是目前鞑靼人布置了 40 名官兵和 2 名军官。宫廷各部以及皇室的官员都被允许进入这道墙。但是所有其他的人都被严格禁止入内，除非他们出示一块木质或象牙的牌子，上面注明了他们的名字和行走的地点，并有他们上司官员的印章。第二道墙周围环绕着宽而深的护城河，用砂岩砌成，里面满是品质优良的大鱼。除了南门以外，每个大门前都有一座吊桥，可以跨过护城河，南门的吊桥在一个拱门之上。

在两道墙之间的广阔地带上，有几个单独的宫殿，有的是圆形的，有的是方形的，这些建筑都有特别的名称，与其设计的用途及娱乐功能相符。它们不仅宽敞，而且装饰得富丽堂皇，因而不仅适合于王公们，也适合于欧洲的帝王们享用。

在紧挨东墙的空地上，有一条河，河上建有几座桥梁，结构非常精美，都是用大理石建造的，除了对着中间拱门的那一座，因为那是座吊桥。宫廷中数量众多的所有其他桥梁都同样美丽，且都是用相同的材料建造的。在空间更大的西侧，有一个湖，大约5华里即$1\frac{1}{4}$意大利里长，形状像是把低音提琴。有一座漂亮的桥跨过其最狭窄之处，桥对着宫墙之门，桥的尽头是2个牌坊，每个牌坊有3个拱门：它们高大壮丽，做工极其出色。《马可·波罗游记》中曾提及此湖，见第二卷第六章。湖的周围有游乐用的小小的宫舍或房屋，一部分建在水里，一部分建在地上。当皇帝想垂钓或泛舟湖上时，湖中到处有精美的船只供其使用。[1]

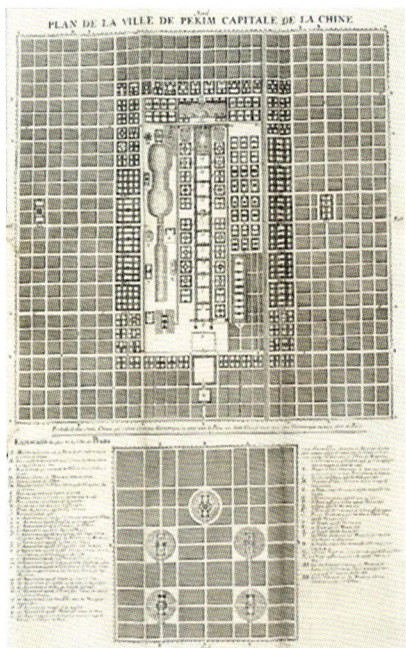

伯努的《北京城地图》，可见棋盘形的布局。太液池被画成了提琴的形状，而下方的小图则显示了北京五坛的位置

可惜的是，安文思的手稿中并没有附上插图。而当法国天主教神父伯努（Claude Bernou[2]）受红衣主教德斯特列（César d' Estrées）之命将手稿从葡萄牙语翻译成法文时，他觉得有必要为读者提供视觉上的帮助，于是参考了大量的资料，画出了一幅北京城的草图，并请工程师裴赫耐（Peyronett）润色成一张折页地图附在书中。

《中国新史》出版后5年（1693），沙皇俄国派荷兰人伊台斯率团出使中国，使团的秘书德国人亚当·勃兰德（Adam Brand，约1692—1746）记录了使团在途中的所见所闻。关于中国的皇宫，他写道：

到达皇宫后我们便下马步行。先走过一重长长的拱形禁门，来到一个宽大的殿廷，然后

1 Gabriel de Magalhães：*A New History of China*，London，1688，pp. 268–271.

2 伯努的法文名字又拼为 Claude Bernon，见 David E. Mungello：Curious Land：*Jesuit Accommodation and the Origins of Sinology*，University of Hawaii Press，1989，p. 95.

走过一座漂亮的长五六十步的石桥，到第二重禁门。桥两边有约半人高的雕着许多石兽的栏杆。过了这重禁门，我们进入另一个既长且宽的殿廷。禁门前竖着两根高大的雕刻精美的柱子。我们又被领到第三重禁门，这里摆着两张桌子。每一殿廷有一百俄丈见方。我们进入这个殿廷后，侍读学士便请使臣放下坐垫席地而坐。[1]

......

我们坐了四五个小时，一直坐到上殿朝见的时候。在这段时间里，侍读学士多次请我们喝奶茶。大臣们将我们一行数了又数，把我们的姓名登记了一遍又一遍。最后，侍读学士接到谕令，领我们上殿，我们又走过了三重禁门和三个殿廷，其中有一重禁门最是金碧辉煌。在一个殿廷里我们走过一座用雪花石膏一样的白石建造的桥，桥下有水流过，这是博克达汗的鱼池，该池更像小溪，因它蜿蜒曲折，像蛇一样，环绕着整个皇宫。水流过的地方建有美妙无比的拱桥。

我们进入博克达汗宝座所在的宫殿后，两位侍读学士让使臣坐在靠近宝座的侧面。宝座两侧站着三百多名宫廷大臣（我们是根据他们胸前背后的补子才认出来的）。正对这个殿是建筑精美的博克达汗的庙。使臣先生觐见博克达汗的宫殿很高，饰有各色大理石雕成的兽像。从殿上可俯瞰整个殿廷。皇宫里殿很多，住的多半是服侍博克达汗嫔妃的宫女和太监。[2]

伊台斯本人也记录了宫廷里的情况：

宫殿是一座长方形的建筑物，长等于宽的两倍，用焙烧的砖建成，屋顶铺着黄琉璃瓦，并有狮、龙及其他禽兽饰物。宫殿高约八俄丈。上台阶经殿檐下进入大殿，殿檐下有窗户，每扇窗上有很多小窗孔，不镶玻璃，糊着纸。

大殿两边各有一门，门上方有毗罗帽式的描金木雕饰物。殿里没有拱顶，墙一直砌到屋顶。屋顶有金漆彩绘天花板。殿内有十二根圆柱，柱上也有描金图案。大殿长约三十俄丈，宽约十俄丈。地上按鞑靼习惯铺着织有花卉鸟兽图案的地毯。

宝座朝东，正对大殿入口，靠近后墙，看来长宽均为三俄丈。宝座前面两边各有

1　［荷］伊兹勃兰特·伊台斯，［德］亚当·勃兰德：《俄国使馆使华笔记（1692—1695）》，北京师范学院俄语翻译组译，商务印书馆1980年版，第205页。

2　同上书，第209页。

六级台阶。台阶上饰有植物图案，栏杆上有金属铸成的描金叶形饰物。宝座的左右两方有栏杆，也是用金属铸成，镀了金。有人说，栏杆是纯金铸成，也有人说是银子上镀了金。

博克达汗的宝座在御坛中央，形似祭坛，覆着黑色貂皮椅披，有两扇门，离地一肘尺高。博克达汗盘腿坐在上面。[1]

伊台斯记录这次出使情况的报告于1704年在阿姆斯特丹出版，题为《三年使华记》（ *Driejaarige Reize Naar China*)，书中也收了一幅描绘午门的插图，此图的背景是从《大清志》中的插图抄袭而来，但也作了一些改动，比如将中门的台阶去掉，将庑廊的底部加宽等。

此图着重表现皇家大典时的卤簿。《荷使初访中国报告》中《中国皇宫鸟瞰图》虽然画出了大象，但忘了大象背上的宝塔，此图则按照典礼的实况画出了诸多细节。

《三年使华记》中午门前皇家典礼插图。图中击鼓者帽子的式样系从《荷使初访中国报告》中借鉴 [2]

---

1 ［荷］伊兹勃兰特·伊台斯，［德］亚当·勃兰德：《俄国使馆使华笔记（1692—1695）》，北京师范学院俄语翻译组译，商务印书馆1980年版，第212—213页。

2 此图以及下图亦见于荷兰学者魏岑于1692年出版的《北鞑靼与东鞑靼》。魏岑是伊台斯《三年使华记》荷兰文本（初版于1704）的编者。

　　《三年使华记》中还附有一幅中国皇帝赐宴的插图，此图由于没有其他书中现成的图版可供参考，因此就画得比较离奇了，特别是屋顶上的鸱吻和跑兽。

《三年使华记》中描绘中国皇帝赐宴的插图。原图说明："A. 中国皇帝；B. 两位耶稣会传教士安多和张诚；C. 两位中国大臣；D. 大使坐在皇叔和皇子之间；E. 大使的随从；F. 清廷官员；G. 皇帝卫队；H. 俄方译员；I. 中方译员。"注意屋顶正脊的鸱吻像是一团乱麻；垂脊上有四个兽首人身的怪物面朝外坐着。本图细部请见《饮宴》一节。

　　伊台斯书中的插图里出现了张诚（Jean Gerbillon， 1654—1707）的形象，他是法王路易十四派往中国的"国王数学家"之一，于1688年到达北京，随即被康熙留下来在宫中服务。跟他同时到达北京的另一位"国王数学家"李明（Louis le Comte，1655—1728），虽然没有能留在北京，但是也获得了康熙的赐见。关于这段经历，李明在其著作《中国近事报道》中用书信体的方式记录了下来：

　　我们还没有荣幸见到皇上陛下，因为我前面提到的手续要在我们觐见皇帝前办好，当礼部刚完成他们的职责后，两位太监便来到翰林院，告诉我们的上司他应该与他的同伴一起前往指定的宫殿。我们接受过在这种场合的仪式方面的指示，做起来得心应手，如同已经化身成半个中国人。

　　首先，我们被用轿子抬到了第一道宫门，然后我们步行穿过8个长长的院落，院落四周建有不同的建筑物，但都很普通，除了各道拱门上那些巨大的方形建筑。我们穿过拱门从一个院落到另一个院落。这些门确实很庄严，具有非凡的厚度，并且在宽度和高度上成比例。它们以漂亮的汉白玉建成，但是经过岁月的洗礼，已经显得粗糙。一条小河穿越其中的一个院落，几座小桥横跨桥上，它们也是用汉白玉建的，但颜色更白，做工更好。

夫人，我很难进入细节，向您描述这个令人赏心悦目的宫殿，因为它的美丽并不是由几栋新奇的建筑组成，而是由大量的建筑物及无数排列有致的相邻的院落和花园在整体上组成的一个真正值得君主居住的伟大宫殿。

唯一让我感到惊讶的是皇帝的宝座。我记忆中能给出的最好的描述如下：在其中一个巨大的院落中间矗立着一个方形的基座，其上面装饰有栏杆，很像我们的风格。这个基座支撑着另一个跟它同样形状但四周缩小了的基座，在此之上又有三层，也是每增高一层则基座体积缩小一圈。最上一层建有一个大厅，其屋顶覆盖着镀金瓦，由四面墙及多排涂了漆的柱子支撑，柱子中间安置着宝座。

这些巨大的地基的栏杆由汉白玉制成，排列得像露天剧场一样，当太阳照射时宫殿似乎罩着熠熠的金光，确实是一个了不起的景象。考虑到它们处于一个宽敞的院落中间，周围有四排庄严的建筑物，要是由我们现代建筑的装饰以及在我们的建筑物中受重视的高雅简洁来增加它的美丽，那它无疑是艺术造就的壮丽宝座了。

走了一刻钟后，我们终于来到了皇帝的房间。房间的入口不是很华丽，但前厅配有雕塑、鎏金和大理石制品，其整洁性和做工更胜于物件的丰富性。由于皇帝仍在服丧期，正厅里排除了所有的饰品，所以除了皇上之外没有什么好谈的。皇帝遵从鞑靼的习俗坐在离地三尺高的榻上，地面覆以一张与整个房间同宽的普通白地毯。[1]

《中国近事报道》中配了一幅安放宝座的建筑的插图，此图按照李明的描述如实地画出了基座、栏杆、支柱等部分。从李明的记述及此幅插图判断，此建筑应该是中和殿，虽然如今中和殿带栏杆的基座只有三层。

继"国王数学家"后，来华的法国传教士络绎不绝，其中不乏丹青高手。乾隆三年（1738）来华的王致诚（Jean-Denis Attiret，1702—1768）成为了宫廷画家并参与了组画《平定准部回部得胜图》（共16幅）的绘制。《平定准部回部得胜图》由乾隆颁旨制作，意在描绘清军在乾隆二十年至二十四年平定西域准噶尔部叛乱和回部

---

1 Louis Le Comte：*Memoirs and Observations Topographical*，*Physical*，*Mathematical*，*Mechanical*，*Natural*，*Civil*，*and Ecclesiastical*，London，1697，pp. 37–39.

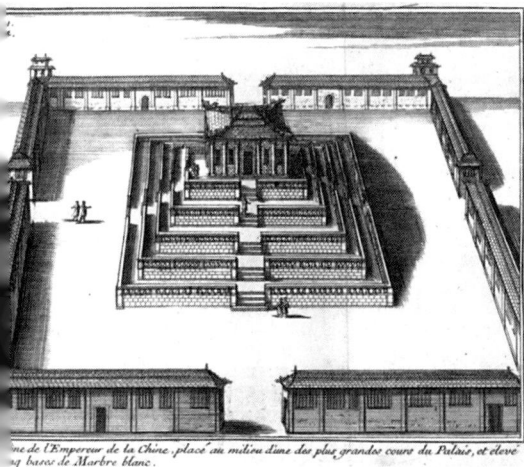

《中国近事报道》中的中和殿插图

埃尔芒刻印的《平定准部回部得胜图》之《平定回部献俘图》

叛乱的情景及突出乾隆的"武功"。乾隆二十九年（1764）清廷内务府经广州十三行将原画稿运往法国制成铜版画，整套组画于1774年印制完成并将最后一批画运往中国。由于法国人在印制过程中曾截流了少量的成品，引起法国民众对此类艺术品的狂热追求。曾参与铜版画制作的法国雕刻家埃尔芒（Isidore-Stanislas Helman， 1743—1806）看准商机，于1783年开始制作小幅的包括《平定准部回部得胜图》等在内的有关中国场景的铜版画出售，获利颇多，同时也扩大了中国在法国及欧洲的影响。

埃尔芒刻印的《平定准部回部得胜图》组画中的第一幅为《平定回部献俘图》，他在图下注明此图是"据王致诚原画而作"（"après un dessin de Jean-Denis Attiret"）。王致诚对献俘仪式举行的地点午门观察入微，其画稿犹如照片般精细。

中国书籍插图中的午门，以清代麟庆著《鸿雪因缘图记》（约成书于1849年）中的最为传神，但跟王致诚的绘画比起来，尚有一些距离，比如将方形门洞画成了圆形，且将庑廊上亭子的位置画错了。

长期以来，在欧洲人的心目中，中国是神秘之国度，而宫廷作为禁地，遂成为更加神秘莫测之地。欧洲的出版物中，以想象为基础而描绘中国宫廷面目的插图和画作自17世纪下半叶后就层出不穷。比如几乎就在王致诚等人绘制《平定准部回部得胜图》的同时，英国人约翰·格林（John Green）编辑出版了一套《新编游记集》（*A New General Collection of Voyages and Travels*），其中的第四卷出版于1747年，扉页便是《外国使臣拜谒中国皇帝图》。图中中国人的衣着还有些中国风，但宝座跟室内

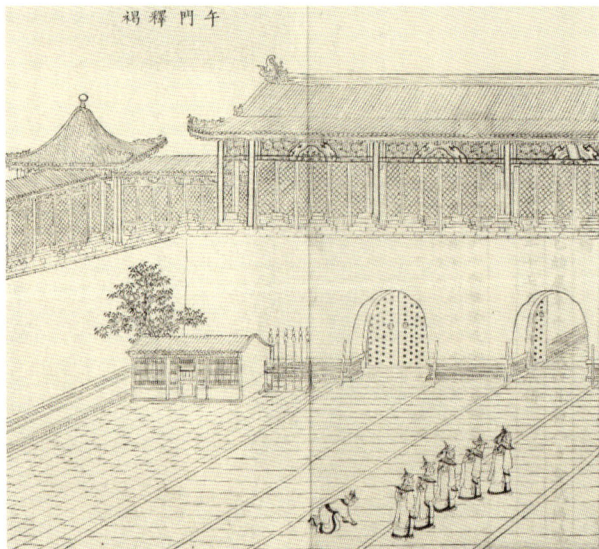

《鸿雪因缘图记》中《午门释褐图》

《外国使臣拜谒中国皇帝图》

《北京宫廷风光图》

装饰完全是西洋风格。

又如普鲁士雕刻家哈伯曼（Franz Xaver Habermann，1721—1796）于1750年左右出版了一套介绍世界著名城市的画册，其中有一张《北京宫廷风光图》。画中的建筑有点中国风，但人物却几乎都是西洋式的打扮。

这些猎奇的画作在当时的市场上很受欢迎。不过严谨地介绍北京及中国宫廷的著作及绘图也自有其地位。如法国天文和地图学家德·列斯（Joseph Nicholas De L'isle，1688—1768）的《北京志》（*Description de la Ville de Péking*，初版于1765年）中就有几幅比较精准的北京地图。《耶稣会士书简集》（*Lettres Édifiantes et Curieuses*）的编者之一巴图尔（Louis Patouillet，1699—1779）原打算编一本介绍北京的书，请德·列斯绘制一幅北京地图。德·列斯虽然没有去过北京，但因跟在北京的耶稣会士有长达30余年的通信关系，故而收集了非常详细的有关北

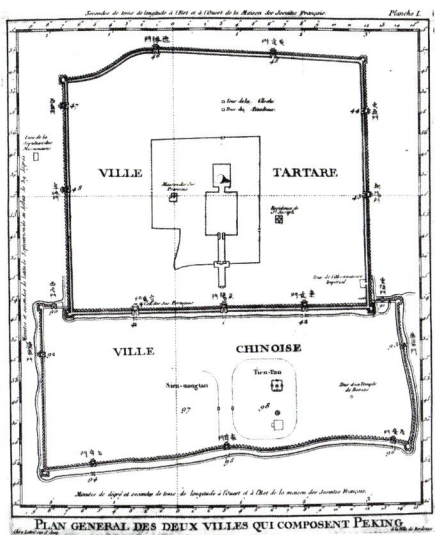

《北京志》中的《北京略图》。城门都以汉字
标注

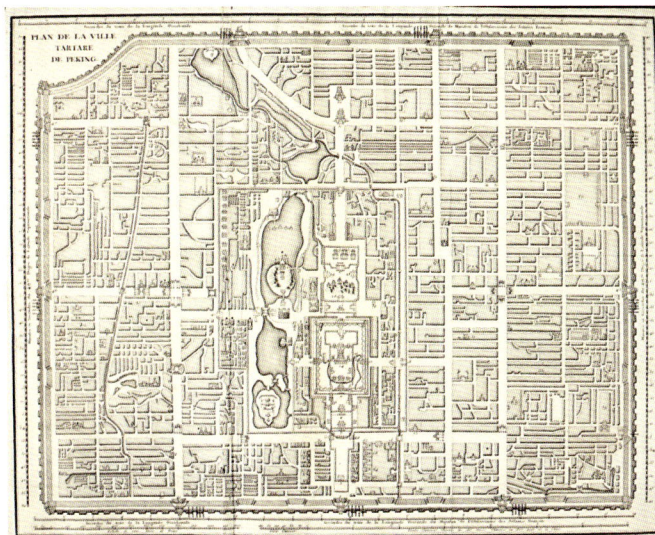

《北京详图》。太液池包含在皇城内，其位置和
形状相当准确

京的地理信息。他在法国地理学家平热（Alexandre
Guy Pingré, 1711—1196）的帮助下终于完成了地
图，可是巴图尔却因种种原因未能写出计划中写的
书，德·列斯无奈之下，就自己动手写了一本。

　　《北京志》中插入的地图共有五幅，其中北京
城图有详有略，略图上标出了故宫的大致位置，而
详图则画出了街道巷陌、民居宫殿，以及河流湖泊。

　　德·列斯等的北京地图代表了当时欧洲绘制中
国城市区域地图的最高水平。虽然两位作者并未到
北京实地勘察，但由于他们从在北京的法国传教士
及其他来源收集了大量的资料，并且精通地理定位
的知识，他们绘制的故宫地图到今天仍有一定的参
考价值。

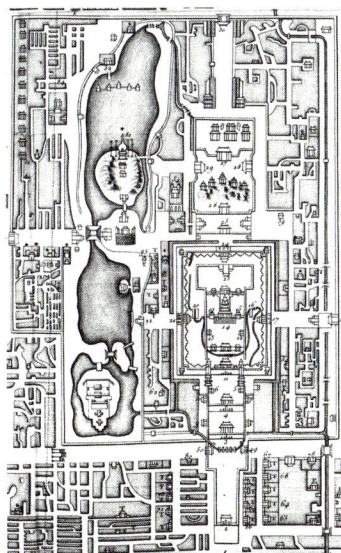

皇城图。外金水桥（图中数字 3
下方）、景山五亭（图中数字
26）、北海白塔（图中数字 51）
等景物清晰可见。大图见本篇开
篇页背面

1.3 卢沟桥

公元 1570 年，当亚伯拉罕·奥特里乌斯出版他著名的地图册《寰宇地图集》时，他为地图上的一些地名作了注释。在《鞑靼或大汗帝国地图》（*Tartariae sive Magni Chami regni typus*）上北京所在的地方，他写道："汗八里，契丹京城，方圆二十八英里。"（Cambalu， Cataie metropolis， habet 28 mill， in circuitu.）有意思的是，在汗八里的右下角，他也为一个有三个拱洞形状的图形作了注："大理石桥，长三百步。"（Pons marmoreus 300 pass.）

《鞑靼或大汗帝国地图》中的大理石桥及其周围

《毛罗地图》中的"名桥"

在一幅横跨亚欧的地图上为一座桥作注是非常罕见的做法。但奥特里乌斯不是第一个这么做的地图学家。公元 1450 年左右，身居意大利修道院的弗拉·毛罗（Fra Mauro， 约 1400—1464）就在自己手绘的巨幅世界地图上汗八里的位置画上了一座桥，并且注明"令人称奇的名桥，横跨普里桑干河，有 300

个拱，600根柱子，柱顶上有600个狮子"。

毛罗描述这座桥的文字显然来自他的意大利同乡马可·波罗口述的《马可·波罗游记》。在《游记》中，马可·波罗这么说：

如果有人真的从上面说的汗八里城（Camhaluc）出发，朝着日落方向走10里地，他就会看到一条叫做普里桑干（Pulisanghin）的大河，河里的水一直流到大海。河上有许多商船，船上有很多运往海洋的商品。在这条河上横跨着一座非常漂亮的石头桥，值得一提。你可能知道世界上很少有美丽的桥能跟它相比。（我会告诉你）为什么？是这样的，我告诉你，它有300多步长，8步宽，10个骑马者可以很自如地并辔而行。桥在水中有24个桥拱和24个桥墩，它们都是灰色的大理石做的，做工很好，而且基础很牢固。在桥上的每一边都有用大理石做的石板围栏跟精美的石柱，等下我再说石柱。

桥上坡的地方看似比坡顶宽，可是走到桥顶，你就会看到两边都是一样宽，好像是用直线画出来的。桥口有一根高大的石柱，立在大理石雕刻的乌龟上面，在靠近柱子底部的地方有一头大石狮。在紧靠桥端处有一根大理石的柱子，柱子的下面是头大理石的狮子，顶上也有一头石狮子。所以柱子就立在狮子的腰上。两个狮子很大，而且都刻得很精美。在离这根柱子一步半开外上坡的地方，又立着一根跟前面一样漂亮的柱子，不多不少，也有两头狮子。

在桥的两边有许多小柱子，在每根柱子下面有一头狮子，就好像是底座；同样在柱顶上还有另一头狮子。从一根柱子到另一根柱子之间，由灰色大理石栏板连接。板上有各种各样的雕刻，边上有石栏，整个桥边都有石栏、石板，所以过桥的人不会掉落水中。所有的柱子之间都是一步半的距离，所以看上去很漂亮。下桥的地方跟上桥的一样，所以在这座桥上总共有600根柱子，两边有1200头狮子，所有这些都是用非常精美的大理石做的。[1]

这段叙述可以让人很容易地推测出奥特里乌斯地图上的桥即是马可·波罗口中的石桥；而毛罗显然将马可·波罗提到的桥的长度300步错记成了300个桥拱，虽然他只在地图上画出了11个桥拱。

---

1 A.C. Moule & Paul Pelliot：*Marco Polo：The description of the world*，London，1938，v. 1，pp. 255–256.

《毛罗地图》全图。中国在左下方

《毛罗地图》左下角局部，可见普里桑干河水流入大海

元代无名氏《卢沟运筏图》。中国国家博物馆藏

可是无巧不成书，毛罗画的桥居然跟中国国家博物馆收藏的一幅元代绘画中的桥有相似之处——都是 11 个桥拱。那幅元代画作便是《卢沟运筏图》。

从《卢沟运筏图》中可看出，此桥有较大的坡度，这与马可·波罗的描述相吻合。《毛罗地图》中的桥虽然坡度不大，但从桥口上到桥上，需要过两级相当高的台阶，这也许可以看作是艺术化的大坡度吧。

不过第一个将普里桑干河上的桥形象化的人还不是毛罗。在《马可·波罗游记》众多的手抄本中，藏于法国国家图书馆的 1412 年法文手抄本《东方奇观和其他叙事旅行和文本》（*Livre des merveilles et autres*

*récits de voyages et de textes sur
l'Orient* [1]）的作者或许配得上这个
殊荣。在这部无名氏所作的色彩
艳丽、绘制精美的手抄本中，有
一幅图表现的正是有人经过普里
桑干河上那座著名石桥时的情形。

从图中可以看出，此桥只有
4 个拱，而桥上可见到的望柱一侧
有 3 根，另一侧则有 1 根。虽然

《东方奇观和其他叙事旅行和文本》中石桥插图

桥拱跟柱子的数量与马可·波罗的叙述大相径庭，但望柱上神态各异的狮子才是插画
师的点睛之笔。事实上，就历代中国画家所画的卢沟桥而论，桥孔和望柱的数目往往
也有差距。[2]

而同样藏于法国国家图书馆的另一部法文《马可·波罗游记》手抄本（*Le livre
des voyages de Marco Polo*，约完成于 1525 年）中的石桥插图则别有一番趣味。插图
师只在桥头画了两个蹲狮，而桥中间两侧则画上了 20 个弓箭手，看上去像是不带翅
膀的丘比特。

画面中普里桑干河中，有一艘帆船，这当然是代表马可·波罗所说的"河里的水
一直流到大海。河上有许多商船，船上有很多运往海洋的商品"。

1525 年无名氏法文手抄本《马可·波罗游记》插图

1525 年无名氏法文手抄本《马可·波
罗游记》文本中"汗八里"（cambaluc）
和"普里桑干"（puluisangis）字样

---

1 此手抄本除了《马可·波罗游记》外，还收录了其他早期欧洲旅行者对东方的记录。

2 如明初王绂所画《北京八景图》中的卢沟桥只有 9 个桥拱。

　　1525 年手抄本插图中桥左侧的两根柱子，跟《卢沟运筏图》中桥右侧的华表很类似，两者柱体都较高，且顶部饰有狮子。

　　在西方早期的出版物中，花最多心思想努力再现马可·波罗所描述的北京西郊大理石桥形像的应该是意大利人拉木学（Giovanni Battista Ramusio， 1485—1557）编辑的意大利文《马可·波罗游记》中的插图[1]：

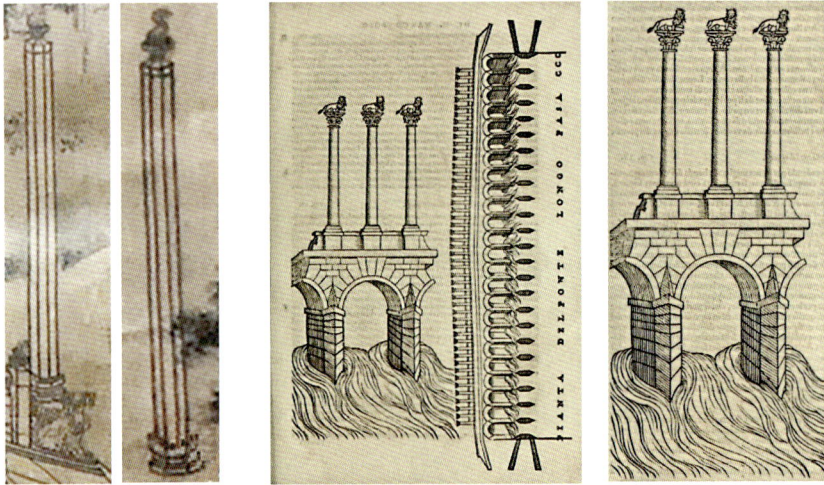

《卢沟运筏图》中桥右侧的华表

拉木学编意大利文《马可·波罗游记》中有关普里桑干河石桥的插图页。此页包含了三幅图

桥墩、桥拱、望柱与栏板

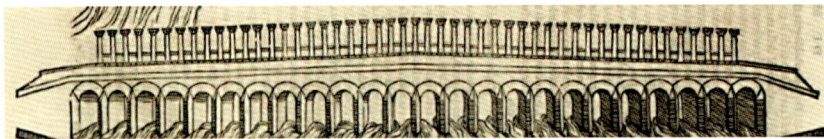

全桥侧面图

全桥俯视截面图。深色部分为石料加固的桥首基墙及桥墩

　　从图中可以看出河中桥拱共 24 个，桥墩为尖劈形，与现今卢沟桥的船型桥墩相当接近。桥上一侧的望柱有 49 根，虽然柱子的数量与马可·波罗所说的一侧 300 根尚有很大的距离，但在图中这些柱子已经排列得密密麻麻，几乎无法再加入其他柱子了。拉木学在插图页的右侧标上了"桥长 300 步"的字样，多多少少弥补了画中柱子

1　Gio. Battista Ramusio：*Delle Navigationi et Viaggi*，Venetia，1574，32r.

《寰宇志》中的插图。此图表现鞑靼人正骑马越过普里桑干河进攻北京

数量不足的遗憾。

如果说拉木学版《马可·波罗游记》中的普里桑干河上的石桥插图是"极繁版"的话，那么1683年出版的法国人马勒（Alain Manesson Mallet，1630—1706）所编的《寰宇志》（*Description de l'Univers*）则给读者提供了"极简版"插图。在这幅插图中，这座著名的桥梁被简略到只有两个桥拱。

虽然马可·波罗所描述的石桥与卢沟桥有相似之处，但是由于北京没有一条叫做

"普里桑干"的河流，从 17 世纪中叶起，就有熟知北京的西方人对石桥和卢沟桥究竟是不是同一座桥提出了自己的见解。比如葡萄牙传教士安文思于1648年抵达北京，他在 1688 年出版的《中国新史》中认为马可·波罗所说的普里桑干河即北京老百姓所称的浑河。由于浑河上的桥只有十三拱，跟马可·波罗提到的石桥有二十四拱不符，因而他认为马可·波罗提到的石桥是离十三拱桥往西三里格开外的琉璃河上的二十四拱桥。他还说：

前一座是中国最美的桥，也许是世界上最美的，因为它的工艺出色，材料精良。它是用精美的汉白玉根据完美的建筑规则而建的。在桥的两侧有 140 根柱子，每边各有 70 根，彼此隔开一步半的距离，中间充以方形的大理石板，上面雕了花、水果、鸟和其他生物，工艺水平令人叹为观止。在朝东的桥口，有两个漂亮的基座，上面覆盖着大理石板，板上立着两个非常大的狮子，以中国传统的方式雕刻。在大狮子的腿间、背上、胸前还刻有许多小狮子，姿态各异。有的轻靠着大狮子，有的跃立，有的蹲伏，有的往上，有的朝下，均非常精美，令人惊叹。在朝西的另一端，可以看到在两个基座上有两头大象，用的是同样的大理石，雕刻工艺也跟狮子一样完美。[1]

虽然安文思没有说出这座"最美的桥"的名字，但他所赞美的桥就是卢沟桥。此桥于 1668 年 8 月被山洪冲毁，安文思和意大利传教士殷铎泽（Prospero Intorcetta，1626—1696）等都曾记录了此事[2]，殷铎泽并且说：

那座著名的白石桥巨大伟岸，有 1/3 意里长。建造华丽，让人赏心悦目，似有千年之久……在我提到的那座离北京城墙不远的著名的桥，也是数得上的世界奇迹之一被毁的同一天，人们在废墟中发现一块巨石，上面用中文刻着四句诗："藉粮官车过，压倒卢沟桥。食了南来米，烧尽西山煤。"[3]

1　Gabriel de Magalhães：*A New History of China*，London，1688，p. 13.

2　同上书，第 14–15 页，第 28–29 页；Prospero Intorcetta：*Compendiosa Narratione Dello Stato Della Missione Cinese, cominciãdo dall'Anno 1581. fino al 1669*，Roma，1672，p. 65; p. 73.

3　Prospero Intorcetta：*Compendiosa Narratione Dello Stato Della Missione Cinese, cominciãdo dall'Anno 1581. fino al 1669*. Roma，1672，p. 66; p. 73. Cf. E. Bretschneider：*Archaeological and Historical Researches on Peking and its Environs*. In *The Chinese Recorder and Missionary Journal*. v. 6，Shanghai，1875，pp. 391–392.

1669 年（清康熙八年），卢沟桥被重新修好。

1688 年 2 月 8 日，法国传教士李明及其他四位由法国国王派往中国的"国王数学家"从宁波经过陆路到达北京近郊。李明记录道，在抵达北京前他们需先经过一座桥才能到一个名叫"卢沟桥"的小镇：

> 那座桥有 850 多英尺长，桥拱不大，桥栏板用白色的石头制成，看起来像是大理石。这些石头有 5 英尺多长，3 英尺高，七八英尺厚。两边夹着柱子，柱子上装点着条纹及狮子。我仅数了一边，共有 140 根柱子。沿着桥栏装了两道窄沿，高半英尺，宽 1/4 英尺。桥面铺了大块的平石板，它们拼得很好，走上去跟地板一样平。[1]

李明的描述与 1444 年（明正统九年）卢沟桥大修后国子监祭酒李时勉（1374—1450）所写的《修造卢沟桥记》中"东西跨水凡三百二十有二步，平易如砥"[2] 的句子遥相呼应，说明至迟在 15 世纪中叶，卢沟桥已经从原来的有大坡度的陡桥改成较为平直的桥了。

虽然 300 多年来对《马可·波罗游记》中记述的汗八里西郊的桥是不是卢沟桥的争论时有发生，但由于年代久远，特别是中文文献的缺乏，要想搞个水落石出实在是困难重重。不过由于卫匡国在《中国新图志》中提到卢沟(Lukeu)河就是桑干(Sangcan)河[3]，加上 19 世纪末、20 世纪初一些汉学家，尤其是马可·波罗研究的权威亨利·玉尔认为马可·波罗所说的普里桑干河是永定河（浑河）[4]，所以西方世界普遍将卢沟桥跟马可·波罗联系在一起。如今卢沟桥约定俗成的英文名称就是"马可·波罗桥"（Marco Polo Bridge），若想要让马可·波罗与卢沟桥脱掉干系，几乎是不可能的。

1　Thomas Astley：*A New General Collection of Voyages and Travels*，v. 3，London，1746，p. 529.

2　（明）李时勉：《修造卢沟桥记》。见《文津阁四库全书·古廉文集》卷二，九。

3　*Novus Atlas Sinensis*，Amsterdam，1655，p. 32.

4　Sir Henry Yule：*The book of Ser Marco Polo*，v. 2，London，1871，p. 3.

1.4 大报恩寺塔

1658 年春夏之交，刚随荷兰东印度公司使团出访中国不久的纽豪夫回到了阿姆斯特丹。当借住在哥哥家的时候，纽豪夫把一些笔记和画稿交给了他的哥哥亨德里克（Hendrik），这些都是纽豪夫在使团担任画师和礼仪官时所积累下来的资料。因为三个月后他又要启程去远行，他怕海上的风浪会损毁他珍贵的记录。他哥哥和他的一些朋友建议将资料整理出版成一本书，纽豪夫同意了，他委托他的哥哥全权负责出版事宜。

七年之后，即 1665 年，亨德里克在出版商亚克布·范·缪尔斯（Jacob van Meurs）的协助下，出版了一本具有划时代意义的图文并茂的畅销书，这就是附有 149 幅插图的《荷使初访中国报告》。

《荷使初访中国报告》使西方人第一次看到了全面的、形象化的中国。在此之前，虽然西方已经出版了一些有关中国的大部头书籍，如门多萨的《中华大帝国史》，利玛窦的《利玛窦札记》等。可那些书大部分只有文字，有的虽在文字之外附有插图，但附图仅有一两幅，且多为地图。这次的新作由作者亲自记述并配上大量的插图，使得读者有身临其境的感受，这得益于荷兰优良的绘画传统以及纽豪夫敏锐的观察力。

《荷使初访中国报告》也使西方人第一次直观地了解到南京的大报恩寺及大报恩寺塔。在纽豪夫之前，到过南京的西方人中只有葡萄牙传教士曾德昭（Alvare de Semedo，1585—1658）在《大中国志》里提到过大报恩寺塔："那儿还有一座七层塔，工艺精良，布满了偶像，看起来是用瓷建造的。此高塔可与古罗马最著名的建筑比肩。"[1] 这寥寥数语的描述，虽然可以显示出此塔的不凡，但在没有配图的情况下，总让人觉

1　Alvare de Semedo: *The History Of That Great and Renowned Monarchy Of China*，London，1655，p. 15.

得有点隔靴搔痒。

纽豪夫的描述就比曾德昭的详细多了：

离开这些女士们后，我们赶去看一座著名的寺庙，中国人称之为报恩寺。但是报恩寺不仅是建筑的名字，而且还包含一大块地，其上有庙舍、宝殿、琉璃塔和其他稀罕之物。中国人向我们展示了这块土地上建造的一个大殿，其在艺术、美丽和成本方面都超过了其余的房子。其中至少陈列了 1 万个塑像，全部由灰泥制成。有的高达 6 尺，但多数只有 1 尺。它们被井井有条地陈列在围廊和墙壁上。住持以极大的尊重和文明接待了大使，并打开了他们所有的庙门。

在这块地的中间是一个由琉璃建成的尖塔或高塔，其建筑成本和技术远远超过了中国的所有其他工艺。中国人通过该建筑向世界宣告了他们在前几个世纪中的罕见的聪明才智。

这座塔有 9 层，184 级楼梯。每层都有一个充满塑像和图片的围廊，采光上佳。墙外面全部上了釉并漆有多种颜色，如绿色、红色和黄色。整个墙面结构有许多块，但被非常有技巧地拼接在一起，看起来就好像是一整件一样。围廊的所有角落都挂着

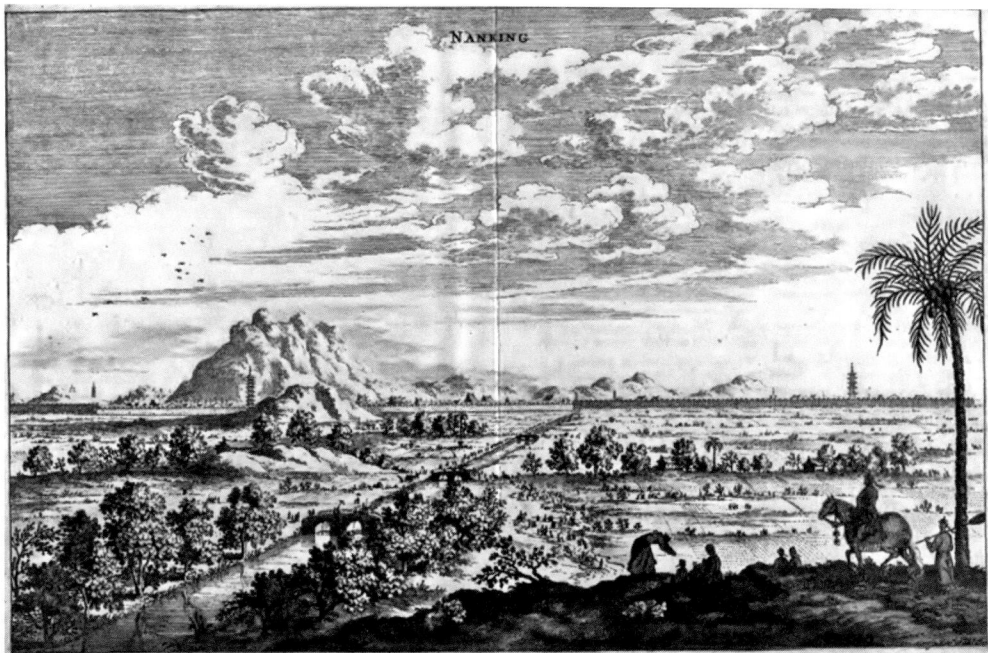

大报恩寺塔远眺

小铃铛，当风吹拂它们时会发出非常美妙的声音。塔的顶部放置着一个巨大的"菠萝"，那儿的人说是由黄金制成的。从高层的围廊不仅可以看到整个城市，而且可以看到江对面。这真是一幅最令人心旷神怡的景象，特别是当你浏览广阔的城市以及其延伸到江边的郊区时。[1]

不仅如此，《荷使初访中国报告》中还为大报恩寺塔配了好几幅插图。为一个场景配多幅插图，这在该书中是罕见的。

不过细心的中国读者可能会发现这几幅图中的一些问题。比如，在远景和近景图中都出现了棕榈树，这种热带植物在南京几乎看不到；又比如，俯瞰图中的塔是9层，而近景图中的塔是10层……这到底是怎么回事呢，难道纽豪夫看花眼了吗？

事实上，纽豪夫并没有看花眼，只要将他的《荷使初访中国记》手抄本跟《荷使初访中国报告》进行对照，很多疑问就会迎刃而解。

根据《荷使初访中国记》记载，荷兰使团于1656年5月10日到达南京城边。纽豪夫写道：

在南京城南边城濠外的山坡上，有一著名的寺庙——报恩寺，该寺由几座漂亮的房舍组成。这些建筑造型奇特古朴，可列为中国最著名的工程之一。那些异教的和尚们为我们打开庙门，并让我们看一个约有1万尊塑像的大殿。该寺的正中央建有一座瓷塔，是在鞑靼人到来的700多年以前建造的，历经多次战乱，迄今安然无恙。它的光辉业绩证明了那句关于"不朽"的古谚。若站在塔的最高层，可以俯瞰全部城区的市郊，一直看到长江对岸，如此稀世奇观真叫人赏心悦目。特别是若注意到该城的幅员之广和城的两翼从城墙外一直延伸到长江边时，就更觉得这个城市壮观无比。上面说的那个塔有9层共184个阶梯，里外都有漂亮的塔廊，所上的釉在黄色和红色中透着绿色。在楼台上有通气孔和铁栅窗，各个塔檐的檐角都挂着铜铃，随风飘动，铃声不断。塔尖顶着一个沉重的松果，据说是用纯金造成。[2]

1　John Nieuhoff：*An Embassy from the East-India Company of the United Provinces, to the Grand Tartar Cham Emperour of China*，London，1669，pp. 83–84.

2　［荷］包乐史（Leonard Blussé），［中］庄国土：《〈荷使初访中国记〉研究》，厦门大学出版社1989年版，第68页。

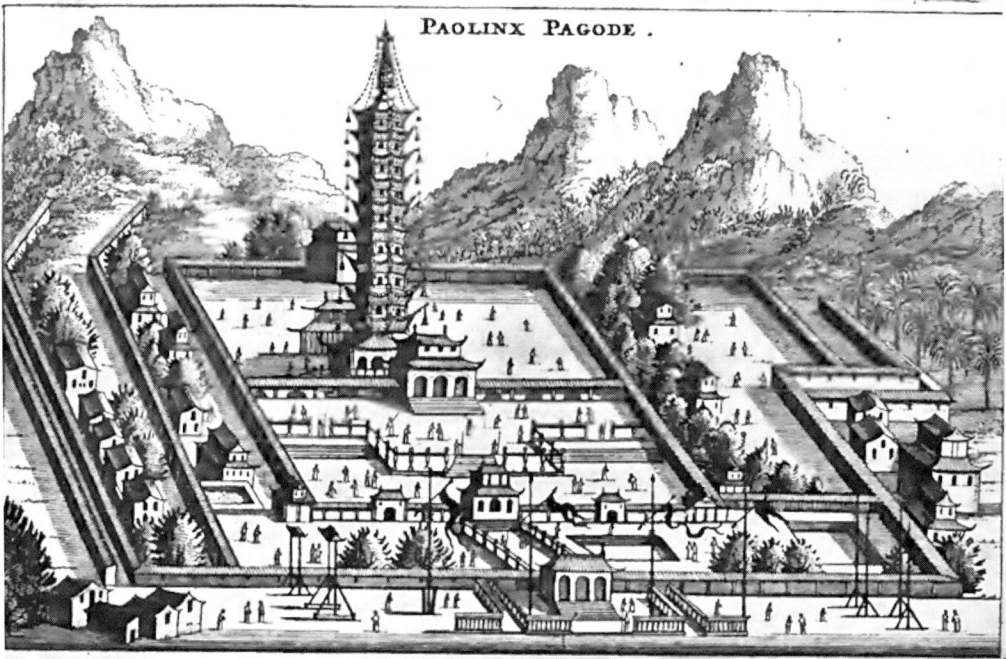

PAOLINX PAGODE.

大报恩寺俯瞰

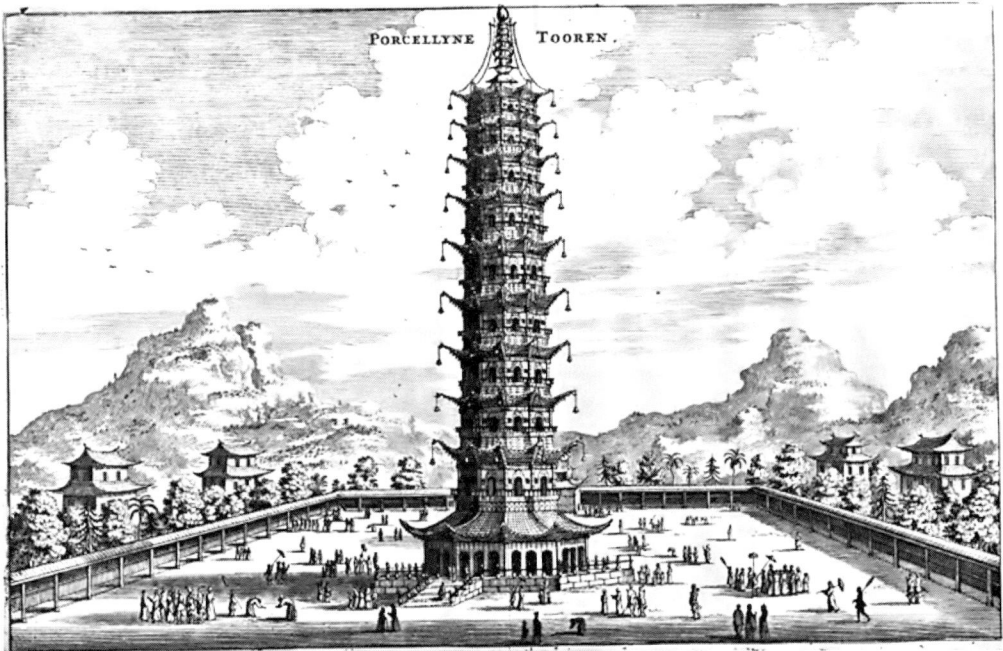

PORCELLYNE TOOREN.

大报恩寺近景

《荷使初访中国记》中南京远眺图。法国国家图书馆藏

《荷使初访中国记》中大报恩寺俯瞰图。法国国家图书馆藏

　　《荷使初访中国记》手抄本中有两幅配图，一幅是城外远眺图，另一幅则是大报恩寺俯瞰图。

　　从手抄本中的插图来看，并没有棕榈树，也没有第十层塔，这些跟现实比较接近。但手抄本中的插画也有草率的地方，比如在远眺图中，城外的大报恩寺塔看起来比城里的某座塔还低矮一些。考虑到这只是纽豪夫原稿本的誊抄本，这样的草率也许可以容忍。

　　《荷使初访中国记》是《荷使初访中国报告》的重要底本，但由于《荷使初访中国记》中只有两幅大报恩寺的插图，其中并无近景图，那么，不免使人怀疑《荷使初访中国报告》中的大报恩寺近景图很有可能是在出版时由出版商添加进去的。要知道出版此书的缪尔斯不仅仅是一个拥有印刷机的商人，还是一位非常有成就的插画雕刻师及成功的出版商。他非常善于从读者的角度来思考，也许他觉得需要有表现异国情调和细节的插图才更能吸引读者，因此他和他的工坊中的雕刻师们在远眺图的前景中增加了棕榈树（荷兰没有棕榈树），而且以纽豪夫的俯瞰图为蓝本，制作出了一幅颇具视觉震撼力的近景图。

　　事实证明，添加大报恩寺近景图的策略是成功的。自《荷使初访中国报告》出版后，在17、18世纪，欧洲人出版的书籍中翻印或抄袭此图的例子不计其数。如法国人德文诺（Melchisédec Thévenot，1620—1696）于1672年出版的《旅行异闻录》（*Relations de divers voyages curieux*）中就将近景图中的大报恩寺塔分离出来，形成一张整幅的

《荷使初访中国记》中俯瞰图局部（左），檐角上挂着檐铃，但无特别的装饰；《荷使初访中国报告》中近景图局部（右），檐角为龙的造型，檐铃被龙衔在口中

插图。图中塔身为9层，檐角则是衔铃的龙首。

　　又如奥地利建筑学家约翰·柏纳德·费歇尔·冯·埃尔拉赫（Johann Bernhard Fischer von Erlach，1656—1723）于1721年出版的《历史建筑设计》（*Entwurff Einer Historischen Architectur*）中的插图。此图为大报恩寺中增加了许多建筑，寺的周围也种上了整齐的松树。虽然图中的塔是10层，但说明中称此"九层塔的附属建筑扩大至方圆12里格"。

　　而最为离奇的是荷兰画家何吉（Romeyn de Hooghe，1645—1708）为德·卫瑞斯（Simon de Vries，1630—1708）的《东西印度奇珍》（*Curieuse aenmerckingen der bysonderste Oost*

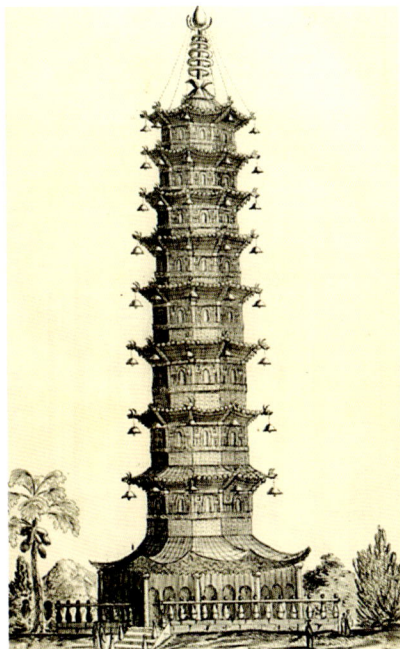

德文诺书中插图。画面左侧有热带植物

53

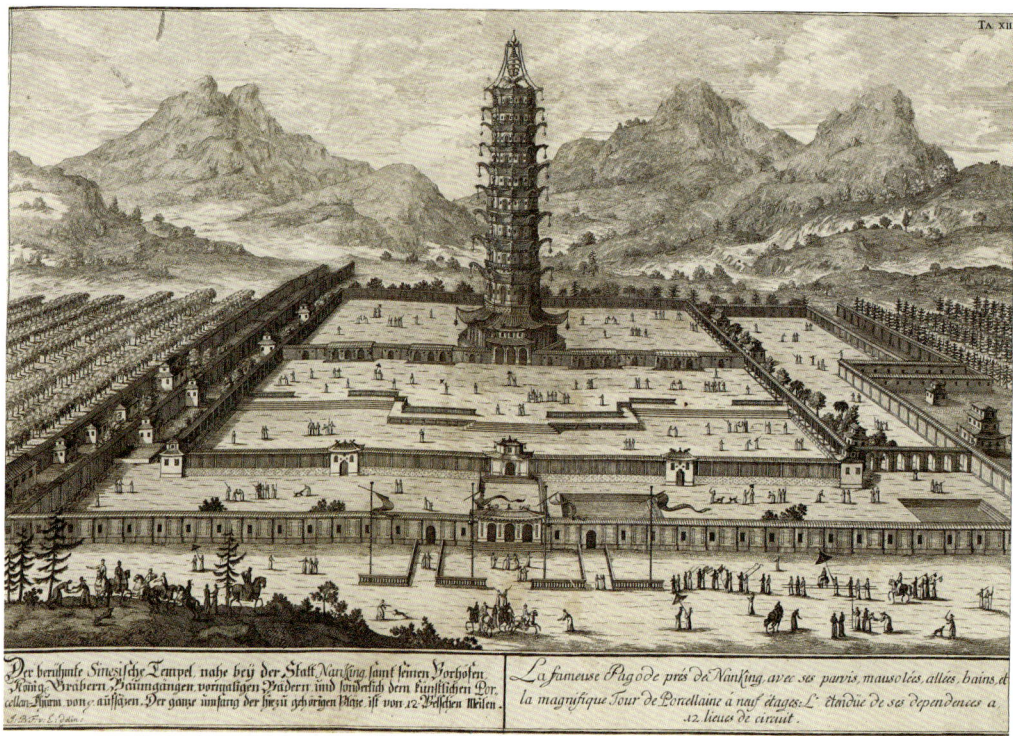

《历史建筑设计》中的大报恩寺和寺塔

en West-Indische，初版于 1682 年）所作的一幅插图，此图表现北京宫廷中万邦来朝的景象，大报恩寺塔居然出现在同一画面中三处不同的地方。

《荷使初访中国报告》中大报恩寺塔的插图也给英国建筑家威廉·钱伯斯（William Chambers，1723—1796）以启发。1757 年他受雇为英国王家园林——丘园设计建筑，其中最高的建筑丘园塔即仿照大报恩寺塔而建。此八角形的塔共有 10 层，每层的檐角也设计了龙衔檐铃的装饰——只不过钱伯斯设计的龙是翼龙。

继纽豪夫之后，西方的出版物中除了图片以外，对大报恩寺和大报恩寺塔也有文字上的描述。荷兰人达帕于 1670 年出版了《大清志》，书中用了《荷使初访中国报告》中的大报恩寺俯瞰图，并附上了说明：

在城市的外面有一个著名的塔或寺庙，有人叫它报恩寺，也有人叫它报恩院。我们可以观察到，中国人叫它报恩寺这个名字，不单表示寺庙本身，也包括山脚下的一大块平地。此处有许多精美的建筑物：塔、琉璃塔以及精美和庄严的大厦。在所有这

万邦来朝图景。此图是将《荷使初访中国报告》中的午门图跟大报恩寺塔图相拼合而成。图中对塔的说明是"娱乐塔"

1763 年丘园一角。威廉·马洛（William Marlow）绘

1763 年钱伯斯出版的丘园塔设计图局部。翼龙衔铃清晰可见

些建筑中，一座大殿极其出众，它以 1 万个用灰泥制成的偶像装饰，并奇特地涂上了颜色。最大的和真人一样大，最小的不超过一只手的高度。它们陈列在由墙围成的围廊里，有四五排，一排在另一排的上面，最高大的在顶部，最小的在底部。

在那块大平地的中间 12 级台阶的上面，矗立着一座高耸的琉璃塔，在造价和工艺方面，在中国极其罕见，无与伦比。它有带拱顶的 9 层楼（虽然曾德昭说仅有 6 层），里面的楼梯共有 104 级[1]。每层都有一个围廊，奇特地装饰着偶像和窗户。在窗户的两侧有方形的洞，并装上了象牙栅条，好让光线进入。塔的外墙经过抛光，或者说是上了各种颜色的釉，如红色、绿色和黄色。整个结构由一些部件巧妙地拼接在一起制成，看起来就像是一个整件。围廊之间有檐外突，漆以绿色。檐角悬挂着小铜铃，风吹动时便连续发出悦耳的叮当声。除非有人从外面爬，否则没有人可以到达塔的顶部。塔顶有一个巨大的"菠萝"，中国人说那是用黄金做的。从最顶层的围廊，人们不仅可以看到整个南京市，而且极目远眺，附近的平原也尽收眼底。

人们说，当鞑靼人于 1200 年首次征服中华帝国时，他们强迫中国人建造这座塔以纪念他们的胜利。出于这个原因，当鞑靼人在我们这个时代第二次征服这个帝国时，

---

1 此处达帕的"104 级"与纽豪夫在《荷使初访中国记》中的"184 级楼梯"的提法出入比较大。——编辑注

他们没有破坏它，反而让它全然荣耀地矗立在那儿。但他们把中国所有其他古老的纪念碑、建筑物和帝王陵墓都摧毁了。[1]

可以说，这段描述基本上是从纽豪夫那儿抄来的，但也提供了少量的新信息。

1696 年，法国传教士李明在巴黎出版了《中国近事报道》，其中也提到了他亲眼所见的大报恩寺塔：

高塔俗称琉璃塔，在城外（而不是像有些人所写的在城内）中国人所称的报恩寺内。寺由永乐皇帝建于 300 年前。塔建在一个巨大的用砖砌成的台基上，台基围有未经抛光的大理石围栏，其周围有 10 到 12 级的台阶，人们拾级而上，可走到塔最下面的厅堂，此层比台基还高 1 英尺，四周留有 2 英尺宽的步行道。

这个厅堂正面以画廊和支柱装饰。檐顶（在中国通常有两个，一个在墙的顶部旁边，另一个窄些的在上面）覆盖着绿色闪亮的琉璃瓦；内部的天花板是漆绘的，由许多小块组成，互相交错着，这对中国人来说不是个小装饰。我承认梁、栱、椽、榫的拼合令人感到惊奇，因为我们必须知道没有巨大的花费就不可能完成这样的工程。但是说实话，这些拼合只是源于工匠的无知，他们永远都不会发现高尚的简洁，那是构成我们建筑的坚固与美丽的灵魂。

有三扇非常大的门为这个厅堂提供采光，也让人们进入我所说的塔即报恩寺的一部分。塔为八角形，大约 40 英尺宽，所以每边宽 15 英尺。同样形状、中等高度的墙围绕着塔建造，距塔约两英寻半，支撑着倚塔而建的外廊的一侧，因此形成了一个漂亮的围廊。这座塔楼高 9 层，每一层都在窗户的底部装饰着 3 英尺宽的挑檐，以及与前述一样的围廊相似的屋顶，只是更窄些。随着塔身高度的增加，檐的宽度逐渐减小。

塔墙的底部至少有 12 英尺厚，顶部则有 8 英尺半厚，墙面镶嵌着扁平的琉璃。尽管风风雨雨损害了其美丽，但现存的材料足以表明那是货真价实的琉璃，只不过粗糙了些。因为砖块不可能在 300 年以后仍保留原有的光泽。

塔内的楼梯既狭窄又难爬，因为整个楼梯很高。塔的每层都是由厚重的横木交叉

---

1 *Atlas Chinensis*：*Being a Second Part of A Relation Of Remarkable Passages In Two Embassies From The East-India Company Of The United Provinces, To The Vice-Roy Singlamong And General Taisong Lipovi, And To Konchi, Emperor Of China and East-Tartary*，London，1671，pp. 286–287.

构成，地板铺在横木上面，每层的天花板都用彩绘装点，假定他们的绘画可以装点房间的话。上面几层房间的墙壁上有些小壁龛，里面满是雕像，形成了漂亮的装饰。整个雕像是鎏金的，看起来像是用石头或大理石雕刻的，但我相信它们只是砖块，因为中国人非常擅长通过精美的模具在砖上印上各种装饰，在这方面他们比我们拿手得多。

塔的底层是最高的，其余各层的高度相同。我已数过，楼梯共有190级，每级几乎都是10英寸高，测下来相当于158英尺。加上台基、没有安装楼梯的第九层以及塔刹，总高度将至少距地面200英尺。

塔刹是那座建筑物中最显眼的装饰之一，它的中间是一根非常粗的直杆，像是五朔节花柱，从第八层楼的地板伸到比塔的顶层高出30英尺处。一个巨大的铁制件在几英尺外以螺旋线围绕着它，看起来像是中空的。刹顶放置着一个非常大的金色球。

这就是中国人所称的"琉璃塔"，而一些欧洲人则称之为"砖塔"。无论它是用什么造的，它无疑是整个东方精心构造的最佳建筑。从它的顶部你可以看到整个城市的景色，特别是位于东北几里外的有观象台的山陵。[1]

虽然出于对中国艺术的无知，李明不能欣赏大报恩寺塔的斗拱结构和藻井设计，但他不得不承认此塔是东方的最佳建筑。事实上，大报恩寺塔曾是欧洲人心目中的世界中世纪"七大奇迹"之一。如果它未被太平天国的战火摧毁，今日一定会毫无悬念地入选世界文化遗产名录。

1　Louis Le Comte：*Memoirs and Observations Topographical，Physical，Mathematical，Mechanical，Natural，Civil，and Ecclesiastical*，London，1697，pp. 78–81.

二、人 物

The Station used by great Mandaryns
Staatsie der groot Mandaryns

2.1 皇帝

　　从古至今，在世界范围内流传最广的旅游读物大概就是《马可·波罗游记》了。据说这部作品是由马可·波罗口述、他的狱友鲁斯蒂谦（Rustichello da Pisa）记录而成。如果马可·波罗没有忽悠他的牢房伙伴的话，他极有可能是历史上第一个见到中国皇帝"龙颜"的西方人。他所见到的皇帝，不是别人，正是叱咤风云、横扫亚欧大陆的元世祖忽必烈。马可·波罗对这位让无数被征服者心惊胆战的帝王的描述是这样的：

　　君临天下的王中之王名叫忽必烈大汗，他长得是这样的：他身材很好，不矮不高，正好适中。他的筋肉分布匀称，不胖也不瘦，每个部位都长得很好。他的脸是白色的，有些部分泛着玫瑰色的红光，看上去仪容非常和悦。他的眼睛又黑又漂亮，鼻子也很漂亮，不但长得好，而且在脸上的位置也很好。[1]

《卡塔兰地图》中的忽必烈像。法国国家图书馆藏

　　这段描述乏善可陈。元世祖除了脸上有红光之外，在相貌上跟普通人几乎没有什么差别。这种笼统的描述，使得早期西方画家在画忽必烈时无所适从，因而也就将西方人的面孔安在了他身上。克里斯哥（Abraham Cresques）完成于1372年的《卡塔兰地图》（*Atles català*）上有一幅忽必烈的像。这位绘图家笔下的元世

1　A.C. Moule & Paul Pelliot：*Marco Polo*：*The description of the world*，London，1938，v.1，p.204.

祖一头金发。他头顶皇冠，手持权杖，虽然无人侍立左右，但仍显出满满的王者之相。

《卡塔兰地图》上关于忽必烈的说明是：

> 鞑靼最强悍的皇帝名叫忽必烈，意思是大汗。这位皇帝比世上任何一个皇帝都富有。一共有12000名骑兵保护他，其中四位上尉每年住在宫中三个月。

此段说明来自《马可·波罗游记》。克里斯哥很可能于绘制地图的时候参考了早期的《马可·波罗游记》手抄本。而现存最早的《马可·波罗游记》手抄本中的忽必烈形象也基本上跟《卡塔兰地图》中的一样，带着明显的西方人的特征。如1412年手抄本中的忽必烈有高挺的鼻子和卷曲的大胡子。

1412年《马可·波罗游记》手抄本插图，表现的是波罗一家三人觐见忽必烈时的情景。法国国家图书馆藏

忽必烈面容细部，可以看出他非常和悦

1525年《马可·波罗游记》手抄本插图。法国国家图书馆藏

而1525年手抄本中忽必烈的胡子虽然比较直，但他深陷的眼窝还是相当明显。

上面两部手抄本都描绘了忽必烈在宫中的情形，而早期印刷的地图中的忽必烈则常与帐篷相关联，这么做也许是考虑到了印刷地图的成本与技术，印帐篷总比印宫殿省事，且不占什么空间。当然，克里斯哥手绘帐篷的灵感也出自《马可·波罗游记》：

> 首先，他举行朝会的帐篷确实很大，容得下 1000 个骑兵。这个帐篷的大门朝着正南。帐篷里有个像门厅的地方，王公贵族可以待在那里。在西边，还有另一个帐篷与这个帐篷相连。大汗就住在那里，因为那儿也像他的私人住所。那个帐篷跟第一个帐篷连在一起，并且有一条从一个帐篷到另一个帐篷的通道，当他想和任何人说话时，他会让他进来。[1]

1522 年由罗伦茨·弗瑞斯（Lorenz Fries，约 1490—1531）在斯特拉斯堡出版的《托勒密地图册》（*Claudii Ptolemaei*）中的东亚地图右侧有一幅插画，画中忽必烈正坐在帐篷中。他头戴王冠，右手持宝剑，左手持权杖，脸上露出微笑。

此后亚伯拉罕·奥特里乌斯在 1570 年出版的《寰宇地图集》中收录了一幅《鞑靼或大汗帝国地图》，图中有若干帐篷散布在鞑靼各地，其中最大的一顶则属于忽必烈。

《托勒密地图册》中的忽必烈（原图为梯形）

《鞑靼或大汗帝国地图》局部。图中的拉丁文说明意为"大汗（在鞑靼语中，其含义为皇帝）为亚洲最高首领。"

1　A.C. Moule & Paul Pelliot：*Marco Polo*：*The description of the world*，London，1938，v. 1，pp. 231–232.

《中国新图》中的忽必烈与卫士

奥特里乌斯的《寰宇地图集》初版时并没有单独收录中国地图，不过此书1584增订再版时中国地图就有了一席之地，此幅名为《中国新图》的地图是西方出版的最早的独幅中国地图。在《中国新图》的右侧空白处散布着一些帐篷，其中忽必烈的帐篷上面飘扬着三面旗帜，忽必烈端坐帐中，他的卫士则坐在帐篷门口。

除了忽必烈之外，似乎没有别的元代君王形象在西方流传。

如果说西方文献中元代皇帝的形象是忽必烈的一统天下，那么明代则基本上是崇祯皇帝一人的舞台。虽然明代正德年间葡萄牙派药剂师皮列士（Tomé Pires，约1465—1524 或 1540）率使团访华，并且有学者认为皮列士在南京见到了明武宗[1]，但武宗的形象并没有流传到西方。

崇祯之所以为西方所知，最大的功臣当数意大利传教士卫匡国，他于 1654 年在安特卫普出版了《鞑靼战纪》一书详细介绍了明朝覆灭的过程。关于崇祯皇帝最后的日子，书中写道：

就这样，他们（指清军）没有遭到任何抵抗，于 1644 年的一天黎明之前，从一座为他们打开的城门进入全中国的京城，没有受到长时间的抵抗，就连忠诚于皇帝的人也没有反抗。因为那些潜伏在城中的流寇制造了很大的骚乱，以至没有人知道该去抵抗谁。在一场巴比伦式的大混乱、大屠杀中，李自成胜利地穿过城市进入皇宫，他在那儿虽然遭到一些忠心的太监的抵抗，却等于没有受到抵抗就进入了那座著名的宫殿。最可叹的是敌人穿过第一道围墙和禁城时，皇帝还活着，还不知道京城已莫名其妙地陷落。因为掌握大权的叛变了的宦官害怕皇帝逃走，迟迟不肯提醒他处在危险中，也不告诉他京城已经陷落，直到他们认为皇帝不可能逃走时才告诉他。他听到这个不

1　参见［波］爱德华·卡伊丹斯基：《中国的使臣卜弥格》，张振辉译，大象出版社 2001 年版，第16—17 页。

幸的消息后，首先想要逃走，可是所有的出路都被堵塞，据传他留下一封血书，向他的后代控诉将军们的背信弃义和不忠诚，表明他可怜的老百姓是清白无罪的，向李自成要求，既然上天把王权交给了他，就应该惩罚那些不忠实的叛徒。他有一个到了结婚年龄的女儿，为了不让她落到坏人手里受侮辱，他要了一支宝剑，亲手斩了女儿，然后走进一个果园，用腰带在一棵李子树上上吊自杀。这个不幸的皇帝不光彩地死在一棵普通树下，这样结束了一个朝代，结束了一个长期繁荣富强的帝国和一个辉煌的皇朝。[1]

　　《鞑靼战纪》1654 年拉丁语初版时除了一张地图外，别无其他插图。但同年在阿姆斯特丹由出版商伯劳（Blaeu）出版的德译版中则有另外几幅插图，其中一幅描绘了崇祯一家生命中的最后时刻。不过在插图中，公主是被鞑靼士兵杀死的，这跟书中的记述不符。

　　而 1696 年左右德国画家朗特（Hans Hinrich Rundt，约 1660—约 1750）所作的一幅画中，正确地还原了崇祯皇帝正举着短剑刺向自己女儿时的情景。

1654 年德译本《鞑靼战纪》插图。崇祯在宫门外的树上自缢

《崇祯杀死女儿》，朗特绘，荷兰国家博物馆藏

　　1665 年出版的《荷使初访中国报告》中也有描述崇祯自缢的一节，并配有插图：

1　［意］卫匡国：《鞑靼战纪》，戴寅译。见杜文凯编：《清代西人见闻录》，中国人民大学出版社 1985 年版，第 25—26 页。卫匡国叙述的崇祯皇帝的故事也给荷兰剧作家文德尔（Joost van den Vondel，1587—1679）以灵感，他于 1667 年出版了悲剧《崇祯或汉人统治的覆灭》（*Zungchin Of Ondergang Der Sineesche Heerschappye*），这可能是西方最早的以中国人为主角的文学作品。

1644 年 5 月，当一个宫门被叛徒打开后，在外面包围的士兵突然冲了进来。虽然忠于皇帝的人发现了这个情况，但是他们也意识到城里一片混乱，已经无法控制。人人自顾不暇，任凭强盗宰割。

……

皇帝写完了血书后，恍恍惚惚地走到女儿的闺房，在那里杀死了她，以免她受到暴徒的玷污。他的女儿十七八岁，还是处女。皇帝然后横下一条心，不在这不幸的变故中苟活，他走到花园，用衣带将自己吊死在李树上。这就是崇祯皇帝的悲惨结局，他在位期间诸事不遂，最后大明的皇座丧失在他的手上。[1]

1665 年《荷使初访中国报告》荷兰语初版插图。可见两位女性卧倒在地，崇祯则在一棵大树上自缢而亡。叛军正在杀戮，而宫中尚未逃脱的人则望着吊在树上的崇祯，惊恐万状

《荷使初访中国报告》中的这幅插图后来又被其他画家用来进行再加工和再创造，其中最出色的当属法国人裴瑞佛（Antoine François Prévost， 1697—1763）编辑的《世界游记大观》（*Histoire générale des voyages*）第七卷（出版于 1749 年）中的一幅插图。此图将原来的横向图改成了纵向图，使得画面的焦点更集中。崇祯依旧在前景，但背景人物的动作幅度明显加大，加剧了紧张的气氛。

1654 年伯劳出版的德译本中还有两幅有关崇祯的插图，一幅在书名页上，崇祯站在书名的左侧，手里拿着一把短剑，显然是指他用来杀死女儿的武器。

在另一幅插图中，崇祯坐在龙椅上。他头戴方帽、身着披风，胸前的补子上则绣着两个珍禽。

这幅崇祯的坐像流传很广，也被许多书籍和地图用各种方法加工使用。1655 年出版的《中国新图志》中北直隶地图上的题花就是崇祯及其皇后的坐像。但由于此地图集的作者是卫匡国，出版商是伯劳，与《鞑靼战纪》德译本的出版团队是同一套人马，

1　John Nieuhoff: *An embassy from the East-India Company of the United Provinces*, *to the Grand Tartar Cham*, *emperor of China*, London, 1669, pp. 306–307.

《世界游记大观》中的崇祯自缢插图

《鞑靼战纪》德译本书名页

《鞑靼战纪》德译本中崇祯坐像

《中国新图志》中《北直隶地图》题花

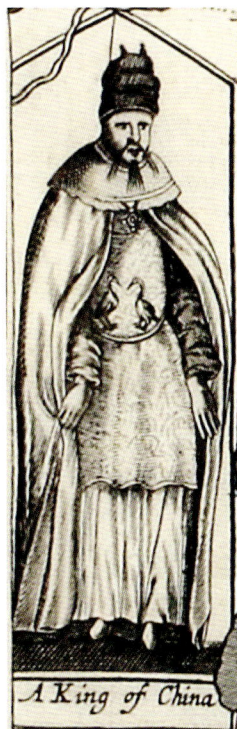
1655年伦敦版曾德昭《大中国志》英译本所附地图中的《中国国王像》

因此用崇祯坐像是顺理成章的事。

但同一年在伦敦出版的曾德昭《大中国志》英译本中所附的一张地图上的《中国国王像》显然是借用了《鞑靼战纪》中崇祯的坐像并将之改成了站像。

1660年德国学者斯皮哲尔（Gottlieb Spitzel，1639—1691）于莱顿出版了汉学名著《中国文献评论》（*De Re*

67

Literaria Sinensium Commentarius），其书名页上也移植了崇祯的坐像，但抄袭的对象不是《鞑靼战纪》，而是《北直隶地图》，因为崇祯旁打华盖的仆从也一同被移植了过来。

而《北直隶地图》中崇祯夫妇相对而坐的形象后来又陆续出现在其他西方人所编写的著作中。如 1667 年德国人吉歇尔编写的《中国图说》拉丁文版，1683 年出版的法国人马勒编写的《寰宇志》，1688 年德国人哈佩尔（Eberhard Werner Happel，1647—1690）编写的《域外珍闻集》（*Thesaurus exoticorum*）以及 1719 年法国人夏特兰（Henri Abraham Chatelain，1684—1743）编写的《历史图集》（*Atlas Historique*）等。

除了崇祯皇帝外，南明的永历皇帝也许曾经在西方人的笔下亮相。比卫匡国仅大两岁的波兰传教士卜

《中国文献评论》书名页

吉歇尔《中国图说》拉丁文版插图

《寰宇志》中的崇祯夫妇插图，图中说明文字为"鞑靼入侵前之中国国王和王后"

《域外珍闻集》中的崇祯夫妇，图上的文字说明为"中国前朝皇帝"

《历史图集》中的崇祯夫妇像，图中文字说明为"中国鞑靼国王和王后的衣着"

弥格忠于南明王朝，他画的《中国地图集》中的《南京省[1]地图》右侧有几个宫廷人物，并且标注了"皇上"两字。如果他描绘的是南明王朝宫廷内的情景的话，那么坐在龙椅上的人就很有可能是永历皇帝了。

西方人见到的第一位清朝皇帝是顺治。1655 年，荷兰东印度公司派出的使团到达北京，得到了觐见顺治的机会。纽豪夫在《荷使初访中国报告》中说：

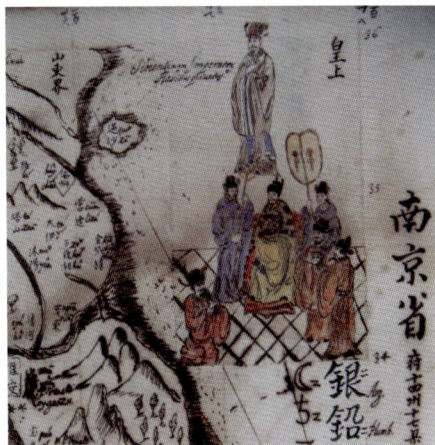

卜弥格《南京省地图》局部。梵蒂冈教廷图书馆藏

这位非凡的君王就这样端坐了大约一刻钟后，他跟所有侍从一起起来。大使们退下时，雅各布·德·凯泽观察到皇帝回望了他们。他看到皇帝很年轻，肤色白皙，身材中等，身体匀称，衣服闪着金光。对于皇帝没有跟大使们说话就让他们离开，我们感到很惊讶。但这不仅在中国人中，而且在其他东方人中，都是一个习俗，即他们的国王和皇帝很少出现在自己臣民的面前，在外国人面前则更少了。而且，在中国的整个历史上皇帝们都遵守这样的习俗，即从不让陌生人看到自己，只让内臣看到，而且要端坐在御座上。[2]

吉歇尔在《中国图说》中提到了顺治，说他称德国传教士汤若望为"玛法"（Maffa）[3]，即"父亲"或"可敬的父亲"的意思，说明他对汤若望感情很深。[4] 吉歇尔也提到了康熙，说"皇位的继承人是一个 14 岁的男孩，曾经接受汤若望神父的教导"[5]。《中国图说》中附了一幅《中国 – 鞑靼帝国至高无上之君王图》，但没有说明此图画的是顺治还是康熙，因此后代对这幅图的解释也有分歧。

哈佩尔认为是顺治皇帝，因此他在《域外珍闻集》中为《中国君王图》前厅中的

1　指明代南直隶。

2　John Nieuhoff: *An embassy from the East-India Company of the United Provinces, to the Grand Tartar Cham, emperor of China*, London, 1669, p. 127.

3　英译本作"玛萨"（Massa），此处从 1667 年拉丁文本。

4　Athanasius Kircher: *China Illustrata, translated by Charles D. Van Tuyl*, Indian University Press, 1987, p. 94.

5　同上书，第 96 页。

《中国图说》1667 年两个拉丁文版中的两幅略有差异的《中国君王图》[1]

《域外珍闻集》中的顺治像

人物作说明时，标上了"中国皇帝顺治"的字样。

但也有学者、画家及出版商人把《中国君王图》中的人物当作康熙。如约 1690 年巴黎出版商郎洛（Nicolas Langlois，1640—1721）和诺林（Jean-Baptiste Nolin，1657—1708）分别印制过以《中国君王图》为蓝本的肖像，肖像下均有"康熙，东鞑靼皇帝顺治之子……"的说明文字。而博学的荷兰政治家魏岑在其 1692 年出版的《北鞑靼与

诺林出版的康熙像

东鞑靼》（Noord en Oost Tartarye）中附了一幅康熙的插图，图下的说明是"在位的中国鞑靼皇帝康熙（亦称博格达汗）的肖像，于 1679 年在北京绘制，经外贝加尔和蒙古国寄给了本书的作者。"但这幅所谓的来自北京的图像极有可能也是根据《中国君王图》改绘的。

魏岑没有到过中国，当然无从见到康熙，他的受骗上当，也许情有可原。事实上，就在魏岑出版他的《北鞑靼与东鞑靼》的时候，有一些西方的传教士正服务于康熙的朝廷中，他们大都有机会跟康熙单独晤对，对康熙相当了解。法国传教士、"国王数学家"白晋（Joachim

---

1 1667 年在阿姆斯特丹出版的《中国图说》拉丁文本的版本及流传情况比较复杂，故有插图上的差异。参见［美］孟德卫：《奇异的国度：耶稣会适应政策及汉学的起源》，陈怡译，大象出版社 2010 年版，第 132 页。

Bouvet，1656—1730）甚至写了一本《中国皇帝的肖像》（初版于 1697 年），全方位地向欧洲介绍康熙。

关于康熙的长相，白晋说：

这位君王现年 44 岁，已在位 36 年。他本人的资质足应拥有王位。他看起来很高大威严，腰肢匀称，脸部特征十足，眼睛炯炯有神，比一般的中国人要大；他的鼻子略有鹰钩，鼻尖稍圆；他的脸上留有出天花后的痘痕，但对显现出他具有个性的容颜毫无影响。[1]

《北鞑靼与东鞑靼》书中的康熙像。注意其头部、手臂及腰部垂下的饰带

另一位"国王数学家"李明在其著作《中国近事报道》和书信里也多次赞美康熙，关于康熙的容貌，李明是这么说的：

他身材比普通人略高，比欧洲的美男子稍胖，但还未达到中国人希望达到的富态。他的脸很宽，有痘痕，前庭饱满，鼻子和眼睛比一般中国人小些，嘴很美，脸庞的下半部很耐看。虽然在脸上看不出君王之相，却能显现出足够的善良美德。他的举手投足，都有王者的风度。[2]

《中国近事报道》法文初版第一卷扉页

《中国近事报道》法文初版第一卷扉页附有一幅康熙的肖像，画中的说明是："中国与东鞑靼之皇帝，现年 41 岁，此画作于其 32 岁时。"

---

1 Joachim Bouvet：*Portrait historique de l'empereur de Chine*，Paris，1697，pp. 10–11. Cf. *A Voyage round the World*，by Dr. John Francis Gemelli Careri. pt. IV，bk，II，in *A collection of Voyages and Travels*，London，1704，v. IV，Bk. II，p. 321.

2 Louis Le Comte：*Memoirs and observations topographical*，*physical*，*mathematical*，*mechanical*，*natural*，*civil*，*and ecclesiastical*，London，1697，p. 41. 另外魏岑在为法国神父皮埃尔·窦尔良（Pierre-Joseph d' Orléans，1641-1698）所著的《顺治康熙本纪》（*Histoire des deux conquérants Tartares qui ont subjugué la Chine*，初版于 1688 年）作注时提到："听说鞑靼的新皇帝年约五十，外表英俊，眼睛乌黑，鼻子高挺，胡髭深色，但少髯须。略有麻点，身材中等。"见 *History of the two Tartar Conquerors of China*，ed. The Earl of Ellesmere，London，1854，p. 120。

　　李明书中的康熙肖像一经刊出，几乎成了康熙的标准像。它不但出现在德国科学家莱布尼兹的《中国近事：为了照亮我们这个时代的历史》（*Novissima Sinica historiam nostri temporis illustra*）第二版（1699 年出版）的扉页，而且被法国作家杜赫德收入了他介绍中国的百科全书《中华帝国全志》（*Description géographique，historique，chronologique，politique，et physique de l'empire de la Chine et de la Tartarie chinoise*，1735 年初版），而由于《中华帝国全志》是一本畅销书，康熙的肖像得以传遍欧洲。

　　康熙之后，欧洲人最为熟悉的中国皇帝便是乾隆了。在乾隆宫中服务的西方传教士中有不少艺术家，如郎世宁（Giuseppe Castiglione，1688—1766）、王致诚（1702—1768）、艾启蒙（Ignatius Sichelbart，1708—1780）、安得义（Jean-Damascène Sallusti，?—1781）、潘廷章（Giuseppe Panzi，1734—1812）等。前四人曾经参与组画《平定准部回部得胜图》（共 16 幅图，1765—1774）的绘制，这些图中时常出现乾隆的形象。这组绘画后来被送往法国制成铜版，因而为欧洲人所知。欧洲人除了想尽办法要得到原版原印外，还通过各种方法进行仿制印刷，如法国雕刻家埃尔芒就以较小的尺寸将原画稿仿刻出版，获利颇丰。

《中华帝国全志》中的康熙像。注意图中左侧的科学仪器以及右侧的箭袋，康熙以热衷学习西方先进知识及善于射箭闻名

原起稿者不明、埃尔芒仿刻的《平定准部回部得胜图》中《凯宴成功诸将士》图局部。乾隆坐在肩舆上

　　潘廷章虽然没有参与大型史诗级作品的绘制，但他因为给乾隆绘制了正面半身肖像而广为人知。此肖像的摹本曾被刊登在法国出版的大型丛书《中国杂纂》（*Mémoires concernant L'Histoire，Les Sciences，Les Arts，Les Moeurs，Les Usages，&c. Des Chinois：Par les Missionaires de Pekin.* 初版于 1776 年）首卷的扉页，欧洲一些陶瓷厂也根据

此画创作了乾隆的瓷版画及瓷雕。[1]

王致诚起稿、埃尔芒仿刻的《平定准部回部得胜图》中《平定回部献俘》图局部

《中国杂纂》扉页乾隆像。大图见本篇开篇页

《中国杂纂》扉页乾隆像的下面，还有四句法文诗：

不懈地普照关怀

我们所景仰的政府

宇宙中最伟大的君主

也是帝国中最好的学者

《中国杂纂》丛书收录的都是欧洲传教士发自中国的书信和文章，从这首诗中可见乾隆在当时居华外国人心目中的地位。

这种评价到了乾隆的晚年仍有人呼应。曾随英国马戛尔尼（George Macartney，1737—1806）使团于 1793 年访华的巴罗（John Barrow，1764—1848）就说："老皇帝很少观赏这种娱乐节目，就像他告诉马戛尔尼勋爵的那样。事实也是，考虑到本朝统治的方方面面，这个帝国的辽阔疆域和几乎数不清的子民，他一定是朝惕夕虑，日夜操劳；而过去的四个君王也一定耗费了他们所有的时间、精力和才干，以保证取得超

1　参考 Victoria Charles：*1000 Chef–d'œuvre des Arts décoratifs*，Parkstone International，2014，p. 543。

越前朝历代的无与伦比的丰功伟绩。"[1]，"他善良爱民，就像在所有面对臣民的场合所显示的那样。他在灾荒时期减免赋税，救济饥民，同时对他的敌人睚眦必报，残酷无情。"[2]对于乾隆的身体和精神状态，他也是赞誉有加："83岁的乾隆毫无一丝龙钟老态，有着一个身体健壮、精神矍铄的60岁之人的外表。他的眼睛漆黑，目光锐利，鼻子鹰钩，即使在如此高龄，面色仍相当红润。我估计他身高约5英尺9寸，腰板极其挺拔。虽然83岁的他既不算肥胖也不算强壮，但不难看出他曾经有过一副强壮的体魄。他的精力充沛，一生的操劳都没能令其衰弱。像所有的满族鞑靼人一样，他热爱狩猎，从不错过每年夏季举行的操练。他有射箭能手的美名，只稍逊于祖父康熙，后者在其遗书中夸耀说，他可以拉开150磅的硬弓。"[3]同团的其他人也有类似的印象。[4]

马戛尔尼使团本来配有专业的画家亚历山大来记录重要场合的活动，但使团从北京前往避暑山庄觐见乾隆时，他却被要求留在北京待命。直到大队人马回京，他才在众人的口述声中"还原"了使团的一些活动。

在大幄外等待乾隆。亚历山大绘。大英图书馆藏。大图见本篇开篇页背面上图

乾隆在接见英国使团时，将自己随身带的一个香囊送给使团正使马戛尔尼的见习侍童小斯当东（George Thomas Staunton，1781—1859）。40多年后，小斯当东在英国发动第一次鸦片战争时起了关键性的作用。亚历山大绘，大英图书馆藏

---

1 ［英］约翰·巴罗：《我看乾隆盛世》，李国庆等译，北京图书馆出版社2007年版，第164页。

2 同上书，第165页。

3 同上书，第164—165页。

4 Helen H. Robbins：*Our First Ambassador to China*，London，1908，305；Aeneas *Anderson*：*Accurate account of Lord Macartney's embassy to China*. London，1795. p. 84；［英］斯当东：《英使谒见乾隆纪实》，叶笃义译，商务印书馆1963年版，第368—369页。

英国使团返国后，亚历山大不但为使团其他成员出版的回忆录配了插图，自己也出版了几本画册。这些书中不乏乾隆的身影。

乾隆坐像之一。此像出现在斯当东著《英使谒见乾隆纪实》（1797年出版）第一卷扉页。亚历山大绘，大英图书馆藏

乾隆坐像之二。此像出现在亚历山大著《图说中国服饰礼仪》（1814年出版）中

亚历山大为《图说中国服饰礼仪》中的乾隆像写了一段说明：

乾隆是鞑靼王朝的第四位皇帝，目前统治着中国。所附的图片画于他83岁时，但看上去却像个精神矍铄、朝气蓬勃的60岁男子。事实上，他的一生都在积极开展公共事务以及在鞑靼的野生地区进行激烈的狩猎和射击，他对上述活动充满了热情。他总是在凌晨两三点开始处理公共事务，并且无论寒冬酷暑，在凌晨接见外国大使，他通常在日落时睡觉。他将自己健康而有活力的身体主要归因于早起早睡的习惯。[1]

马戛尔尼使团出使中国的目的是想要说服乾隆，同意英国跟中国进行直接交易，但乾隆拒绝了他们的请求。从这个角度来说，英国使团并没有完成使命，使团成员理应对乾隆表示不满才是；但这些成员在回忆录中或多或少地赞美了乾隆，这跟乾隆的个人魅力有着极大的关系。

1　William Alexander：*Picturesque representations of the dress and manners of the Chinese*，London，1814，plate II.

就在马戛尔尼使团从英国出发，乘船驶向中国的 1792 年，英国诗人约翰·沃尔科特（John Wolcot，1738—1819）化名彼得·品达（Peter Pindar）出版了长篇组诗《乾隆颂》。在给乾隆的献词中，沃尔科特讽刺了当时的英国国王乔治三世不通诗文，赞美了乾隆《盛京赋》以及《三清茶》诗。沃尔科特接着写道：

当马戛尔尼勋爵跟他杰出的随从即将与您开展贸易，涉及各种锡、毛毯、羊毛等商品，以互惠于两个王国，为什么伟大的乾隆和同样著名的彼得·品达之间不可能进行文学贸易呢？ 您是有韵律的人，——我也是。您是样样精通的非凡的天才，——我也是。您钟情于文艺女神，——我也是。您热爱新奇。——我也是。[1]

上面的这些排比句虽然语含诙谐，但也道出了一个事实，即截至 18 世纪末，西方人对乾隆的印象，不仅有武功、政绩，而且还有文才。也许欧洲人从传到西方的几篇诗赋中了解到乾隆会写诗的事实，但他们怎么也不会想到，若以数量来论，乾隆可能不仅是中国，而且是世界上最高产的诗人。因而约翰·沃尔科特若真的跟乾隆进行"文学贸易"，恐怕不到 10 个回合，就会败下阵来。

附录 王致诚稿，埃尔芒刻《帝鉴图说》

1788 年，埃尔芒在巴黎出版了一本画册，名为《中国历代皇帝纪事》（*Faits Memorables Des Empereurs de La Chine,Tires Des Annales Chinoises*）。因原图画稿为王致诚所作，体例仿照张居正的《帝鉴图说》[2]，因此书名也被翻译成《帝鉴图说》。此书共有 24 幅插图，并附有 24 则说明。以下刊出其中 6 幅插图并加注标题，俾读者窥豹于一斑。原说明文字则略去不录。

1　Peter Pindar：*Odes to Kien Long*，London，1792，p. 3.

2　Macia Reed 等：*China on Paper*，Getty Research Institute，2011，p. 178.

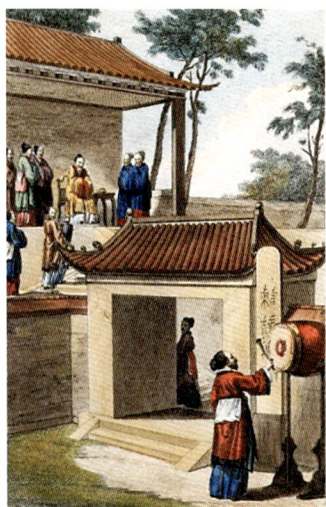

谏鼓谤木

桑林祷雨

脯林酒池

妲己害政

革囊射天

夜分讲经

2.2　官员

18 世纪法国启蒙思想家伏尔泰是个中国迷，他不但赞美孔子和中国文化，而且非常欣赏中国的政治制度和官僚体系。他曾说：

人类的思想不可能想象出比中国更好的政府，其诸事皆由一些省[1]决定，而各省又相互隶属，其官员经层层严格的考试后选拔产生……六部统领帝国各司。[2]

伏尔泰有关中国的信息大多来自在华传教士的报告以及杜赫德的《中华帝国全志》。跟伏尔泰一样，杜赫德对中国的政府管理方式非常推崇，他不厌其烦地向欧洲读者介绍六部的功能以及政府部门间相互制约的机制：

六部当中的第一个部被称为吏部，其职能是向该帝国所有省份派遣官员，同时监督其行为，检查其优劣，并向皇帝禀报。吏部可以通过加官进爵来奖优，并通过贬谪来罚劣。严格地来说，吏部官员是国家的调查官。

该部下属四个司。第一个司负责根据学识和其他素质选拔那些胜任的帝国官员。第二个司负责调查品行。第三个司必须为法律行为盖印，并发给官员与其尊严和地位相配的印玺，还检查发送给吏部的文书上的印章是否真实。第四个司负责检查帝国大人物的功绩，这些人即王公贵族和拥有与我们的公侯伯子男几乎相同爵位的人，以及一般的其他具有高尚不凡特质的人。

1　此处概指中书、门下、尚书三省。

2　*Oeuvres Completes de Voltaire*，Paris，1878，t. 13，p. 162.

　　第二个部被称为户部，即皇帝的大司库，其拥有财政上的监督权，并负责照顾皇帝的领地、财产、开支和收入。它下达有关薪水和养恤金的命令，下令缴纳大米、丝绸和银两，这些财物被分发给帝国的诸侯和所有的官员。它有所有家庭的情况以及海关和公共货栈应付的税的准确资料。为了帮助完成这些艰巨又细致的任务，它下设有14个司，负责帝国14个省的事务；而对于北直隶省来说，因为它是朝廷所在地，因此高于其他省一等，在许多地方享有朝廷和皇家赋予的特权。首府为南京的江南省以前曾享有相同的特权，这是因为皇帝曾住在那儿。但是鞑靼人将其权力削弱到跟其他省一样，并将其名称由江南改为江宁。

　　礼部是第三个部，意为"礼仪之部"。尽管该部的名称似乎与我们刚才所说的第一个部相同，但是在汉语里却有很大的差异，而发音是决定它的区别。"吏"的意思是官员，"部"是部门的意思，吏部即官员的部门。我们现在所说的"礼"这个词的意思是礼仪，跟部在一起，意思是典礼、仪制的部门。该部负责监督人们在科学和艺术方面遵守礼仪。它负责皇家音乐，考察那些渴望通过科举走上仕途的人，并批准他们参加考试。它对皇帝希望赐予那些应该获得功名的人的荣誉头衔提出看法。另外，它负责皇帝习惯供奉的庙宇和祭物，还负责皇帝赐给臣民和外国人的宴席。礼部负责接待、款待和送别外国使节。它管理人文科学，还有当今帝国容忍的儒道佛三大宗教。最后，它像一个宗教裁判所，福音传教士在受到迫害时被迫到礼部去陈情。

　　礼部下设四个司，协助行使职能。第一个司小心谨慎地商讨最重要的事项，例如何时将升级令颁发给帝国最大的官署（例如总督府）。第二个司负责皇帝的献祭、宗庙、数学和帝国认可和容忍的宗教。第三个司负责接待被送到宫廷的人。第四个司负责皇帝的膳食，还有皇帝陛下赐予帝国王公或外国使节的盛宴。

　　第四个部被称为兵部，即武装力量部门。整个帝国的武装人员由其负责。普通及特殊的军官都依附此部。兵部通过演习检查部队，维护要塞，补充武器库以保障进攻和防御性武器，以及战时的弹药及粮草。它还制造各种武器，并且负责所有对于帝国的防御与安全必不可少的事务。

　　兵部下设四个司。第一个司总管所有的军事单位，并确保部队训练有素。第二个司在各个岗位上分配官兵，以维护安定，并负责肃清城市和道路上的寇贼。第三个司管理帝国所有马匹、哨所、驿站以及帝国客栈和用来向士兵运送食物和其他物资的船只。第四个司负责制造各类武器，并补充军火库。

　　第五个部名为刑部，它就像帝国的刑事裁判庭。它负责调查人们是否犯法，并根据那些明智地制定好的法律来审判和惩罚他们。它也有 14 个下属司，数量上与帝国的省份相一致。

第六个也是最后一个部被称为工部，即公共工程部。它负责修缮皇帝的宫殿、各部官舍、王公贵族及皇亲国戚的邸宅、皇帝的陵墓、太庙等。它管理塔、牌坊、桥梁、堤坝、河流和湖泊，以及使后者可供航行的所有必要工作，还有街道、公路、船只，以及所有运输所需的工程。

该部同样有四个下属的司。第一个司草拟公共工程的计划和图纸。第二个司负责帝国所有城市的所有作坊。第三个司负责维护运河、桥梁、堤道、道路等，并保证河流通航。第四个司负责皇居、花园和果园，管理耕种和收成的事宜。

每个司都有一个带厅的专用房间。司里有两位主事及 20 名判官，部分是满人，部分是汉人。不用说还有大量的下级官员，如办事员、记事官、衙吏、传令员、教官、军士等。

有人会担心，拥有如此多权力的机构会逐渐削弱皇帝的权威，因此法律从两个方面杜绝了这样的弊端。

首先，这些部中没有任何一个在其管辖范围内的事务中具有绝对的权力，其决定需要其他部的协助来执行，有时甚至需要联合执行。例如，所有部队都受制于第四个部，即兵部；但是调遣军队是第二个部即户部的职责。而船、车、帐篷、武器等则取决于第六个部即工部。因此，没有这些不同部门的配合，就不可能执行任何军事任务。国家的所有重要事务都是如此。

其次，没有什么比任命高级监督官员能更好地控制各部门官员的权力了，前者会考察每个部门的日常情况。他会出席所有的会议，审查各部提交给他的所有行动方案。他不能自己做出决定，他只是一个调研员，可以观察所有的事务并向朝廷报告。他的官署有义务秘密地向皇帝禀报官员在国家的公共事务及个人品行上犯下的过错。他们明察秋毫之末，在应该劝谏的情况下，甚至不放过皇帝本人。因此，人们不可能威胁利诱他们。政府让他们一直在任，除非提拔他们担负更重要的职责。[1]

《中华帝国全志》中的插图也展示了中国官员的形象。

1　J.B. Du Halde：*Description géographique, historique, chronologique, politique, et physique de l'empire de la Chine et de la Tartarie chinoise*，Paris，1735，t. 2，pp. 23–26.

《中华帝国全志》中的插图，展示中
国文官冬天与夏天服饰的差异

《中华帝国全志》中的插图，左为满
族武官、右为汉族武官

　　而伏尔泰所谓的"层层严格的考试"显然指的是中国古代的科举考试。实际上，远在伏尔泰之前，许多西方人就注意到或是听说了这个独特的官员选拔考试制度。

　　虽然马可·波罗被认为是最早到中国旅行并居住了相当长时间的欧洲人，但他口述的游记并未提到中国的科举。在他之后，明代中后期的 1550 年到 1575 年之间有三位欧洲人曾经游历过中国，虽然时间都不太长，但都留下了有关科举的记载。

葡萄牙传教士克路士说：

　　（皇帝）每年要派一位官员到各省去执法，他叫做察院（Chaē）；他去考查所有大小老爷，测试学生，选拔老爷，查问监狱，考虑和斟酌全省一切必须的事务。[1]

另一位葡萄牙人伯来拉（Galotti Perera，生卒年不详）说：

　　察院年年巡视，但那些要被选拔来充任要职的人则每三年会聚一次，在为他们准备的大堂里受到考试。向他们提出许多问题，如回答合格，够得到学衔，那察院不久就授与他们；但那些要当老爷的，在皇帝批准之前，他们不得使用帽子和腰带。考试

1　［英］C.R.博克舍编注：《十六世纪中国南部行纪》，何高济译，中华书局 1990 年版，第 108—109 页。

完毕，测验通过后，要为那些得到学衔的人举行隆重仪式，经常要共同盛宴庆祝（因为中国人都是以吃喝去结束他们的欢乐的），而且他们要等待按学识被挑选去给皇帝服务。[1]

西班牙人拉达说：

当他们发现良家子弟书读得好时就叫他参加一个叫做教谕（Ja Ju）的考试，如果发现他有充分的才能就授给我们所谓的学位。他们在他耳上戴两朵银花，让他骑马簇拥着穿过城镇，前有旌旗和乐人。我们在福州看见这样一个人，他是个贵族青年。接受学位后再安排担任官职，不能很好读写的人成不了长官或长官代理人（此外尚需懂官话）。[2]

清代初期到访中国的荷兰东印度公司职员纽豪夫在《荷使初访中国报告》中也详细地报告了科举的情况：

在中国，没有公立学校（尽管有些写作者错误地告诉了我们相反的信息），但每个人都可以选择自己的教师，并自己出资，请他在家里教。而就汉字的广博和多样性及汉字教学的巨大难度而言，一个人不可能教很多人。因此，每一位家庭的主人都会请一个教师到他家教他的孩子们，如果有两三个孩子上学的话，人数正好，一个塾师就可以很好地教他们了。

所有如经过考试发现学生在哲学上都取得了良好进步，他们就会升等、取得学位。学位有三种：第一种叫秀才，第二种叫举人，第三种叫进士。

第一种称为秀才的学位，由皇帝专门指派的官衔为"提学"的杰出学者授予。提学在他所驻在的省内所有城镇巡察，目的是提升有学问的人得到这个学位。他一旦进入一个城市，就宣布他的到来，然后有望得到秀才学位的就请他考自己。如果提学发现他们合格，他立即希望他们得到第一种学位。他们的价值可能被注意到，作为他们尊严的标志，他们身披长袍、头戴冠帽、足蹬靴子。中国的风俗不允许普通人这样做，

1　［英］C.R.博克舍编注：《十六世纪中国南部行纪》，何高济译，中华书局1990年版，第7页。

2　同上书，第211页。

但他们却可以以这种方式成为毕业生。他们享有多项荣誉特权和豁免权，而且有望在政府中谋得相当不错的职位。

第二种荣誉学位举人只有饱学之士才可能得到，授予时比前一种隆重得多，且只授予被认为最应该得到这种学位的人。此种升级三年才有一次，以如下方式进行：

在每个省会有一个建筑精良的雄伟宫殿，四周围以高墙，此建筑专为学者进行考试用。此宫内有几所住处供考官监督学者考试时使用。除此之外，宫中尚有至少上千间只容得下一个人、一张桌子和一张凳子的房间。相邻房间里的人看不到彼此，也不能互相说话。

当皇帝派来的考官到达省会城市时，他们被隔绝在这个宫里，不能与任何人交谈。当指定的考试时间，亦即八月的九号、十二号和十五号三整天来临时，学者的写作能力被准确、严格地审查，他们还要解决一些考卷上提出的问题。

第三种学位叫进士，相当于欧洲的神学、法律或医学博士。这个学位也是三年一授，但是授予地点是帝国首都北京。整个帝国只有三百人能得到这个学位，他们的考试方式，也是由皇帝指派的考官用跟考举人一样的方法进行，其隆重程度也一样。通过学习而获得这个高级荣誉的人，被提拔到帝国最尊贵的地位，受到人民的钦佩和敬仰。[1]

关于学生，法国传教士李明在《中国近事报道》中说：

当人们决定让子弟读书时，便为其延请一名老师。中国的城市里有许多学堂，学生在那里识字和写字，进行为期数年的学习。当子弟学业大有长进时，便将其推荐给一位普通官员接受考察。如果他握笔正确，书法优秀，便可接纳为诸生，研习经典，以图科举。科举共分三个等级，即秀才、举人、进士。中国人的命运全部取决于他们的才能，因此许多人终生皓首穷经。他们付出的劳动令人难以置信，对经书都能倒背如流。他们阐释

中国学生。《中国近事报道》法文初版插图

1　John Nieuhoff: *An Embassy from the East-India Company of the United Provinces, to the Grand Tartar Cham Emperour of China*，London，1673，pp. 156–157.

《中华帝国全志》中的私塾插图。前景的男孩显然是从《中国近事报道》中移植过来的

经典，从 6 岁起直到 60 岁终生不懈地作文、习辩，了解和模仿古代文人，同时还要学习近人的优雅多礼。[1]

李明还说：

皇帝有时也亲自选拔进士。当今圣上比任何人都受到敬畏，他阅卷又公正，又准确，是帝国最具判阅才力的人。进士揭榜后就将拜见皇上，由皇上给前三名赐绣花官帽或其他使之与别人区别开来的荣誉性标志，皇帝从进士中点选数名以充实翰林院，进士出院时就将担任高官显位了。[2]

德·布莱绘制的新科进士春风得意的景象。注意此图的背景建筑完全是欧式的

佛莱芒雕刻家、出版家德·布莱（De Bry，1528—1598）可能是最早描绘科举考试题材的西方画家了。1598 年，他为荷兰商人和冒险家林舒腾（Jan Huygen van Linschoten，1563—1611）的《东方航海志》的德文版绘制了一幅皇帝赐予新科进士花冠的插图。中国新进士们觐见皇帝，得到赏赐，并随着仪仗队到大街小巷巡游的景象跃然纸上。[3]

1　［法］李明：《中国近事报道（1687—1692）》，郭强等译，大象出版社 2004 年版，第 237—238 页。

2　同上书，第 238 页。参见《利玛窦中国札记》，何高济等译，中华书局 1983 年版，第 42 页。

3　见 *Ander Theil der Orientalischen Indien*，Franckfurt am Menn，1598，XXVII。此书荷兰文版出版于 1596 年，但无赐花冠的插图。

到了 18 世纪末、19 世纪初，科举仍然是欧洲人喜欢提及的话题。英国人约翰·摩尔（John Hamilton Moore， 1738—1807）提到了科举中的武科：

（在中国）每个省都有一位皇帝派驻的官员，任期三年，然后回到北京。当这些官员到达他们被指派的省份时，他们做的第一件事就是向孔子献祭。虽然这位大名鼎鼎的孔子是个普通人，却顶着圣人的荣誉。在此之后，所有学生及他们的老师被召集在一起，官员检查学生们在学习方面取得的进步；如果他们被嘉许，那么他们将被送到省内的主要城市以获得学位。

但最值得注意的是，这位皇帝派驻的官员，除了考查普通学科的学生外，还考查武科的学生。这些武科学生直到他们最大限度地证明他们在骑马、射击、击剑及类似的有男子气概的运动方面的能力后才能当官及在军队中领取俸禄。这个官员的头衔是学道，他给学生出题，学生们必须在有限的时间内给出答案，否则他们将被剥夺学习的资格。这位官员还有责任访问该省的每个城市、乡镇和村庄，并向北京汇报他所注意到的情况。这是一个优秀的政策，应该被所有听到过此政策的国家所仿效。[1]

法国人布热东（Jean Baptiste Joseph Breton，1777—1852）在其所编的《中国缩影》中提供了一幅标题很长的插图：《年轻中举者带着他的新头衔骑行在街道上》，并附上了说明：

中国政府对教育的关注确实是家长式的：很少有村庄没有学校。从五岁起，孩子们就开始学习汉字，汉字是如此之多，如此复杂，以至于一个人的一生似乎缺乏足够的时间来研习读写的知识。

看起来学校所教的不过是写作方面的内容。希望自己的孩子接受更完备教育的父母，会自费将他们安置在学堂里。他们在那里跟着课程学习，并先后获得与欧洲大学相对应的三个学位，即学士、硕士和博士。未经层层严格的考试，这些学位是无法获得的。

从某种意义上说，文人阶层在中华帝国中首屈一指。正是这一阶层提供了教师、政府的行政大臣和地方官员。所有学者都被认为是贵族，并且免于税赋。

1　John Hamilton Moore：*A New and Complete Collection of Voyages and Travels*，London，1778，V1，p.588.

《年轻的中举者带着他的新头衔骑行在街道上》

学习计划是如此之周密，以至于其占据一个人30年的青春年华，并用上那人在那段时间内的大部分的脑力。

一旦学生达到了举人的等级，对他全家人来说就是欢乐和幸福的一天。他父母的羡慕爱抚，使他异常高兴。合乎礼节的礼物是一只活羊，在盛大仪式上送给他。

新的举人或进士通常会有三天的时间在街上骑马，巡游各处。在他的前面，有年轻人背着横幅，上面写着他的新头衔。[1]

学子们经过多年寒窗之苦，登科之后，庆贺一下，显然是在情理之中。但他们一旦做官，则成了人上之人，欺压百姓、作威作福就成为常态。这些行径，西方人也看在眼里。葡萄牙人伯来拉描述道：

这儿可看到这些老爷是如何作威作福的。譬如在公众集会时他们只要一声大吼，所有的仆役都会吓得瑟瑟发抖。在这些地方，当他们要出行时，哪怕是到门口，这些仆役也得用鎏金的椅子（肩舆）把他们抬到那儿。然后他们被抬着进城，可能是为了私事，也可能是为了串门。因为他们有权有势，所以有人前呼后拥。地位最低的人也坐在肩舆上，前面至少有两个人开道，他们大声吆喝着让人闪开，尽管他们并非需要这样做，但他们想让普通百姓感到畏惧。他们的队伍中也有一些军士，手里握着要么是包银的，要么是真银做的棒子，人数有两个、四个、六个、八个不等，视老爷的等级而定。地位更高的老爷，在军士前面还有整齐行走的随从，许多人都带着棍子，还有许多衙吏在地上拖着印度藤条（竹杖）。他们布满了街道，人们在远处就可以听到竹棒拖地的声音以及他们的吆喝声。这些家伙还可以逮捕人。众所周知，他们系着肝红色的腰带，帽子上插着孔雀羽毛。

1　Jean Baptiste Joseph Breton：*La Chine en Miniature*，Paris，1811，t. 1，pp. 105–108.

这些老爷的后面有一些人拿着杆子，其末端挂着木板，上面用银色的字写明了老爷的名字、等级和职位；另外还有与其官衔相称的伞。如果老爷地位低，那他就只能用一把伞，但不能是黄色的。但是如果他的地位更高，那么他可能有两把、三把或四把伞。重要的和大老爷的伞可以是黄色的，这在官员之中显得非常荣耀。武科的老爷，即使地位低，也能用黄色的伞。

当都堂和察院外出时，还有穿着甲胄的卫兵骑着三四匹马作为先导。[1]

西班牙传教士考特斯（Adriano de Las Cortes，1578—1629）的回忆录《中国纪行》以及荷兰作家达帕所编的《大清志》中的插图准确地捕捉了官员出行时的情形。

《中国纪行》里中下级官员出行时的情形，可见衙吏在地上拖着竹杖。原图说明："官员骑马在村子里出行。普通官员骑马是很平常的，但不是重要的官员。"[2]

《大清志》中小官出行时的情形。此图中衙役的竹杖举在空中。《大清志》中的说明是："小官的衙役将竹杖举在空中，而不是拖在地上，以显示此官员较小的权力。当大官在其辖区之外时，其衙役也是这样。"[3]

1　C. R. Boxer：*South China in the Sixteenth Century*，London，1953，pp. 13–14.

2　D'Adriano de las Cortes：*Le voyage en Chine*，truduction de Pascale Girard，Chandeigne，2001，p. 402.

3　*Atlas Chinensis*：*Being a second part of a relation of remarkable passages in two embassies from the East-India Company of the United Provinces*，*to the Vice-Roy Singlamong and General Taising Lipovi*，*and to Konchi*，*Emperor of China and East-Tartary*，English'd and adorn'd by John Ogilby，London，1671，p. 417.

《中国纪行》中大官坐轿出行图。
原图说明："一般轿夫有四、六或八人，八人为最多。人数越多则显示官员的地位越高。" [1]

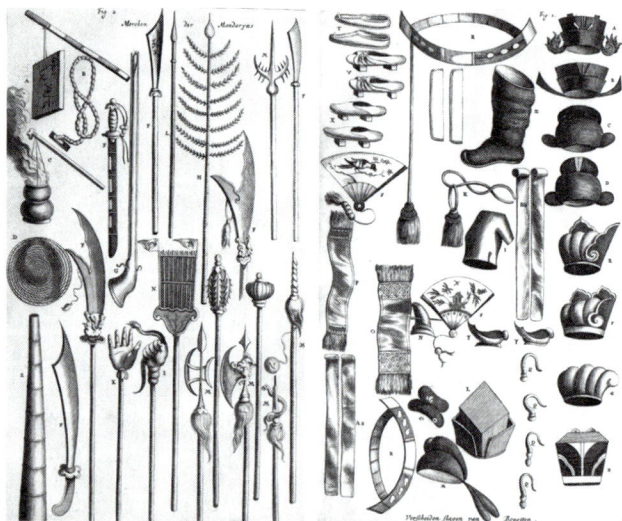

《大清志》中大官员出行时仪仗队所用的部分行头（左）及官员的冠、带、履等服饰配件（右）

下图中官员所到之处，老百姓跪在地上，以示尊敬与臣服。在市镇上，有些官员还会要求百姓面壁而立。法国探险家松讷拉（Pierre Sonnerat，1748—1814）在《东印度与中国游记》中说，"大官在城市出行，前导上百人。他们用吼声开道，如果有人忘了面壁站立，就会受到铁链和竹棒的殴打。" [2]

尽管官员平日耀武扬威，但小官见到大官也会担惊受怕。伯来拉说："为较小的事服务的，如陆、海的尉官，警长，巡尉，税收官等，在每座城，也在这座城，都有

《大清志》中大官出行的场面。大图见本篇开篇页背面下图

---

1 *Atlas Chinensis：Being a second part of a relation of remarkable passages in two embassies from the East-India Company of the United Provinces，to the Vice-Roy Singlamong and General Taising Lipovi，and to Konchi，Emperor of China and East-Tartary*，English'd and adorn'd by John Ogilby，London，1671，p. 428.

2 Pierre Sonnerat：*Voyage aux Indes orientales et à la Chine*，Lyon，1782，t. 2，p. 19.

《东印度与中国游记》中官员出行图。最前面的衙
役手中拿着写着"回避"和"肃静"的牌子

《东方航海志》中的官员迎接上司插图

很多，是任命的，要向大老爷下跪。"[1] 林舒腾的《东
方航海志》（初版于 1596 年）中有一幅插图，描绘
了地方官员跪迎比自己地位高的官僚并提供水上娱
乐服务时的情形。

明代中叶以后，随着西方传教士陆续定居于中
国，他们对中国官员，特别是高级官员的了解越来
越深刻，在他们的笔下，中国官员也各有面貌。以
利玛窦为例，他对宦官马堂恨之入骨[2]，但跟徐光启
等士大夫却成为生死至交。

清朝建立之后，不时有使团来访，负责接待的
官员自然就成了异域外交人员观察的对象。荷兰东
印度公司第一次使团于 1655 年到达中国南部，在使
团的报告中，就提到了在广东接待他们的平南王尚
可喜（1604—1676）和靖南王耿继茂（？—1671）。关于尚可喜，《荷使初访中国报
告》中说：

吉歇尔《中国图说》1670 年法文版
中利玛窦和徐光启像

如附图所示，藩王独自坐在大使对面宽阔的四方座位上，座上铺着华丽的毯子。
他穿着绣有金龙的柠檬色长袍，在帽子的后面，挂着皇家的标志，即孔雀尾羽。他脖
子上挂着一串价值不菲的白宝石朝珠，这在中国是非常稀有的，仅作为贵族和地位高

---

1 ［英］C.R.博克舍编注：《十六世纪中国南部行纪》，何高济译，中华书局 1990 年版，第 6 页。

2 《利玛窦中国札记》，何高济等译，中华书局 1983 年版，第 388—399 页。

尚可喜坐像，取自《荷使初访中国记》。
法国国家图书馆藏

《荷使初访中国记》书名页

的人的装饰佩戴。在他的拇指上，还戴着象牙扳指，象征着鞑靼人不屈的勇气。当他们拉弓时，他们会在手指上使用扳指来保护自己的手。

在盛大而庄重的晚宴中，藩王与他的孩子们一起玩耍。孩子们被要求问幼稚问题，有人还教他们用不怀好意的回答等来逗乐他们的父亲。几位年轻貌美的女士也都坐在藩王附近，以提振他逐渐衰落的兴致。她们也要照顾和管理他的孩子们。译员告诉我们，这名老藩王有几位妻妾，并有 56 个子女，都还活着。[1]

尚可喜的坐像也被用在《荷使初访中国报告》的书名页，由于书名页中的尚可喜坐在宝座上，手按地球仪，旁边有一群卫士，因此很容易被误认为中国皇帝。

荷兰使团见到耿继茂的时候，他正准备出征：

正在此时，广西省的居民开始叛乱，反抗大鞑靼汗，也就是中国的皇帝。为镇压他们并使其顺从，一支强大的军队被召集了起来，指挥权交给了年轻的藩王。他像一个审慎而又专业的上尉一样，提供了进行这次远征的一切必需品。由于下达了用水路运输军队的命令，这位藩王使人在河边支起了几顶帐篷，为的是让老藩王和其他宫里的贵族有个场所与他告别。从现场画的附图中可

---

1 John Nieuhoff：*An embassy from the East-India Company of the United Provinces*，*to the Grand Tartar Cham*，*emperor of China*，London，1673，p. 45.

以看出，他骑在一匹灰斑马上，箭袋固定在腰间，佩剑挂在身旁。他穿着貂皮缝制的上衣，皮里子朝外；戴着衬有貂皮的红色帽子，后面挂着孔雀翎毛表示皇家尊严，普通百姓不许这样穿戴。他的马鞍布以金丝绣成，马脖子上挂着三条大流苏，长及地面。[1]

耿继茂骑马图，取自《荷使初访中国记》。法国国家图书馆藏

　　荷兰东印度公司的首个访华使团由于雇佣了善于绘画的纽豪夫，因此中国官员的形象得以栩栩如生地被描绘了下来。在这一方面，能与之相媲美的当数晚于荷兰使团 140 年的英国马戛尔尼使团。这个近 200 人的庞大使团中有两位专业的画家，负责记录沿途的所见所闻。

　　使团的船只于 1793 年 8 月 5 日到达天津白河口时，清廷派天津道乔人杰和通州协副将王文雄前往迎接，并一直陪同使团，直到使团离开广东，时间长达 4 个多月。英国使团中的不少人在回忆录中提到他们，对王文雄着墨尤多。使团副使斯当东说：

　　陪同乔大人来的这位武官生就一副直率、大胆、勇敢的样子，正符合一个军人应具备的一切品质。他姓王，尊称王大人。除去帽子上的红顶子外，帽子下面还垂着一个皇帝特赏的花翎，表示他的品级。他曾参加过几次战事，身受数伤。他中等身材，背脊笔直，四肢筋肉凸起，不脱武人本色。现在中国军队仍然用的是刀箭，不用火器。像他所具备这种孔武有力的体格和英勇品质，自然会享有极大荣誉。他不是一个喜欢自夸的人，但有时也会很天真地流露出对自己的豪勇和战绩非常得意的神情。他不但没有骄傲粗野的样子，相反地充分表现出他的温厚性情和乐于为人服务的精神。他谈话时开诚布公，随意欢笑不拘细节，对新交如故旧，处处表现出豪爽的性情。[2]

1　John Nieuhoff：*An embassy from the East-India Company of the United Provinces，to the Grand Tartar Cham，emperor of China*，London，1673，p. 45.

2　［英］斯当东：《英使谒见乾隆纪实》，叶笃义译，商务印书馆 1963 年版，第 246 页。

使团成员安德逊（Aeneas Anderson）说：

这位人物，我们对他很感兴趣；我们在中国期间，他被指定接待大使团。他身长约 5 英尺 9 英寸，身材结实、端正，带黑色的皮肤，但有怡悦而诚恳的容貌。他的举止风度既有礼貌又很自然。派遣这样一位合式而又定能完成他特定任务的人，让我们对中国政府的英明有一种非常良好的印象；而且足以鼓励我们对这个卓越的使团所抱的重要目的增加成功的希望。[1]

使团的另一位成员巴罗的记载更加详细：

清廷派来迎接特使的两位官员拜访了每一条船，态度极其诚恳，希望我们旅途愉快舒适。他们分别姓王（Van）和乔（Chou），再冠以大人（Ta-gin）。王大人有副将（Lieutenant-general）军衔，乔大人是北直隶一个地区的长官（Governor）。在他们俩身上，看不到中国习俗要求他们在正式场合应该显示的那种死板而做作的客套举动。相反，他们跟我们一起坐上餐桌，努力学习使用刀叉，令人感到十分和蔼可亲。虽然他们不会用我们的语言交谈，但是告辞时还是像英国人那样跟我们握了手。[2]

他又说：

我们那位可敬的王大人是纯正的汉人，他的脑袋形状跟欧洲人毫无区别，除了眼睛例外。希基先生给这位大人画了一幅肖像，栩栩如生；他又深受英国使团中每个人的热爱，所以我很高兴有机会把它放在这里。[3]

希基指的是 Thomas Hickey（1741—1824），使团的两位画家之一。他为王文雄所画的肖像被印在了巴罗回忆录英文版（初版于 1804 年）的扉页。

1　［英］安德逊：《英国人眼中的大清王朝》，费振东译，群言出版社 2011 年版，第 51–52 页。

2　［英］约翰·巴罗：《我看乾隆盛世》，李国庆等译，北京图书馆出版社 2007 年版，第 53 页。

3　同上书，第 135—136 页。

巴罗还观察到了中国官员之间的微妙关系：

我们的那两位同僚朋友王大人和乔大人在宫里相见，按照帝国的礼仪，互相屈膝问候，那模样在我们看来极其荒谬可笑。

希基笔下的王文雄

这些人虽然有时也在一起宴饮交际，我却相当怀疑他们之间会有任何程度的亲密关系。我们那两位可贵的居停主人在广州碰到一位老熟人，福建省某市的知府。他在河里的一艘花舫上招待他俩，我也被私下邀请了。一进船舱，我就看到三位先生身边各有一位衣着华丽的年轻姑娘，脸颊、嘴唇和下巴都抹了浓浓的胭脂，其余的脸蛋和脖子涂了白粉。为表示欢迎，每个姑娘都敬了我一杯热酒。筵席十分丰盛，菜肴品种之多是我至那时为止尚未在中国之旅中所见到过的。席间，这些姑娘吹笛吟唱，但是无论歌词还是乐器都没有什么可爱的。整个夜宴无拘无束，但是在散席之时，王大人特别叮嘱我不要谈论任何所见所闻。我猜想他是担心同僚会责怪他们不谨慎，让一个蛮夷见证了他们道德自律的松弛。那条花舫和姑娘似乎是特地雇来的。[1]

总体来说，他对中国官员的看法是正面的：

公平而论，中国朝廷和他指派来照料使团的众人，自始至终表现了做主人的慷慨大方，照顾无微不至，态度真诚友好。至少对我们这一行人是如此。我这么说毫无虚荣自负的意思。在长途旅行中，通过每天的接触交流和仔细观察，这些朝廷官员逐渐消除了从小就养成的对我们外国人的偏见，受益于我们的直率和坦诚，以及适当的礼貌和客气，他们似乎愉快地抛弃了官府所要求的那种令人生厌的官场礼节，接受了我们的习惯。王大人和乔大人常常在我们的座船上消磨晚上的时光。他们两人的美德，怎么赞扬都不会过分。[2]

1　［英］约翰·巴罗：《我看乾隆盛世》，李国庆等译，北京图书馆出版社 2007 年版，第 142 页。

2　同上书，第 449 页。

　　英国使团中的另一位画家亚历山大对中国官员也很感兴趣。收藏于大英图书馆的一幅素描手稿表明他曾仔细研究过清朝官员穿戴的细节。

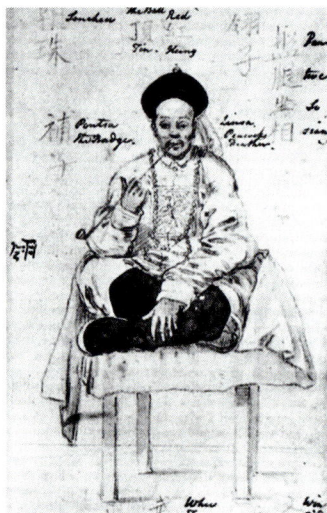

亚历山大绘中国官员盘腿坐相画稿。中国人用浅色笔帮助他写上汉字，亚历山大用深色笔注上发音和英文的意思，最左侧的汉字"翎"也可能是他的手笔

亚历山大绘无名氏官员立像。大英图书馆藏

　　亚历山大也画过王文雄的肖像，但有意思的是，他画的王文雄半身像与希基所绘的如出一辙。不知道他们两个人是同时画的，还是一个人抄袭了另一个人的。亚历山大回英国后绘制、出版了多幅王文雄的肖像画，在欧洲市场上非常受欢迎。

亚历山大笔下的王文雄半身像[1]

亚历山大绘王文雄立像水彩画稿。大英图书馆藏

亚历山大所著《中国服饰》中的《王大人像》

1　此图取自 Helen Henrietta Maartney Robbins：*Our First Ambassador to China*. London，1908。

亚历山大对《王大人像》的说明是：

这位官员（是文官乔大人的同事）由皇帝指派陪同英国使团，从抵达北直隶湾之日起一直到离开广州。王大人是一个勇敢、慷慨及和蔼可亲的人，具有非常适合其职业的资历，能娴熟地使用弓箭和军刀。因为他在西藏战役[1]中的表现突出，他的帽子上缀着孔雀翎毛，以示国家对他的特殊表彰，此外他还戴着红色的珊瑚顶戴。图中他穿着常服，包括一件宽松的以上等棉布缝制的短外套和一件绣花的丝绸马夹。他腰带上挂着手帕、刀和筷子，以及一个烟袋。在他的拇指上有两个宽宽的玛瑙扳指，以便拉弓时用。插入箭袋中的箭簇有各种式样，如倒刺、菱形等。他靴子的靴面是缎子的，鞋底是用厚纸做的，高官贵族总是穿这样的靴子。[2]

虽然亚历山大编绘《中国服饰》一书的用意是为了向欧洲人介绍中国人的穿着打扮，但他还是忍不住提到了王大人的品行，看来他跟英国使团中的同僚一样，对王大人的个性印象很深。在《中国服饰》的 48 幅插图中，《王大人像》被置于第一幅，除了因为他是高官外，王文雄本身非常上相，容易引起读者的兴趣，也许这也是编者和出版者考虑的因素吧。

欧洲也有不少画家"借用"亚历山大的王文雄像进行再创作。比如俄罗斯画家考涅夫（Emelian Mikhailovich Korneev， 1872—约 1839）为 1812 年在巴黎出版的《俄罗斯民族》（*Les Peuples de la Russie*）丛书画了一幅《中国官员像》，这幅画中主人公的原型虽然是王文雄，但由于画家对其脸型、胡须和手势都进行了加工改造，所以他的气场远不如亚历山大笔下的王文雄来得强大。

考涅夫笔下的中国官员

1　可能指大小金川之役。

2　William Alexander：*The Costume of China*，London，1805.

2.3 孔子

《中国圣哲孔子》扉页

1684 年 9 月 15 日，法国巴黎的凡尔赛宫热闹非凡，第一个到达法国的中国人沈福宗在欧洲最豪华的宫殿受到了法国国王路易十四的接见。当月出版的法国期刊《文雅信使》中刊登了一封"巴黎科米尔先生"（M. Comiers， Parisian）写给外乡朋友的信，叙述了沈福宗访问巴黎的盛况。科米尔先生在信中说："我很高兴看到了孔子的肖像，他有很长的黑胡须。他在中国的地位，就如同亚里士多德在希腊的地位一样。"[1]

这幅孔子肖像，是沈福宗带到欧洲的艺术品之一。三年之后，即 1687 年，由耶稣会会士柏应理（Philippe Couplet，1623—1693）、殷铎泽、恩理格（Christian Wolfang Henriques Herdtricht，1625—1684）和鲁日满（De Rougemont，1624—1676）编译的《中国圣哲孔子，或用拉丁文解释的中国知识》（*Confucius Sinarum Philosophus*，*sive Scientia Sinensis Latine Exposita*）在巴黎出版，这本书的扉页上印着一幅孔子的全身立像。

沈福宗是由柏应理带往欧洲的。在中国时，他曾跟随柏应理学习拉丁语及基督教理。柏应理等编译有关孔子的著作时，一定得到过沈福宗的帮助。目前尚不清楚《中国圣哲孔子》中孔子的肖像跟沈福宗带到欧洲的孔子肖像有什么连带关系，但可以肯

1　*Mercure galant*，Paris，1684.9，p. 217.

定的是书中的孔子肖像参照了中国传统的孔子塑像和画像。

《中国圣哲孔子》扉页上的孔子，与其背景中的人物相比，形象异常高大。这既与孔子身高"九尺六寸"的传说相呼应，也凸显了他作为圣人的神性化特征。

这幅插图，是西方早期为数不多的图画与汉字相结合的插图之一。实际上不但图中有汉字，就连下面的说明文字中也出现了"孔夫子"三个汉字。

孔子像后面，有一张大案。大案后面，三位头戴清朝官帽的人正在伏案写字。他们的面前都放着砚台。值得注意的是，三人手握毛笔的方法都是正确的，这说明这幅插图在绘制过程中一定有精通中国文化的人士给予指导。

大案后面是放满儒家经典的书架以及18个儒家杰出学者及孔子得意门徒的牌位。牌位上都用汉字写上尊称及名字，可以辨认的有鲁子、孟子、子路、颜回等。

书架上的经典有的横放，有的竖放；有的看起来像线装书，有的则像西方的精装书。靠前的书籍都以汉字和拼音标注书名。汉字自右向左写，拼音由左向右写，只有左前方下侧的"论语"两个汉字是自左向右写的。从字体风格上来看，也许这些书籍的汉语名字是上述四位耶稣会士中的一位手写的，自画面右侧写起，但写到最后一本书的书名时，一时疏忽，就按西文的书写习惯自左向右写了，事后制版时也没觉察出来。

书籍和大案都被置于一栋建筑物内。该建筑物有天花板还有地板，其远处尽头则是一道西方式的拱门。画面正上方有一片山墙，上面写着中文"国学"及其拉丁文翻译"Gymnasium Imperij"。"Gymnasium Imperij"是"皇家学院"的意思，这很容易让人联想起17世纪法国的最高学府索邦学院（Collège de Sorbonne）。其实插图的作者很可能从索邦学院的教堂等西方古典宗教建筑中汲取了营养。

《中国圣哲孔子》扉页插图上的穿壁及柱子上分别用汉字写着"仲尼"和"天下先师"，这些字的排列方式是自上向下及自右向左，符合中国传统的书写格式。拱门的外面则可见树木和云朵。

这幅中西合璧的

索邦学院教堂（左）及其山墙与拱门（右）。17世纪中叶法国版画

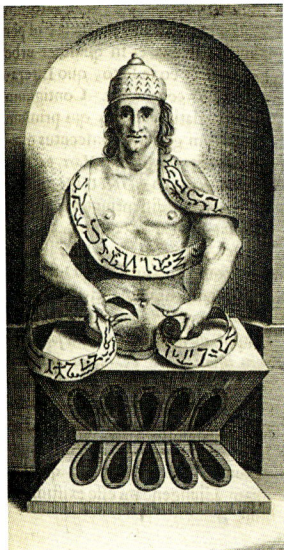

《中国文献》中的孔子像 [1]

插图的主人公一直被认为是西方出版物中最早的孔子形象，但实际上早在 1660 年荷兰神学家斯皮哲尔《中国文献》的插图中已经出现了孔子的肖像，只不过《中国文献》中的孔子具有像主本人所不齿的"怪力乱神"的所有特点。

此幅插图将"孔子"的半身像置于神龛的基座上，显然是想将孔子像处理成偶像。斯皮哲尔在书中引用法国传教士金尼阁（Nicolas Trigault，1577—1628）的报告说在中国孔子的塑像很高大，弟子们顶礼膜拜。所谓金尼阁的报告，指的是金尼阁编译的《利玛窦札记》。

在《利玛窦札记》中，利玛窦提到了中国的孔庙及祭孔的习俗：

孔庙实际是儒教上层文人唯一的庙宇。法律规定在每座城市并且是该城中被认为是文化中心的地点都建造一座中国哲学家之王的庙宇。这种庙修得十分华美，与它相邻的就是专管已获得初等学位者的大臣的学宫。庙中最突出的地位供着孔子的塑像，如果不是塑像，则供奉一块用巨大的金字书写着孔子名讳的牌位。在旁边还供奉孔子某些弟子的塑像，中国人也把他们奉为圣人，只是要低一等。

每个新月和满月到来时，大臣们以及学士一级的人们都到孔庙聚会，向他们的先师致敬。这种情况中的礼节包括焚香烧烛和鞠躬跪拜。每年孔子诞辰以及习惯规定的其他日期，他们都向孔子供献精美的肴馔，表明他们对他著作中所包含的学说的感激。他们这样做是因为正是靠着这些学说，他们才得到了学位，而国家也才得到了被授与大臣官职的人们优异的公共行政权威。他们不向孔子祷告，也不请求他降福或希望他帮助。他们崇敬他的那种方式，正如前述的他们尊敬祖先一样。[2]

斯皮哲尔没有透露《中国文献》插图中孔子形象的来源。画中的"孔子"毫无胡须，留着披肩卷发，身上未着衣服，只是披裹着一条写着好像是汉字的神秘符号的长巾。

1　*De re litteraria Sinensium commentarius*，Lugdunum Batavorum，1660，p. 119.

2　《利玛窦中国札记》，何高济等译，中华书局 1983 年版，第 104—105 页。

值得注意的是"孔子"的指甲很长。在中国古代的孔子画像中，也有将孔子的指甲画得特别长的传统。

也许可以这么说：《中国文献》中的孔子插图，除了指甲外，哪儿都不像中国人心目中的孔子。

实际上，这幅插图抄袭自吉歇尔于1652年出版的《埃及的俄狄浦斯》首卷中的一幅坐像插图，而吉歇尔对这幅画的解释则是"印度神像"[1]。

到了1667年，吉歇尔在其所著的《中国图说》中，又印上了那个坐像，只不过在其周围增加了膜拜者。吉歇尔对这幅画的说明仍是"印度神像"。

在《中国图说》中，吉歇尔还翻印了一幅来自中国的木刻版画，他解释说：

> 此图可以分为三个部分。第一部分中的 A 主宰上天，被称作佛，意思是应该被崇拜的救世主。他的手隐而不现，表示他的法力不可被觉察。在他的右边坐着 B，是被神化了的孔子。在佛左边的 C 是老子，中国人称之为老哲学家。他也被神话了且被尊崇为中国宗教的创立者。[2]

（传）唐吴道子画孔子像（局部）

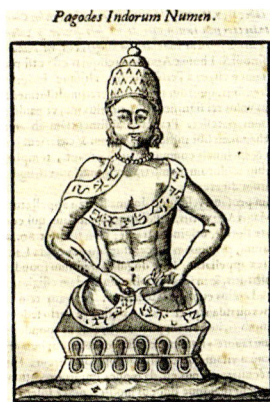

《埃及的俄狄浦斯》中的印度神像。注意这位印度神的指甲并不长

《中国图说》中的印度神像

《中国图说》中的儒、佛、道诸神

---

1 Athanasii Kircheri：*Oedipus Aegyptiacus*，Romae，1652，p. 399.

2 Athanasius Kircher：*China Illustrata*，Amstelodamj，Waesberge et Elizeum Weyerstraet，1667，p. 137.

吉歇尔还说：

儒家是中国最古老的本土宗派，他们统治着这个王国，有很多典籍，比其他宗派更受人赞誉。他们称孔子为典籍的作者或大哲学家……而中国文人也不崇拜偶像，但正如孔子教导他们的那样，他们尊上天为神。[1]

达帕书中插图。在右侧框内有三竖行汉字："上海佛弟子严慈助刊此像祈求现世之内五福□□他报之中二严克备□□□□之者"，但这些字都印反了

1670 年，荷兰作家达帕在编辑出版荷兰东印度公司第二次及第三次使团访华报告时插入了几幅源自中国的木版画，其中的一幅，据达帕说是表示各方神圣和官员朝拜菩萨，而菩萨座下立着的男子正是孔子。[2]

吉歇尔和达帕复制的中国版画也是早期中国线条性绘画的范例，这些插图将较为原本的中国民间孔子的形象展现给了西方读者。

尽管吉歇尔的上述两部著作在欧洲有广泛的读者，但是仍有一些较为普及的出版物将斯皮哲尔假孔子像当成是真孔子像。比如法国雕刻家皮卡（Bernard Picart，1673—1733）在为《世界各国礼俗》丛书画插图时，在吉歇尔《中国图说》中印度神像插图的基础上，增添了许多书童（Sutang）及膜拜者，并将假孔子的塑像放大，成了一尊庞然大物。

1　Athanasius Kircher：*China Illustrata*，Amstelodamj，Waesberge et Elizeum Weyerstraet，p. 122.

2　*Gedenkwaerdig bedryf der Nederlandsche Oost-Indische maetschappye*，*op de kuste en in het keizerrijk van Taising of Sina*，Amsterdam，1670，fol. II，110.

此书出版后影响巨大，以至于赫德（William Hurd）和波洛克（William Portlock）分别于 1778 年和 1794 年出版的旅游和宗教礼俗方面的书都沿用了皮卡的假孔子像作为插图。[1]

不过 17 世纪末到 18 世纪的许多西方严肃出版物中关于孔子的插图并不总是那么怪诞。只是大部分正经的孔子形象基本上是以《中国圣哲孔子》的扉页插图为蓝本，稍加变通而成。如 1691 年出版的英文版《孔子道德箴言》扉页的插图，就是在《中国圣哲孔子》插图的基础上将孔子手中的玉笏改成了书本，把背景中的牌位改成了书柜上的装饰图案；并移除了匾额，去掉了书架、廊柱及穹壁上的汉字而成。李明 1696 年出版的《中国近事报道》中的插图则是移除了原图的背景，并将孔子手中的笏板去掉，改成了叉手的姿势。《孔子道德箴言》的扉页插图后来被杜赫德借用在了他的名著《中华帝国全志》中，流传相当广泛。[3]

1786 年，主要收录法国传教士在中国所见所闻的大型丛书《中国杂纂》于第 12 卷刊印了住在北京的耶稣会传教士钱德明（Joseph-Marie Amiot, 1718—1793）写的《孔子传》，同时配上了 18 幅插图。《中国杂纂》的编者特地在封面内页说因为增加了插图，所以书籍不得不涨价，但并没有说明插图的作者是谁[4]。不过从插图的风格上来看，它们很可能

L'IMAGE de CONFUTIUS, telle qu'on la voit dans les Collèges publics, et dans les HU-TAN-OS, ou SUTANOS des Chinois: cette figure est relative à ce qui est raporté du culte de CONFUTIUS à l'article qui le concerne.

皮卡《世界各国礼俗》中的插图。图下说明文字为"公立学院中所见之书童簇拥着的孔子像。此图表现了书中所说的崇拜孔子的场景。"[2]

李明《中国近事报道》中的孔子像

1　见 *Dr. Hurd's Religious Rites and ceremonies of All Nations*，London，1778 及 *Voyages Round the World, Undertaken and Performed by Royal Authority*，London，1794。

2　Bernard Picart：*Cérémonies et coutumes religieuses de tous les peuples du monde*，t.1，Amsterdam，1723.

3　见 *The Morals of Confucius*，*A Chinese Philosopher*，London，1691 及 *Description géographique, historique, chronologique, politique, et physique de l'empire de la Chine et de la Tartarie chinoise*，Paris，1735。《中华帝国全志》法文 1735 年版孔子像为书内插图，1736 年再版时孔子像为扉页插图。

4　*Mémoires concernant l'histoire, les sciences, les arts, les moeurs, les usages, &c. des Chinois*，t. 12，Paris，1786.

《孔子道德箴言》扉页（左）及杜赫德《中华帝国全志》1736 年法文版第二卷扉页（右）。对照孔子的脸型、衣带及背景人物姿态等处，可见两图细节上的细微差别

出自曾在北京宫廷服务的耶稣会画家王致诚之手。这些插图由法国著名的铜版雕刻家埃尔芒雕刻。

　　由于《孔子传》出版时王致诚已经作古，所以《孔子传》的插图很可能是王致诚生前参考中国书籍《圣迹图考》《阙里志》等而画的孔子生平图录，后被钱德明收集、整理，并连同自己的《孔子传》手稿一起寄给法国政治家伯尔坦（Henri-Léonard-Jean-Baptiste Bertin，1720—1792）并由后者安排出版。伯尔坦曾任法国外务大臣，对中国的书籍和物件非常痴迷。

　　几乎在出版《孔子传》的同时（大约在 1786—1788 年之间），埃尔芒出版了《孔子画传》单行本[1]。此书可以说是《孔子传》的缩略改写本，只有 40 页，但在插图方面比《孔子传》多出了 4 幅，共有 24 幅（增加了"子见南子"等画面）。《孔子画传》采用左图右文的排版方式，即书本翻开时，左边的一页是图，右边的一页则是说明，很像中国古代连环画"左图右史"的做法[2]。

1　*Abrégé historique des principaux traits de la vie de Confucius.*

2　参见鲁迅《连环图琐谈》："古人'左图右史'，现在只剩下一句话，看不见真相了。宋元小说，有的是每页上图下说，却至今还有存留，就是所谓'出相'；明清以来，有卷头只画书中人物的，称为'绣像'"。实际上《孔子画传》蓝本之一《圣迹图》的有些版本（如哈佛大学所藏的清刻本）就采用了"左史右图"的排版方式。

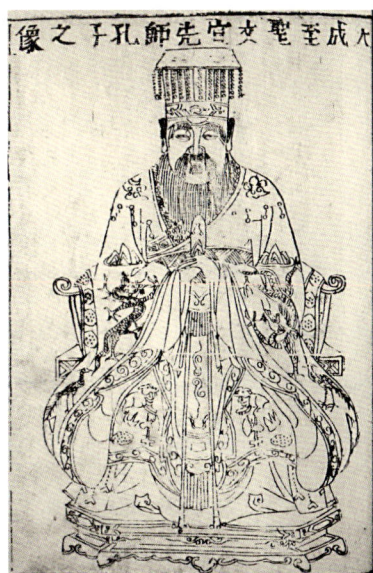

《孔子传》第一幅图（左）与《阙里志》（康熙八年版）第一幅图（右）。左图孔子像下方引用了法国启蒙思想家伏尔泰在《哲学辞典》中谈到孔子时所写的诗句："唯理益智能，心服赖信诚；圣人非先觉，众皆奉大成。"[1] 伏尔泰是有名的孔子迷

《孔子画传》（左）与《圣迹全图》（右，清刊本）中"麟吐玉书"故事插图对照

《孔子画传》中"子见南子"场景[2]

1　据王燕生译文改译。

2　书中图片说明的大意是：卫灵公众妾之一南子，仗着灵公的权势要见孔子，并试着色诱这位哲学家，看他是否心有所动。但孔子立于阶下，双目向下，双手合于胸前，不发一语。孔子的谦卑给南子留下了深刻的印象，她没有信心跟他说话。

明刊本《三才图会》中的孔子像

钱德明《中国名人肖像》中的孔子像

法国发行的孔子纪念章

有意思的是，在《孔子传》付梓之前，钱德明于1778在《中国杂纂》上发表了一篇题为《中国名人肖像》的长文，其中配有一幅孔子肖像。[1]此肖像的蓝本大概是明代中国版刻中的孔子像，但埃尔芒的《孔子画传》中并没有选用此幅。

1968年法国发行了一枚由法国著名雕刻家亨利·拉格里佛（Henri Lagriffoul）设计的铜质孔子纪念章，所参考的图案正是埃尔芒当年舍用的那幅。纪念章除了修改了孔子的寿眉之外，还突出了他的指甲。看起来西方人对孔子长指甲的刻板印象一直传到了当代。

---

1 *Mémoires concernant l'histoire，les sciences，les arts，les moeurs，les usages，&c. des Chinois*，t. 3，Paris，1778.

2.4　妇女

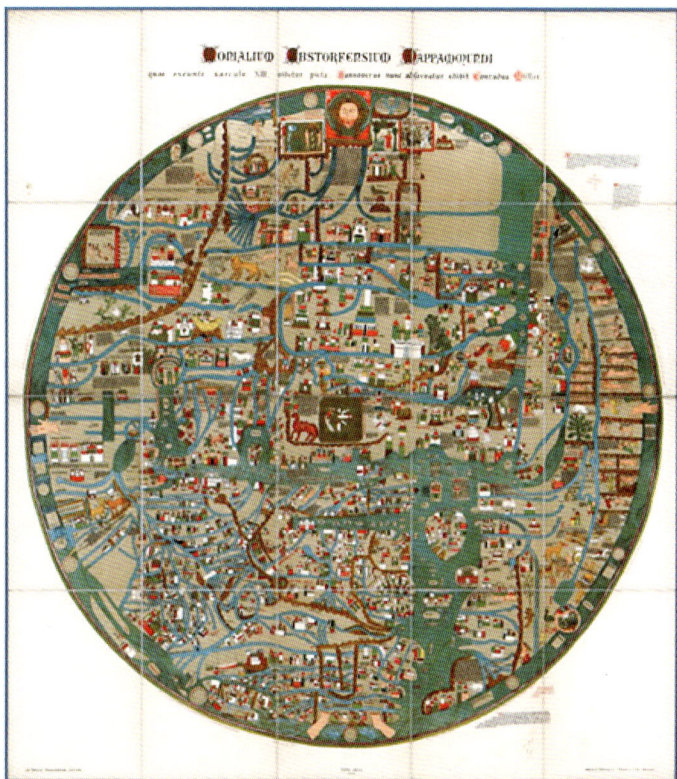

《埃伯斯托夫地图》复制件[3]。斯坦福大学电子文档

古代希腊、罗马人把中国称为"赛里斯"（Seres），意为"丝的国度"，这名称显然源自名闻遐迩的中国丝绸。古希腊、罗马作家对赛里斯颇感神秘，因此不厌其烦地将道听途说的信息述诸笔端。[1] 关于男女装束，生活于公元 4 到 5 世纪的萨拉米斯主教伊彼芬尼亚（Epiphan，315—403）说"在赛里斯人中，男子也结发，在他们之中也如同女子一般使用香料和进行梳妆，以便讨取其妻子的欢颜；女子们的情况正好相反，所有的人都剪去自己的青丝，紧束一身男装，并且还从事所有的农业劳动"[2]。虽然这段话没有什么事实的依据，但它却是西方文献中最早提及中国妇女的论述之一。

　　而西方最早的赛里斯人的视觉形象要到 13 世纪才在一幅手绘的《埃伯斯托夫地图》（*Monialium Ebstorfensium mappa mundi*）上出现。此图的作者不明，但有当代

1　见［法］克岱司编：《希腊拉丁作家远东古文献辑录》，耿昇译，中华书局 1987 年版。

2　同上书，第 68—69 页。

3　《埃伯斯托夫地图》原件毁于二战战火。现在人们所见的均为复制件。

研究者认为它可能出自提尔伯里的吉尔瓦斯（Gervase of Tilbury，约1150—1220）之手。在这幅巨大的圆形地图上，耶路撒冷被置于中心的位置，上方（表示东方）则有基督的头像。头像的左下角连着伊甸园，而伊甸园的左侧则是赛里斯国。

赛里斯国有两个裸体的形象，一男一女，可能是表示在照顾桑蚕的农人。这与伊甸园里裸体的亚当和夏娃相映成趣。

《埃伯斯托夫地图》复制件局部。方框中为伊甸园，其左侧趴着的两人为赛里斯人（女左男右）

《马可·波罗游记》1525年手抄本中做针线活的中国妇女。法国国家图书馆藏

如果提尔伯里的吉尔瓦斯真是《埃伯斯托夫地图》的作者，那么由于此图比《马可·波罗游记》成书还早，吉尔瓦斯关于远东的地理知识，很可能来自古希腊和罗马作家。

虽然《马可·波罗游记》对中国的地理和物产有相当详细的描述，但关于女性，尤其是女性容貌和装束的文字相当少，可以用惜墨如金来形容。因为《游记》中只是笼统地说某地妇女"皆丽"[1]"甚美"[2]，所以早期《游记》手抄本的作者就只能靠想象来画出中国妇女的形象了。

1　《马可波罗行纪》，冯承钧译，上海世纪出版集团、上海书店出版社2001年版，第360页。

2　同上书，第370页。

马可·波罗之后，在欧洲，无论是身处书斋的东方历史学家，还是亲身访问中国的旅行者，都想方设法全方位地了解中国女性，并记录下她们的点点滴滴。14世纪初到达中国的鄂多立克（Oderico Mattiussi，1286—1331）说：

女性的美在于小脚，所以母亲在女儿出生后裹住她们的脚，这样就不能长大。[1]

活跃于16世纪的葡萄牙历史学家巴洛士说：

妇女们的模样姣好，很注意保养。男人们对女人们的妒心甚重，所以妇女很少露面。如果妇女要外出，就要坐在用丝绸裹得密密实实的轿子里，在佣人们的包围下，由男人们抬着走。虽然男人一般都有两三个老婆，但只有第一个老婆被视作正房。[2]

16世纪来华的葡萄牙人克路士说：

除沿海和山区而外，妇女一般都很白和端庄，有的鼻眼匀称。她们从小就用布缠脚，因此脚长不大，这样做是因为中国人认为女人小鼻小脚才是窈窕淑女。这个做法是有教养人家的习惯，贱民并不如此。她们把头发梳得很好，向后理，在头顶上结扎，用一条宽缎带从根到顶恰当地束缚。缎带四周饰有珠玉和金铂。

她们像葡萄牙妇女一样穿长裙，腰部样式相同。她们穿紧身上衣，长袖。她们通常比她们的男人使用更多的丝绸做衣服，但她们日常的服装是用白麻布制作。

她们行礼和我们妇女相同，但她们一连行三次而且很匆匆。她们用朱砂和白粉美容。一般都关在家里，以至于在整个广州城，除几个轻佻的家庭妇女和贱妇外，看不见一个女人。她们外出也不让人看见，因为她们坐（前面提到的）密闭的轿子。上人家去也看不见她们，除非因好奇她们碰巧在门帘下去看前来的生人。[3]

西班牙人拉达说：

1　*Les Voyages en Asie au 14e Siècle du Bienheureux Frère Odoric de Pordenone*，Paris，1891，p. 454.

2　《葡萄牙人在华见闻录》，王锁英译，澳门文化司署等，1998年，第135页。

3　［英］C.R.博克舍编注：《十六世纪中国南部行纪》，何高济译，中华书局1990年版，第103—104页。

女人们在头上只戴花环，或将金钗银簪别在头发上，她们不用其他装饰。

女人们与外界隔绝并非常贞洁，除了老妪，我们在城市和大镇里很难见到女人。只有在看起来更简朴的村庄里，才能常见到妇女，她们甚至下地干活。自从孩提时代起，她们就习惯将脚束缚起来，将所有小脚趾都扭压在大脚趾下方，使之变形。[1]

他们的记述被西班牙传教士兼历史学家门多萨加以整理，并收入了他的名著《中华大帝国史》中：

他们的妇女穿着很奇特，很像西班牙的样式，她们戴许多金首饰和宝石，衣服有宽袖，穿的是金银和各种丝绸料子，如前所述，他们有大量的丝绸，质地极佳，而且十分便宜；穷人则穿绒料，未修剪过的绒料和哔叽。她们留得一头好发，仔细勤快地梳理它，像热那亚妇女，用宽丝带把它系在头上，缀满珍珠和宝石，并且她们说这使她们显得漂亮；她们涂脂抹粉，某些部位特别多。

她们当中把一双小脚视为优美漂亮，因此从小时起她们就紧紧包裹脚，耐心地忍受，因为谁的脚小，谁就被当作最美的女人。他们说男人劝诱女人这样做，因为把脚缠到几乎变形，成了半瘸，那她们的行动困难，十分费劲，这就是为什么她们很少外出，极少停止她们干的工作的原因；这仅仅是为同样目的发明出来的。这个习惯已经行了很多年，还将继续下去很多年，因为它有法律保障：凡破坏它和不行之于女儿的女人将被判有罪，还将因此受刑。她们很保守和老实，以致任何时候你在窗门前都看不见一个女人，而如果她的丈夫请人吃饭，她从不露面或在桌上进食，除非客人是亲属好友。当她们出去看她们的父母或亲戚时，她们坐一顶四人抬的小轿，封闭严密，四周的窗格用金丝银线制成，有丝帘子；因此尽管她们看得见街上的人，她们仍不让人看见。她们有很多仆役侍候。所以当你在街上遇到一位贵妇人时，那简直是大奇事，确实你会认为城里没有一个女人，她们闭门不出是由她们脚残废所造成的。[2]

《中华大帝国史》初版于1585年，五年之后，意大利画家、雕刻家韦切利奥（Cesare Vecellio，1521—1601）出版了《世界古今服饰》，首次以图画的方式向西方展示了

1　C. R. Boxer: *South China in the Sixteenth Century*, London, 1953, pp. 282–283.

2　［西班牙］门多萨：《中华大帝国史》，何高济译，中华书局1998年版，第30—31页。

《世界古今服饰》中中国已婚妇女之装束　　《世界古今服饰》中中国贵妇之装束

两款中国女性的服饰。

　　韦切利奥在书中介绍了中国和中国妇女，他说"中国是世界上主要的王国之一，包含有 15 个省和 100 个城市，物产丰富，无所不有。人们住在不同的地方，因而长相各异"。女性用"丝带绾起乌发，饰以珍珠宝石"。她们"身着宽袍，广袖缀金，垂至膝部；腰系丝带，长裙及地"，"以小脚为美，年幼即紧缠其脚，故无法长大"等。[1] 韦切利奥的信息很可能来自门多萨的《中华大帝国史》，此书当时已成为欧洲家喻户晓的畅销书。但门多萨在书中并未提到中国服饰右衽的习俗，韦切利奥却准确地画出了，他这方面的知识来自何处，仍然是个谜。

　　虽然韦切利奥提到了中国妇女的缠脚习俗，但他并没有画出小脚。事实上，直到 17 世纪中叶以前，西方出版物插图中的中国妇女仍很少显示出小脚。

林舒腾《东方航海志》中的中国妇女（1599 年）

1　Cesare Vecellio：*De gli habiti antichi et moderni di diuerse parti del mondo libri due*，Venitia，1590.

普察斯《皇明一统方舆
备览》图中的中国妇女
（1625）。此图根据英
国探险家萨丽斯（John
Saris，1580—1643）从东
方带回的一本画册而绘
制。注意图中女性外衣
左衽，同一地图中中国
男性外衣则右衽。[1] 可见
左右衽对西方人来说没
有区别的意义，因此常
常弄混

司毕德（John Speed，
1551—1629）《中
华帝国地图》（The
Kingdom of China，
1626）中的中国妇女图。
此图的基本要素来自林
舒腾的《东方航海志》

　　直到 17 世纪中叶，随着曾德昭的《大中国志》、纽豪夫的《荷使初访中国报告》
和吉歇尔的《中国图说》等专门介绍中国的图书相继出版，欧洲人才比较集中地看到
了传说中的中国女性小脚。

曾德昭《大中国志》英译本中《明
朝官员夫妇》插图（1655）[2]

《荷使初访中国报告》荷兰文初版中的中国妇女群像（1655）

1　全图请参看本书《长城》一节。

2　此图是根据英国人布莱德本特（William Bradbent）从澳门带回欧洲的雕像画的，见 Alvare de Semedo：
　　The history of that great and renowned monarchy of China（London，1655）中 28 至 29 页间对此图的说明。

吉歇尔《中国图说》拉丁语初版中的中国仕女图（1667）

吉歇尔在《中国图说》中收录了两幅中国仕女图，并解释道：

中国人以身材娇小、足部纤细的女人为美。我们看起来觉得扭曲、丑陋和可怕的脚对他们而言似乎是美丽的。他们用布带将新生女儿的脚绑紧，这样她们终身每走一步都会遭受巨大的痛苦。如果有人问中国人为什么会这样，他们只会说这是2800年前流传下来的风俗，源于纣王的妻子妲己。她是如此美丽，以至于被奉为女神，的确，她曾经被称为中国的维纳斯。

女性之所以美丽，是因为脚很小，而小脚是因为脚被绑过。也有人说，这种束脚的习俗是由聪明的男人想起来的，为的是确保女人坐在家里而不在公共场合抛头露面。如果女人不自觉自愿地待在家里，那么裹住的脚将把她们留在那儿。

中国妇女的装束朴实而庄重，除面部以外，身体的各个部位均被覆盖。如果一些欧洲妇女效仿她们的做法，她们的举止当然会更加得体。女人，特别是贵族女性，用一串珍贵的宝石装点头发，这使她们的头部更加美丽。她们的衣服上绣有花鸟和其他图案，裙裾垂到脚上。她们不会遮住脚，因为那是女人最美的地方。她们逗弄小狗、小鸟或做其他诸如此类的事情打发时间。如果读者希望更仔细地了解宫廷贵妇的着装，我附上了在中国的神父寄给我的有关图像。[1]

1　Athanasius Kircher：*China Illustrata*，*translated by Charles D. Van Tuyl*，Indian University Press，1987，pp. 101–102.

吉歇尔说仕女图是由在中国的神父寄到欧洲的，但他并没有说是谁画的。从图像上来分析，这两幅图应该是中国画家跟欧洲传教士共同合作的结果：图中的透视方法及两位女性的脸部都带有明显的欧洲特征，是传教士的手笔；而桌上的山水画、墙上的汉字书法以及仕女头部略微前倾的造型则打上了中国传统绘画的烙印。

虽然上面《荷使初访中国报告》和《中国图说》插图中的中国妇女显得无所事事，但这两本书也关注到了劳动妇女。《荷使初访中国报告》记录了在田间劳作和在路口捻线的女性。

拉犁的妇女　　　　　　　　　　　捻线的妇女

而《中国图说》则从卫匡国的《中国新图志》中移植了缫丝和养蚕的女性。

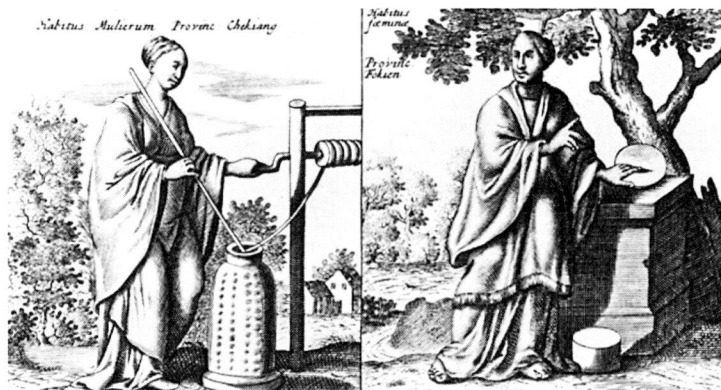

缫丝女（左）和养蚕女（右）

纽豪夫在《荷使初访中国报告》中甚至提到了妓女。他说：

皮条客由妇女陪伴在全国各地旅行，伺机在普通人中找到漂亮的年轻女子。他们利用所有的手段来引诱她们，或是花费金钱，或是说好话。如果女子决心要跟随他们，那么他们会教她们跳舞、唱歌，这样使她们更适合纨绔子弟的娱乐要求。在经过此番的教导后，男老鸨会竭力将其直接卖给王公贵族，或是让妓女操一定天数的皮肉生涯，以此赚大钱。这些厚颜无耻的皮条客，每人都有几个属于他们的妇女，人数多寡看他们是否有能力负担她们的费用。

骑在毛驴上的妓女

他们很少在一个地方久待，而是走村串寨，哪儿市场需求最大，他们就在哪儿居住最长的时间。雇用其中一名妇女过夜的人，必须以公开方式接待她。她被皮条客放在一头毛驴上，戴着面纱到雇她的人家去。当她来到他的房子时，她揭开面纱，那个男人就接她并把她带入房子。[1]

　　略晚于《中国图说》出版的《大清志》的插图中也有许多中国妇女形象。有普通的妇女，也有贵妇。

《大清志》中的织女

《大清志》中背负孩子的妇女

1　John Nieuhoff：*An Embassy from the East–India Company of the United Provinces*，*to the Grand Tartar Cham Emperour of China*，London，1673，p. 161.

《大清志》中的一般贵妇

《大清志》中的宫廷贵妇

《大清志》中说：

高端公民和其他上流女士住在这里（北京）。就像在整个中国一样，这里很少见到贵妇走在街上，她们在密闭的轿子中，被抬着出行，并有一列侍女和其他仆从伴随。

在房子里，她们的住处与男子分开。那里有野地、树林和宜人的花园，在那里她们以种植奇花并饲养各种鸣禽来自娱自乐。

但是，高尚的女士，特别是皇帝的嫔妃们则另有一套方法。她们在房屋中穿得非常富丽华贵，就像插图中表示的那样，她们穿着丝袍，袖子宽大，后摆曳地。她们的头上戴着昂贵的圆形帽子，前面凸起，并切割成像皇冠那样的锯齿状。[1]

进入 18 世纪后，欧洲人所得到的有关中国的第一手资料绝大多数是由在华的传教士，特别是法国传教士提供的。法国耶稣会士整理编辑的《耶稣会士通信集》《中华帝国全志》和《中国杂纂》可谓集中国各方面知识之大成。《耶稣会士通信集》中的插图不多，而《中华帝国全志》和《中国杂纂》中则有一些中国女性的插图。

《中华帝国全志》的编者杜赫德对中国的丝绸业情有独钟，他在书中不仅花了大量的篇幅介绍了从养蚕到织布各个过程的琐碎知识，而且还附上了多幅女性参与这些劳作的插图。

1　*Atlas Chinensis*：*Being a second part of a relation of remarkable passages in two embassies from the East-India Company of the United Provinces，to the Vice-Roy Singlamong and General Taising Lipovi，and to Konchi，Emperor of China and East-Tartary*，English'd and adorn'd by John Ogilby，London，1671，pp. 338-339.

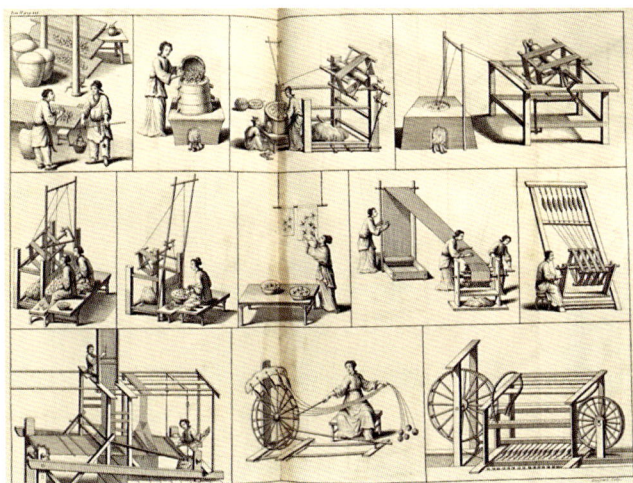

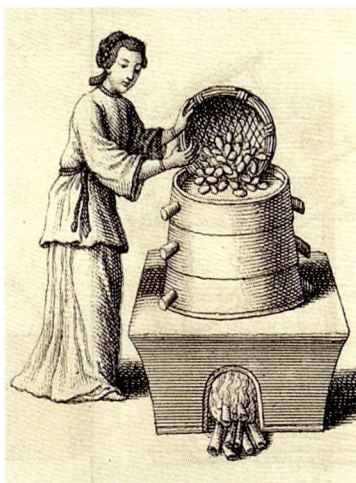

《中华帝国全志》1735 年法文版第 2 卷中有关丝绸生产的插图　　　左图细部。妇女在煮茧

　　《中国杂纂》有不少介绍中国历史文化的内容。其中第 3 卷和第 5 卷中收录了法国传教士钱德明等人编译的《中国名人肖像》，文中的多幅插图中包括班昭和武则天的画像。

《中国名人肖像》中的班昭像（左）和武则天像（右）

　　《中国名人肖像》基本上是根据中国木刻版画来画的，比如班昭的画像来自《无双谱》。

惠班名昭一名姬博学高才遭曹世叔兄固著汉书

未及竟而卒和帝诏昭踵而成之数召入宫令皇后

诸贵人师事焉号曰大家

《无双谱》中班昭像。清康熙三十三年（1694）刻本

但西方传教士及出版商在将中国古典图像特别是仕女像进行欧化的过程并不总是很成功。比如班昭的面孔和手，虽然增加了阴影，显得有立体感，但脸型和手型失去了原有的韵致。

以中国人的审美趣味来画仕女画对欧洲人来说是个很大的挑战。法国传教士王致诚刚到北京任宫廷画家时，自以为画技高超，画的中国女性像会受到皇帝的青睐。不过乾隆则以为他画的是欧洲妇女，并对他说："你画得一点也不像中国妇女，得重画。"因此他才虚心向中国画家讨教秘诀。[1]

18世纪末有一批外国使团访问中国，其中初次访华的英国使团对中国妇女的观察细致入微，比如发现苏州出美女[2]，也看到中国妇女能做多种工作，像耕田[3]、抱着孩子划桨掌舵[4]等。团员安德逊注意到中国妇女的开放程度：

中国妇女被排斥在陌生人视野之外的观点几乎站不住脚（如果有根据的话），因为聚集在一起观看英国使团队伍的巨大人群中，至少有四分之一是妇女，比在我们国家任何场合所看到的由好奇心聚集起来的人群中的女性的比例大得多。如果好奇心是欧洲女性性格特征的这个想法是根据事实而得出的，那么我想可以这样说，从我们的人马经过时中国女性所表现出的热情来看，刚才提到的特点在亚洲女性中同样普遍存在。[5]

1　参考 Le Journal des Sçavans，Juin 1771，Paris，pp. 409–410。

2　George Staunton：An Authentic account of an Embassy from the King of Great Britain to the Emperor of China，London，1797，v. 2，p. 429.

3　Sir John Barrow：Travels in China，London，1804，p. 141.

4　Aeneas Anderson：A Narrative of the British Embassy to China，London，1795，p. 255.

5　同上书，第107—108页。

他还仔细研究了她们化妆的方法：

我们在经过北京时所见到的妇女，总体上具有很好的品味和天生的白皙皮肤，然而，她们并不满足于此，因此还用化妆品增白。她们也使用朱红砂，但与我们的欧洲女士搽胭脂的方法完全不同，因为她们在嘴唇中间涂上一条最深的红色。我不想假装了解个中道理，但这种做法肯定会突出她们的容颜。她们的眼睛很小，但是非常明亮；她们的手臂又细又长。[1]

甚至跟她们进行了近距离的交流：

当我们经过东边城门时，行李车出现了一些混乱，整个队伍不得不停下来。在发现我们周围的人群中有许多女性时，我冒险去接近她们，并用中文单词"俏好"（即漂亮）来夸她们，她们似乎极其开心，带着谦虚和礼貌的态度聚集在我旁边。她们查看了我衣服的制法和样式以及材料的质地。当车子开始移动时，我轻轻地跟这些热情的女性握手告别，她们则报以最优雅的友善。在场的男人对我的行为也没有表示任何不满。虽然中国男人被普遍认为有嫉妒心，但至少在帝国首都，看起来嫉妒并不是他们主要的素质。[2]

但巴罗观察到满汉妇女在开放的程度上有别，他说：

北京的女性经常出现在人群中，或者在狭窄的街道上行走，或者骑着马，她们跨马的方式与男性相同，但她们都是满人。她们穿着丝质长袍，长度垂至脚部。她们的鞋子似乎比普通鞋子大很多，因为汉人的鞋子较小。鞋面通常由绣花缎子制成，鞋底由折叠的布或纸做成，厚约一英寸。鞋子的前端是正方形的，略微上翘。她们头发的各个侧面都向上梳得很光滑，与汉人没有太大的区别。尽管她们的脸上涂有铅粉和胭脂，但显然她们的皮肤比汉人白皙得多。与其他地方相比，首都的汉族妇女更严格地被限制在闺房里。有时会看到年轻女孩在宅门抽旱烟，但她们总是在男人接近时退回

1　Aeneas Anderson：*A Narrative of the British Embassy to China*，London，p. 108.

2　同上书，第108—109页。

房内。[1]

完全没有资格追求精神幸福的与世隔绝的妇女，为了打发那些不可避免的沉闷无聊的时光，抽旱烟是通常的权宜之计。每个八岁或九岁的女性都将一个小的丝绸荷包挂在衣服上，用来装烟丝和烟杆，许多这样年纪轻轻的人已经用得驾轻就熟了。当然也有人长期在丝绸上绣花，或者在绢上画花鸟和昆虫。在我们下榻的北京那栋府第的闺房里，我们在分割房间的墙板上看到了这两种艺术品的非常漂亮的样本，我带了一些我觉得人们会很欣赏的作品回国。但是，以这种方式利用时间的妇女通常是商人和工匠的妻女，她们通常都是棉、丝织工。我记得曾经问过一位穿着精美绣花丝质马褂的官僚，那绣活是不是他夫人的作品，但我的假设似乎冒犯了他，因为他的妻子不应屈尊做针线活。[2]

使团的随团画家亚历山大当然不会放过观察、描绘中国妇女的机会，他的速写簿和画册中中国妇女的形象随处可见。

亚历山大的速写。大英图书馆藏　　亚历山大笔下的村妇。大英图书馆藏　　亚历山大笔下的船家女。大英图书馆藏

在亚历山大编绘的《图说中国服饰礼仪》中，收录了一幅中国贵妇逗鸟的插图，亚历山大对此图的解释是：

1　Sir John Barrow：*Travels in China*，London，1804，pp. 97–98.

2　同上书，第 143 页。

除了用布带包扎脚踝，使脚踝扭曲肿胀以致残害双脚的不自然的习俗，中国上流社会中女性着装相当得体。尤其她们有时在头饰上表现出很高雅的品位和多样性。她们用来做衣服的材料，尤其是那些带有自己绣花的部分，都非常漂亮。受教育程度所限，她们的大部分时间都用在了刺绣、在花盆里种花养草、装点居室庭院以及养鸟这类事情上。她们养鸟或是为了听鸟鸣、或是为了欣赏某些鸟特别的样子及羽毛的美。

亚历山大笔下的贵妇逗鸟图

背景中的建筑在北京西边一个城门附近，它们构成北京景观的一部分。[1]

《英使谒见乾隆纪实》中的中国妇女小脚。亚历山大绘

关于女子裹足的习俗，英国使团成员在回忆录中都有所提及。安德逊说他亲自量了一位 20 岁妇女的小脚，其长度不足五英寸半[2]；巴罗花了大量篇幅抨击这一陋习[3]；斯当东在他的回忆录中附上了小脚的图片。[4] 这张插图让西方读者有机会第一次从不同角度看到了中国女性被扭曲了的裸脚细部。

1825 至 1827 年，法国人冒皮埃尔（D. B. de Malpière）出版了两卷本《中国风俗集》，其中收录了一张《女子出浴图》。冒皮埃尔在对此图的解释中说明了中国的建筑风格、庭院设计、女性服饰以及裹脚的习俗。此图可能是继亚历山大的小脚图后欧洲第二幅展现中国妇女裸脚的图片。[5]

1　William Alexander：*Picturesque representations of the dress and manners of the Chinese*，London，1814. pl. XLIII.

2　Aeneas Anderson：*A Narrative of the British Embassy to China*，London，1795，p. 255.

3　Sir John Barrow：*Travels in China*，London，1804，pp. 73–76.

4　George Staunton：*An Authentic account of an Embassy from the King of Great Britain to the Emperor of China*，London，1797，v. 1，p. 432.

5　D. B. de Malpière：*Chine*：*Moeurs*，*Usages*，*Costumes*，*Arts et Métiers*，*Peines Civiles et Militaires*，*Cérémonies Religieuses*，*Monuments et Paysages*，Paris，1827，v.2.

《女子出浴图》

《女子出浴图》细部

虽然自 14 世纪以来，中国妇女缠足的风俗不可避免地成为西方人的谈资，但是绝大多数的西方人还是赞美中国妇女的勤劳、智慧和美德。《中国风俗集》中还收录了不少中国女性的图片，她们或绣花或行路，或养蚕或缝衣。在对一幅题为《母子图》的解释中，冒皮埃尔这样说道："中国美女的贤惠在世界上无与伦比。"[1]

《母子图》[2]

这或许是对中国女性的最得体的总结。

1　D. B. de Malpière：*Chine：Moeurs，Usages，Costumes，Arts et Métiers，Peines Civiles et Militaires，Cérémonies Religieuses，Monuments et Paysages*，Paris，p. v. 1.

2　此图的原画作者为亚历山大。见 William Alexander：*Picturesque representations of the dress and manners of the Chinese*，London，1814. Pl. X.

2.5　蜑民

1593 年，荷兰地图出版商考讷里斯·德·裘德于安特卫普出版了一本名为《世界之镜》（*Speculum Orbis Terrae*）的地图册，作者是他两年前亡故的父亲吉拉德·德·裘德（Gerard de Jode，1509—1591）。这本地图册的精美程度，不亚于同时代奥特里乌斯出版的《世界地图》。

《世界之镜》中收录了一幅中国地图，标题为《中华帝国地图》。

《世界之镜》收录的《中华帝国地图》

图中央的大圆圈是地图的主体，大圆圈之外则配有四幅尺寸较小的圆形插图。

这四幅图中，有三幅已经被地图研究者们讨论过[1]。但第四幅，也就是右上角的"一个住在被鸭子包围的'漂着的房子'里的中国家庭"[2]那幅画，尚未被解读。

实际上原地图上配有拉丁语说明，意思是：中国海上人家住在船里，自给自足。所以这幅画描绘的是以船为家的"蜑民"的生活。

1　参见曼斯缪·奎尼等：《天朝大国的景象——西方地图中的中国》，安金辉等译，华东师范大学出版社 2015 年版，第 168 页。亦见本书《鸬鹚》《加帆车》两节。

2　同上。

《中华帝国地图》右上角插图

"蜑民"，亦称"蜑蛮""蜑户""疍家"等。"蜑"字尚有"诞""蜓""但""蛋""蜑""旦"等多种写法。蜑民是古老的族群，《三国志·黄盖传》已记载"诸幽邃巴、醴、由、诞邑侯君长，皆改操易节，奉礼请见，郡境遂清"[1]。北宋乐史在《太平寰宇记》卷一五七中说："蜑户，县所管，生在江海，居于舟船。随潮往来，捕鱼为业，若居平陆，死亡即多，似江东白水郎也"[2]。

宋代范成大在记录广西风土民俗的著作《桂海虞衡志·志蛮》中，提到了蜑民：

蜑，海上水居蛮也。以舟楫为家，采海物为生，且生食之。入水能视，合浦珠池蚌蛤，惟蜑能没水探取。旁人以绳系其腰，绳动摇则引而上。先煮毳衲极热，出水急覆之，不然寒栗而死。或遇大鱼、蛟、鼍诸海怪，为鬐鬣所触，往往溃腹折支，人见血一缕浮水面，知蜑死矣。[3]

与他同时代的诗人杨万里则有《蜑户》诗：

天公吩咐水生涯，从小教它踏浪花。
煮蟹当粮那识米，缉蕉为布不须纱。
夜来春涨吞沙咀，急遣儿童劚荻芽。
自笑平生老行路，青山堆里正浮家。[4]

而稍晚一点的南宋文人周去非更详细地记载了蜑民的生活习俗：

---

1 《三国志》，中华书局 1999 年版，第 950 页。

2 《太平寰宇记》，王文楚等校点，中华书局 2007 年版，第七册，第 3021 页。

3 《新镌秘书廿八种·桂海虞衡志》，嘉庆戊辰年，第三十三页。

4 《钦定四库全书·诚斋集》卷十六，第十二页。

以舟为室，视水如陆，浮生江海者，蜑也。钦之蜑有三：一为鱼蜑，善举网垂纶；二为蠔蜑，善没海取蠔；三为木蜑，善伐山取材。凡蜑极贫，衣皆鹑结。得掬米，妻子共之。夫妇居短篷之下，生子乃猥多，一舟不下十子。儿自能孩，其母以软帛束之背上，荡桨自如。儿能匍匐，则以长绳系其腰，于绳末系短木焉，儿忽堕水，则缘绳汲出之。儿学行，往来篷脊，殊不惊也。能行，则已能浮没。蜑舟泊岸，群儿聚戏沙中，冬夏身无一缕，真类獭然。蜑之浮生，似若浩荡莫能驯者，然亦各有统属，各有界分，各有役于官，以是知无逃乎天地之间。广州有蜑一种，名曰卢停，善水战。[1]

明代王圻和王思义撰辑的《三才图会》人物卷十三有一幅蜑民插图。

此幅图与吉拉德·德·裘德的插图相比较，显得有些单薄，至少没有表现出"以舟为室"的情况。

那吉拉德·德·裘德有关蜑民的知识，是从何而来的呢？

从 16 世纪末到 17 世纪初，在《利玛窦札记》出版（1615）之前，欧洲对于中国的知识，基本上来自马可·波罗、拉木学、马菲（Giovanni Pietro Maffei, 1536?—1603）及门多萨等人的著作。尤其是门多萨的《中华大帝国史》，在 1586 年出版后立即成了畅销读物，吉拉德·德·裘德很可能从此书中获得了蜑民及其饲养鸭子的知识。且看门多萨的描写：

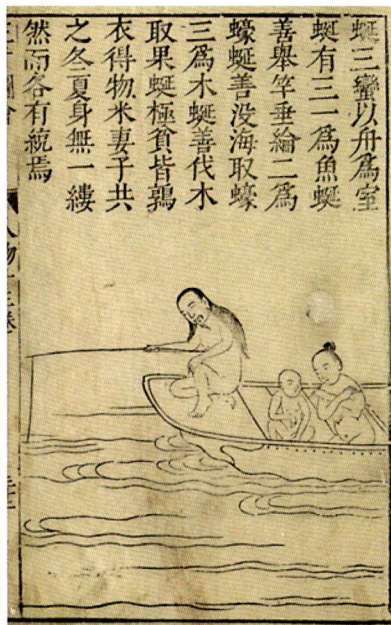

《三才图会》中的鱼蜑形象[2]

在这个王国里有大量的舟船，它们沿着海岸航行，并驶入附近的岛屿以及河流，各省大部分的地区有清水河流过。太多的人住在这些河流的船只上，因为人太多了，

1　《钦定四库全书·岭外代答》卷三外国门下"蜑蛮"条。"掬米"应为"物米"，见本页《三才图会》插图中的文字。

2　此图选自明万历三十七年（1609）刊本。

他们估计住在水上的人跟陆上的差不多一样多。[1]

......

这个国家的人口众多，且不允许任何闲散的人居住在其中，这种情况确实激起了穷人的智慧（被生活所迫而成为许多事物的发明者），他们去寻求新的发明以谋生、减轻生活负担及供应生活必需品。所以这个王国的许多人，看到整个国家住满了人、种满了地，没有一寸土地没有主人，这种状况把他们带到了河流（河流众多），他们在舟船上建造他们的住所（如上所述），他们全家住在甲板下，以免受阳光、雨水和天灾的侵袭。在那里，他们使用了他们所知道的技能，或继承自他们父辈的技能，以及非常奇怪的生活中的谋生手段。最奇特的是他们在一些船只中养了大量的鸭子，供应给这个国家的大部分地区，其方法如下：

他们有用竹子做成的笼子，跟船的上层一样大，其中可能有 4000 只鸭子。他们在这些笼子的某些地方做了窝，这些鸭子几乎每天都会产蛋。如果是在夏天，他们会把蛋放入牛粪或者鸭粪中，那是非常温暖的，他们把蛋留在那儿一些天，因为经验告诉他们小鸭子会出来。然后他们把蛋从粪便中取出来，然后一个接一个地打破它们，然后就拿出一只只小鸭子。他们手法巧妙，几乎没有鸭子会死亡，真是令人叹为观止。可是干这一行的人很少，因为它是在该国被长期沿袭的古老习俗。为了在一年中获得这种妙招的成果，在冬天他们必须使用人工帮助：为了给孵鸭蛋的粪便一点温暖，他们使用了另一项发明，就像上一个发明一样高明。办法是这样的：他们把大量的竹子捆在一起，在上面放粪便，然后在上面放鸭蛋，并用粪便盖严。这样做完以后，他们在竹子下放干草，或者其他类似的东西，并点上火，但是想办法让草不燃烧，而是一直保持自然的热度，直到他们认为可以将草取出时为止。

然后他们用如上所述的办法，取出并打破鸭蛋，所以他们的家禽数量增加之多，就好像它们是蚂蚁一样。接下来他们把鸭子放在另一个笼子里用于同样的目的，老鸭子不做别的，翼护小鸭子并让它们保持温暖。他们每天都喂小鸭子，直到它们可以自己吃食，并在老鸭的陪伴下进入田地觅食。很多时候，它们的数量大约有 2 万只，但他们是以很少的成本维护它们的，而且按顺序行事：每天早上他们都给鸭子少量煮过的米饭，然后他们打开笼子的门，这是朝向河流的，并且设了一个连接到水面的竹桥，

1　*The history of the great and mighty kingdom of China*，edited by Sir George Thomas Staunton，London，1853，p. 148.

然后鸭子们一个接一个地匆忙出笼，看着真是一种消遣。鸭子们整天把时间都花在了水面和陆地上的稻田里，在那儿它们确实在吃食。稻田的主人给鸭子的主人一些钱，让鸭子进入他们的田地，因为鸭子吃掉了田里的杂草，而水稻毫发无损。

傍晚时分，船上的人用小鼓敲击或发出类似的声音，鸭子听到声音后，会以极快的速度跳到水里，径直游向自己的船，而它们的竹桥已准备就绪。每个鸭群都会通过声音知道自己的船，从不失误。虽然有很多鸭群在一起，但因为每一只船使用不同的声音，鸭子们已经习惯了，它们的耳朵充满了这种声音，所以它们就不会找不到自己的船。[1]

门多萨没有到过中国，他的书参考了拉达和克路士等人的记述，但还从其他的信息来源进行了补充。克路士有关蜑人及养鸭的记载如下：

还有很多穷人的小船，住着夫妻及子女，他们除用船上的半个甲板以遮日避雨外，没有其他的住处。板船、兰舟及其他类似我们的桨船也一样。大船的甲板下有很好的睡觉的地方和舱室，穷人的则差得多。他们在那儿养小猪小鸡，还有小得可怜的种植物的地方，那儿有他们的家当和栖身之所。男人到城里去找工作帮助维持他们的小家庭，女人则留在船上，靠用一根深达河底的竹竿（其末端有一个用细枝编成的小篮，用来捕虾蟹和贝类）的劳作，及将客人从河的一边摆渡到另一边来帮助维持家计。

不过这些穷人不像葡萄牙穷人那样衣衫褴褛，犹如乞丐。

还有一些大船，里面贮藏了丈夫的货物和妻子的家当，有大舱放得下大量的东西。这些船有很多货物。船上也有用藤条编成的跟船一样长的笼子，养着两三千只鸭，看船的大小，有的多些，有的少些。有的船属于贵族，他们的仆人在船上喂鸭。他们喂鸭的方式如下：天大亮后，他们给鸭子一点点浸泡过的米吃，但不让它们吃饱；喂过米后，他们打开一扇朝着河的门，门那儿有用藤搭的桥。看鸭子出去时简直是奇观，因为数量太多，有的鸭子会翻滚到别的鸭子身上。它们在稻田里一直吃到晚上，管船的人从稻田主人那儿收取一笔费用，为的是放鸭子到田里吃食，因为鸭子清理稻田，吃掉长在稻田里的杂草。到晚上，管船的用一只小鼓把鸭子唤回，尽管船只及声音混杂，但是每一只鸭子却都能根据鼓声知道自己的船并返到船上。因为总有一些鸭子留

1　*The history of the great and mighty kingdom of China*，edited by Sir George Thomas Staunton，London，1853，pp. 152–154.

在外面，不再返回，所以到处有很多野鸭，也有野鹅。[1]

西班牙神父考特斯曾在中国被捕，在被押解到广州时，他观察到：

那些在河上定居的人在很大程度上都是穷人，除了他们的小船之外别无其他房子。船民夫妇以及他们的孩子，他们的孩子的狗、猫、小猪，还有生活用品都集于一船。他们把神像放在船尾的小祈祷室。他们在船上拥有生活和讨生活所需要的一切。有些人在小船上摆满各种各样的物品，其他人提供食物、肉类、鱼类、水果、蔬菜、酒、柴禾或其他东西。这些船从一个地方到另一个地方，在其他船只之间穿行。[2]

耶稣会传教士葡萄牙人安文思也记录了这些生活在船上的居民：

中国有两个王国，一在水上，一在陆地。好像有许多威尼斯城。这些船是船主当房屋使用的。他们在船上做饭，生于斯、死于斯。船上有他们的犬、猫，还养有猪、鸭、鹅。[3]

一般来说，蜑民基本上集中在南方。但到了 18 世纪末，英国第一个外交使团抵达中国时，使团的副使斯当东在天津看到了大量的水上人口：

无数的小船几乎盖住了这条穿过这座商业城市的大河河面，船上住着几千号人。不只是掌舵的人，其他人也住在给他们提供居所的船上。头头们跟船员们的妻子及孩子一直住在船上。很多人在船上出生，大家都在船上度过一生。每个岸边对他们来说都是陌生的；陆地只是他们偶尔涉足的地方。[4]

斯当东看到的水上居民是否属于真正的蜑民还有待进一步的考证，但是古代中国

1　*South China in the Sixteenth Century*（*1550-1575*），edited by C.R. Boxer，Routledge，2016，pp. 114–115.

2　Adriano de las Cortes：*Le voyage en Chine*，tr. par Pascale Girard，Editions Chandeigne，2001，p. 332.

3　［葡］安文思：《中国新史》，何高济等译，大象出版社 2004 年版，第 81 页。

4　George Staunton：*An Authentic Account of an Embassy from the King of Great Britain to the Emperor of China*，London，1797，Vol 2，p. 39.

《中国鸭船图》

大量人口浮水而居的现象给外来者留下了深刻的印象却是不争的事实。

1810 年，英国画家丹尼尔叔侄（Thomas and William Daniell）出版了一本介绍中国和东南亚风光的书，其中收录了一幅《中国鸭船图》，而所谓的"鸭船"的主人实际上就是蜑民。

画家为此图所提供的说明是：

此景见于虎门河上。图的右边有一个小村庄和一座寺庙。近景是一艘鸭船，其中养着数百只用于出售的鸭子。这只船与众不同的是两侧的突出部分，那是用竹子做的，既轻巧又结实，目的是为了帮助"两栖船员"的外出。低潮时，船用竹竿锚定，并使其靠近泥滩或稻田，在那里的鸭子可拣食虫子。当主人发出信号后，它们开始有条不紊地移动，并庄重得体地离开鸭船。而当返回的信号发出后，他们以同样的速度和规矩离开水面来表明自己的服从。这些船只的结构非常脆弱，但是中国渔民水性很好，不会因职业上常见的事故而招致太大的危险。对于年幼而不会游泳的孩子，他们会在腰间系上一个干葫芦，所以即使他们落水了，也不会被淹死。[1]

1　Thomas Daniell and William Daniell：*A picturesque voyage to India*；*by the way of China*，London，1810.

　　瑞典人龙思泰（Anders Ljungstedt，1759—1835）曾任瑞典驻澳门领事，他用英文写了一本有关早期葡萄牙与中国关系的专著，其中饶有兴致地描述了珠江江面的船民：

　　组成广州人口的民众当中有相当一部分人生活在船上，政府任命的官员负责管理和控制这部分城市居民。这里不同大小和样式的船只都登记在册，与城市接壤的江面上的船只总共有 84000 艘，其中绝大多数是疍家的船。这些船一般不超过 12 至 15 英尺长，大约 6 英尺宽。船篷很低矮，人几乎无法站立在船里面。船篷是用竹子编的，很轻巧，可以根据天气状况轻而易举地调节。这些人全家都住在船上，他们常在船外绑着的笼子里喂养一大群鸡鸭，为的是在市里的市场上贩卖。附近的村庄载人来往的客船，不停地在两岸穿梭的渡船，载满乡村蔬菜瓜果的窄艇以及游艇、画舫等，都是这泛家浮宅的一部分，给外来者呈现了一幅有趣的景象。[1]

　　从丹尼尔叔侄的画及龙思泰的描述来看，即使到了 19 世纪初，疍民以船为家的生活方式跟 16 世纪时相比，基本上没有太大的变化。

1　Andrew Ljungstedt：*Historical sketch of the Portuguese settlements in China*，James Munroe，1836.

三、动 物

3.1　鸬鹚

唐代诗人杜甫有《戏作俳谐体遣闷》两首，其中一首写道：

异俗吁可怪，斯人难并居。

家家养乌鬼，顿顿食黄鱼。

此诗描写的是夔州（今重庆奉节一带）的生活习俗。关于诗中的"乌鬼"一词，历代学者的诠释不一，有的人认为是猪[1]，但宋代博物学家沈括在《梦溪笔谈·艺文三》中说："士人刘克博观异书。杜甫诗有'家家养乌鬼，顿顿食黄鱼。……克乃按《夔州图经》，称峡中人谓鸬鹚为乌鬼。蜀人临水居者，皆养鸬鹚，绳系其颈，使之捕鱼，得鱼则倒提出之，至今如此。余在蜀中，见人家有养鸬鹚使捕鱼，信然，但不知谓之乌鬼耳。"杭州人沈括说他不知道鸬鹚也叫"乌鬼"，但比他小 20 岁的绍兴人贺铸（1052—1125）却把"乌鬼"这个词写进了诗里：

晚泊小孤山作

江势东南陡折回，两山屹立地维开。

颠风裂石轰雷下，骇浪澎舟卷雪来。

扪虱王孙初睥睨，饱鱼乌鬼但毰毸。

物情岂识忘形乐，啸倚樯干独快哉。[2]

1　参考 Berthold Laufer，*The Domestication of the Cormorant in China and Japan*，in *Field Museum Anthropological Series*，v. xviii，no. 3，1931，p. 215.

2　见《四库全书》本《庆湖遗老集·拾遗》。

此诗中的"乌鬼"显然指的是鸬鹚。其实宋人用"乌鬼"描述鸬鹚的诗词还有不少[1]，再加上《夔州图经》中的证据，刘克把杜甫诗中的"乌鬼"解释成鸬鹚并非没有道理。如果刘克的解释成立，那么早在唐代，巴蜀靠水的地方已经广泛地饲养鸬鹚捕鱼了。

在早期来华的外国人中，意大利僧侣鄂多立克·马丢斯在福建看到了鸬鹚捕鱼的情景：

离开此地，再旅行十八天，经过很多城镇，我来到一条大河前，同时我居住在一个［叫做白沙（Belsa）］的城中，它有一座横跨该河的桥。桥头是一家我寄宿的旅舍。而我的主人，想让我高兴，说："如你要看美妙的捕鱼，随我来。"于是他领我上桥，我看见他在那里有几艘船，船的栖木上系着些水鸟。他现在用绳子圈住这些水禽的喉咙，让它们不能吞食捕到的鱼。接着他把三只大篮子放到一艘船里，两头各一只，中间一只，再把水禽放出去。它们马上潜入水中，捕捉大量的鱼，一但捉住鱼时，就自行把鱼投入篮内，因此不多会儿功夫，三只篮子都满了。我的主人这时松开它们脖子上的绳，让它们再入水捕鱼供自己吞食。水禽吃饱后，返回栖所，如前一样给系起来。我把其中几条鱼当作我的一顿饱餐。[2]

《中华帝国地图》上的鸬鹚捕鱼图

而《马可·波罗游记》虽然记载了中国南方的风物，但是并没有提及这种为主人捕鱼的鸟儿。

1593年荷兰地图出版商考讷里斯·德·裘德出版了一幅《中华帝国地图》。这幅地图的四角配有四幅圆形插图，其中左上角的那幅描绘了一个卷发的男人牵着一只硕大的长脖子鸟儿站在水边，鸟儿的嘴里衔着一条鱼，但脖子却被一根绳子系着，而绳子的另一端则握在那个男人的手里。

这在幅插图的下面，裘德加了拉丁文说明"在中国神奇的鸟儿帮主人捕鱼"，并说画面的依据

1　如洪适的《渔家傲》，艾性夫的《观放鸬鹚》等。

2　《海屯行纪 鄂多立克东游录 沙哈鲁遣使中国记》，何高济译，中华书局1981年版，第66—67页。

来自门多萨和马菲的描述。此画中的鸟应该是西方出版物中最早出现的鸬鹚形象。

门多萨的《中华大帝国史》是继《马可·波罗游记》之后被西方广泛阅读的有关中国的著作，其流行程度不亚于《马可·波罗游记》。门多萨在《中华大帝国史》中写道：

他们把鸬鹚从笼子里取出来，然后带到河边去，那儿有许多捕鱼的船只，船里盛了一半的水。然后他们拿起他们的鸬鹚，并用绳子绑它们的喉部，这样做就没有鱼可以落入鸬鹚的肚子里。然后他们把鸬鹚扔进河里捕鱼，而鸬鹚有这样的意愿和贪心去做这件事。这真让人叹为观止。它们以极快的速度扎入水中，潜到水里，在那里它们用鱼填满了它们的喉咙。然后它们出水，以像下水那么快的速度游到盛了半船水的船上，把它们带来的鱼放在那水里，放在船里的水是为了让鱼还活着。做完这事之后，鸬鹚像以前一样再次回到水中去捕鱼。[1]

门多萨从未到过中国，他有关中国的信息来源于伯来拉和克路士等人的记载。伯来拉在《中国报导》中说：

国王在许多河流里有大量的载满海鸦的船只，这些海鸦在笼子中繁殖、饲养，生于斯，死于斯，每月可得到一定的米食。国王将这些船只赐予他手下的大官，按照他的意愿，有人有两艘，有人有三艘，以便他们按照如下的方式捕鱼：在指定捕鱼的时间，所有的船只在河中水浅处围成一圈，海鸦的翅下被绑了一根绳子，它们跳到水里，有的在水下，有的在水上，值得一观。每只海鸦（将鱼）装满嗉囊后，就去自己的船上清空，然后，它返回去继续捕鱼。在捕捉到大量的鱼之后，他们解开海鸦身上的绳子，让它们自己捕鱼吃。在我所在的那个城市里，有至少 20 只海鸦船。我几乎每天都去观看，但总是看不够如此稀奇的捕鱼法。[2]

克路士在他的《中国志》中说：

在我已经提到过的所有沿河建造的城市中，国王都用笼子养了许多海鸦，它们在

1　*The History of the Great and Mighty Kingdom of China*，ed. Sir George Thomas Staunton，London，1853，vol.1，p. 155.

2　C. R. Boxer：*South China in the Sixteenth Century*，London，1953，p. 43.

笼中繁殖，并多次进行捕鱼。用这些鸬鹚捕鱼的船只，在河中围成一个圈。那些管鸟的渔夫将它们的嗉囊绑住，这样它们就不能将鱼吞下，绑好后便将它们投到河里去捕鱼。它们一直捕到嗉囊里装满了中等大小的鱼，如果鱼很大，它就用喙衔着。然后它们回到船上，把嗉囊中的所有鱼都吐出，实际上是渔夫强迫它们吐出的。它们以这种方式捕鱼，直到他们满意为止。当鸬鹚为渔夫捕完鱼后，渔夫将它们身上的绳子解开，让它们自己去捕鱼吃。吃饱之后，它们回到船上，被放进笼子里。这些鸟是捕鱼能手。国王按照官员的品级，赐给他们一两艘这样的船，以使他们家里总有鲜鱼吃。[1]

从伯来拉和克路士的叙述中可以看出，所谓的"海鸦"，就是鸬鹚。

而裴德提到的马菲对鸬鹚的记载只有寥寥数语，他只说渔民们会在这种捕鱼的鸟儿的脖子上套上铁环。[2]

1625 年西班牙籍耶稣会士考特斯乘船至中国，因为遇上风暴，船只在广东海岸沉没。他被中国人救起后，因未经同意就入境而被拘押在中国达 11 个月之久。在被囚禁期间，他被押解到不同的地方，因而得以了解沿途的风土民情。他曾目睹了鸬鹚捕鱼的过程：

在河中看到的第三件有趣的事是海鸦捕鱼。在河中航行的时候，我们总能遇到捕鱼的船只。每个渔夫都有 4—6 只经过训练的黑鸟，他们为此每年得向皇帝交纳一些费用。渔夫们在海鸦饿的时候不让它们进食，并在它们的脖子上系上绳子，勒得稍紧一点，不让它们吞下捕获的鱼。渔夫把海鸦投入水中，它们像鸭子一样灵巧地游泳，而且爪子也跟鸭子的差不多。渔夫们在船上用一根长竿管理着它们，就像放牧一般。海鸦在饥饿的驱使下便扑向它们看到的鱼，常常会在水中追逐一段距离后，再用喙咬住它们。出水后，它们马上吞下鱼，但是不会吞到肚子里。它们的脖子既长且宽，有不小的储存空间。它们可以连续两三次扎入水中捕鱼，将许多体形中等的鱼保存在脖子中。当脖子装满鱼后，它们便返回渔船。如果它们返回得比较慢，渔夫就会伸出竿子，让它们跳上去。渔夫在它们上船后紧勒它们脖子，它们就会吐出活鱼来，好似它们在

1　C. R. Boxer：*South China in the Sixteenth Century*，London，p. 136.

2　参考 E. W. Gudge：*Fishing with the Cormorant. I. In China*，in *The American Naturalist*，1926，vol. 60，no. 666，p. 10.

呕吐，并伴有很响的打嗝声。如果鱼比较大，海鸦会追逐并用喙啄鱼，渔民会赶过来用渔网捕获大鱼。如果鱼特别大，一只海鸦无法对付时，它就会发出声音召唤其他同群的海鸦一起追逐，直到鱼无法逃脱。然后它们一起将鱼托在水面上，运到渔夫处。[1]

30 年之后，随荷兰东印度公司访华的纽豪夫于 1656 年 6 月 13 日在山东济宁附近看到了老鸦（鸬鹚），他在《荷使初访中国记》中描述道：

六月十三日，使臣阁下在济宁州过夜。该城位于运河右岸，在一片河汉之地，距宿迁县五百七十五里。我们在此地看见中国人用他们训养的鸟来捕鱼，他们称这种鸟叫"老鸦"（或叫水老鸦，即鸬鹚——译者注），这是一种了不起的发明，我应对此进一步说明。他们有一种两边都架着竹竿的小船，用桨划动，上述的鸟就停歇在竹竿上。他们把小船划到湖里，把那些鸟放出，那些鸟就立刻潜到水里寻鱼。而中国的渔夫们则继续划桨前行，而这些鸟就以同等速度跟着船游动寻鱼。这些鸟的嗉囊用圆环勒住，以防它们捕到鱼后囫囵吞下。这些鸬鹚在水里一叼到鱼，就立刻浮到水面，先把鱼咽到嗉囊里，飞到船上，渔夫就用劲掰开它的嘴巴，从嗉囊里熟练地掏出那条鱼来。如果鸬鹚不再潜入水里捕更多的鱼，中国渔夫就用棍子或竹板将他们的鸬鹚打得羽毛横飞，这真是一件莫名其妙的事。我们从这些渔夫手里买了一些鱼，其中有些鱼约一掌半长，重达四分之三磅。[2]

《荷使初访中国记》中的老鸦。法国国家图书馆藏

而纽豪夫的《荷使初访中国报告》则提供了更多的鸬鹚捕鱼的细节：

我们看到他们用他们称之为老鸦的鸟捕鱼。因为这种捕鱼方式似乎值得注意，而且在中国以外的地方无人使用，我在附图中将这种禽类的形象呈现给你们看：老鸦比

1　D'Adriano de las Cortes：*Le voyage en Chine*，traduction de Pascale Girard，Chandeigne，2001，pp. 328–329.

2　［荷］包乐史，［中］庄国土：《〈荷使初访中国记〉研究》，厦门大学出版社 1989 年版，第 73—74 页。

鹅小一点，与乌鸦并不太相似；它们有长长的脖子，还有像鹰一样的钩喙。

它们是这样捕鱼的：渔民们有用芦苇或竹子制成的小船，小船制作得非常精巧。他们划着小船在中国的河流和湖上航行，鸟（老鸹）则栖息在船的外面，从那里突然出击，潜水。它们在水下游泳，速度跟渔民用轻篙撑船一样快。一旦老鸹抓住了猎物，它立刻出现在水面上，船主人已经准备好接住它，并用力打开它的嘴，取出它捕获的美味。之后他再次赶它出去以抓住更多的鱼。为了防止鸟儿吞食猎物，他们在它们的脖子挂上一个铁环。如果鱼太大了，它们不能用嘴叼起，它们会在水中发出声音，让它们的主人发现鱼，主人会帮忙把鱼拉出来。

如果这些懒散的鸟不愿潜水，渔民通过殴打它们来打破这种恶习。当它们已经为它们的主人捕获到足够的鱼时，铁环被取下，它们被留在水里自己捕鱼，这使它们更愿意为他人工作。

为了使用这些在中国被看重的鸟，渔民们每年得向皇帝贡税。这种珍贵的鸟儿是如此灵活和易于驯养，以至于一只的价钱往往高达 50 两银子，大约 150 荷兰盾。 我们想从一个老渔夫那儿买几只这样的鸟，但被拒绝了，声称鸟儿是他们家的命根子；他也不告诉我们那些鸟是从何而来的，或者一开始它们是如何被驯养的；他只告诉我们，它们是他的先辈传给他的。我们问他是否曾经和先辈们一起养过老鸹，他回答说基本上没有。我们买了一盘这个老人的鱼，其中大部分都是一拃半长的鲤鱼。[1]

老鸹的样子（取自《荷使初访中国报告》1665 年荷兰文本）。此图将手稿中的图横转了 180 度；另外，前景被加深，新添的芦草也增加了景深

纽豪夫是西方人中第一个记录鸬鹚在中国老百姓口中的称呼（老鸹）的人。可见他的观察非常仔细，记录也相当可信。

而此后于 1667 年出使中国的另一个荷兰东印度公司使团也在报告中提到了鸬鹚捕鱼的景象：

---

1 John Nieuhoff: *An Embassy from the East-India Company of the United Provinces*, *to the Grand Tartar Cham*, *emperor of China*, London, 1669, pp. 99–100.

在中国大部分地区可以看到一种中国人称之为老鸹的鸟。它比天鹅小一点儿，与渡鸟类似。它有如同鹤一般的脖子，长喙的顶端有钩。它的脚像天鹅，有粗大的喉咙。它很善于捕鱼。

这种鸟看上去像普林尼（Pliny）用希腊名字称呼的一种鸟，意思是"阿瑟之钹"，此名字源于此动物奇怪的叫声。普林尼是这么描述这种鸟的：

它的形状跟天鹅差不多，除了奇大的喉咙之外。它的喉咙能不可思议地储存它所获得的东西。等储满了以后，那些吞下的东西会再回到嘴里，那个时候才被咀嚼，然后到肚子里去。

以上是普林尼的说明。

中国人用这些鸟儿捕鱼，他们教鸟儿捕鱼就如同我们教我们的狗去狩猎。他们捕鱼的方法是这样的：

渔夫们乘船或用竹子扎制的筏，带着前面提到的鸟儿到河里或是湖里去。鸟儿被放出后，它们马上快速潜到水里去，一旦有鸟儿抓住了鱼，它会把鱼吞到喉咙，并且马上浮出水面，游到船边。在船上渔夫用力打开它的喙，很灵巧地从它的喉咙中掏出鱼。然后将鸟儿放到船上，让它用同样的方式去捕捉更多的鱼。

但是为了防止鸟儿吞下鱼（鸟儿们都是很贪婪的），渔夫们用铁圈锁住鸟儿的喉咙。鱼无法通过有铁圈的地方。

如果鱼太大了，吞不到嘴里，鸟儿们会抬起它们的喙，即时向渔夫发出声音，所以他们可以从它们那儿捕到鱼。如果鱼非常大，有时一只鸟儿会帮助另一只将鱼带到船边，这时两只鸟儿各咬住鱼儿的一部分。

如果任何鸟儿在被放到船上后不马上潜入水中（去捕鱼），它会被用竹竿暴打，以至于羽毛横飞，以此来绝断它的惰性。

在鸟儿捕获了相当多的鱼之后，铁圈被取下来，那时它们可以自己去捕鱼吃。这样它们就愿意为它们的主人捕鱼了。

渔夫们每捕获一条鱼都得向皇帝交一定的岁贡。

上面提到的鸟儿非常贵重，每只（捕鱼时非常灵巧的）被卖到50两银子，每两银子值5先令。

门多萨在它的《中华大帝国史》中把这些捕鱼的鸟称作"舒尔福"（Sholfer），他记录了它们捕鱼的情况，跟我们已经描述的差不多。

他说：中国人有特别的捕鱼办法，既好玩又有效。皇帝把每个城镇建在河边，每

《大清志》中的鸬鹚捕鱼图。大图见本篇开篇页

年小"舒尔福"在一些房子中长大。人们用这样的方式捕鱼：

这些水禽的主人把它们从笼子里取出，把它们带到岸边。岸边有许多捕鱼用的船，船里的一半放了水。然后他们在鸟儿的翅下绑一根绳子，绑得很紧，所以它们没法吞下鱼。然后他们把它们扔到河里去捕鱼，它们迫切地去做，在水中快速灵巧地潜水。消失在视线中一会儿以后，它们浮出水面，喙里和喉咙里装满了鱼。它们飞到船上，把鱼排到船上，船上的水可以让鱼保持鲜活。[1]

这段描述了无新意，只是综合了门多萨跟纽豪夫的文字，但是收录使团报告的《大清志》中的鸬鹚插图却比纽豪夫的生动得多。在这幅插图中，包含了鸬鹚捕鱼的诸多环节：单独捕鱼、合作捕鱼、跳上竹篙、潜入水中等，不一而足。船筏上渔民的形态、姿态，甚至手中的工具各异。整个画面就是一幅活脱脱的渔歌图。

继荷兰东印度公司使团之后，大量传教士进入中国，他们的著作中也屡屡提及鸬鹚。如西班牙传教士闵明我（Domingo Fernandez Navarette，1610—1689）于1676年在马德里出版了一本介绍中国的著作，其中提到观看鸬鹚捕鱼的美妙经历：

许多中国人养海鸦，将它们从一个省贩卖到另一个省。我认为，看渔民们跟它们一起捕鱼是世界上最棒的消遣。我会写自己在闲暇时观察及看到的事情。在太阳升起的早晨，10到12只小船出现在一条大河有轻流的开阔水面，我乘船经过的时候，停下来看他们工作。每条船都有4到5只海鸦在船头，它们伸出翅膀，整理羽毛。到了他们计划好的地方后，这些船只围成一个大圈，渔民们开始用他们的桨发出有规律

1　*Atlas Chinensis：Being a Second Part of a Relation of Remarkable Passages in two Embassies from the East-India Company of the United Provinces，to the Vice-Roy Singlamong and General Taising Lipovi，and to Konchi，Emperor of China and East-Tartary*，English'd and adorn'd by John Ogilby，London，1671，pp. 698-700.

的声音；然后一两只海鸦从船上跳了下来，潜入水中，抓住了鱼，每只海鸦都回到了它自己的船上，不会有误，因为它们被主人的桨声所引导。

就这样，它们扎入水中，然后又回到了船上，这对所有注意观察它们的人来说都是极大的乐趣。那些抓到大鱼的海鸦，把鱼衔在它们的喙里，渔民再把它们拿在手里；抓到小鱼的海鸦，把鱼吞下去，当它们从水里出来进入船里时，渔民抓住它们，并且按住它们的喙，轻轻捋它们的脖子，他们立即将他们的海鸦抓的鱼都排出。就这样，他们继续工作，直到鱼装满了他们的篮子，这无需太长的时间，然后他们离开了河面回家，像以前一样在船头上带着海鸦。我所钦佩的是，当一只海鸦扎入水中，出水的地方离它自己的船很远，并且在另一艘船附近时，它立即离开那儿回到自己的船而不考虑别的。

当他们回家后，渔民们挑出最小的鱼给海鸦吃，因此主人既能喂它们也能用大鱼和中等大小的鱼养家。看海鸦和跟海鸦有关联是很不相同的。我必须再说一遍，这是世界上最棒的消遣之一。[1]

法国传教士李明于 1696 年出版了记录在华经历的回忆录，他以书信体的方式向法国国务秘书德·菲利波(de Philipeaux)报告了在中国的所见所闻，其中包括鸬鹚捕鱼：

在许多省，人们饲养鸬鹚并驯养它捕鱼，正像我们驯养狗或甚至训练鸟打猎一样。一个渔夫可以很容易地掌握一百只鸬鹚；他使鸬鹚安静地栖息在船沿上，耐心地等待他发号施令，直至到达捕鱼地点。一声令下，每只鸟都振翅飞向自己被指定的方向。看鸬鹚之间如何分别负责整个河面或湖面，真是件令人心旷神怡的事。它们寻找着，上百次地潜入水底又回到水面，直至找着自己的猎物；于是，它们用自己的长嘴叼着猎物的中部，并将它立即带到它们的主人那里。如果捕到的鱼太大，它们也会互相帮助，一个叼着尾巴，另一个叼着头，结伴而行直至主人的船上，到了那里，主人向它们递上长长的桨，它们叼着鱼栖息在桨上，直到它们又接到去捕鱼的命令时，才会将口中的鱼交给主人。当它们实在累了，主人才让它们休息一小会儿，一直要等到捕鱼结束才喂它们。捕鱼时，它们的喉咙用一根细绳扎着，以免它们吞食小鱼，从而不想接着捕鱼。[2]

1　参考 Awnsham and John Churchill：*A Collection of Voyages and Travels*，London，1732，Book. I，p. 44。

2　［法］李明：《中国近事报道（1687—1692）》，郭强等译，大象出版社 2004 年版，第 212 页。

1711 至 1723 年，意大利传教士马国贤（Matteo Ripa， 1682—1746）游历中国时在江西看到了鸬鹚捕鱼：

当我们继续在河上航行时，我们见证了一种在中国非常实用的捕鱼方式：渔民们用一种叫做"鸬鹚"（Loo-soo）的鸟来捕鱼。它们比鸭子大些，头颈却像鹅一样长，因为它们的毛色很黑，所以又有"水衣佬"（Shew-e-laou）的名称，表示是水中鸬类鸟。渔民们把它们带在船上，当被放出去自由飞翔的时候，它们就在水面上游。看见有鱼后，它们就钻入水中，用嘴把鱼衔住。它们的颈部系着一个圈，主人允许它们把较小的鱼吞下去，较大的鱼就吞不下去了。当渔民察觉到它们的喉中有鱼时，他就往水里扔下一根长竿。这些经过训练的鸬鹚就会爬上竹竿回到船上。然后渔民就挤压它们的喉头，让它们吐出猎物，渔民们每做一次，总能得到两大把鱼。渔民拥有的鸬鹚越多，就被认为越富裕。养鸬鹚几乎没有什么花费，因为它们捕捉到的小鱼通常都足够负担它们自己的食物。我还要提到：当这些鸬鹚潜完水后，它们嘴中衔着猎物升到水面。它们再次潜入水下吞食食物前，会在水上停留一刻钟。因此，显然它们被本能教育知道，对于它们，吞下一条活鱼是危险的。[1]

法国耶稣会士杜赫德虽然没有到过中国，但他把收集到的有关鸬鹚捕鱼的信息写进了他的巨著《中华帝国全志》：

清晨，当太阳升起时，在河面上我们可以看到无数的船只，不少这种鸟儿坐在船帮上，渔夫在河面上划船。一旦他们用桨发出信号，鸬鹚便飞身跳进河里，潜入水底去寻找鱼。找到后它们衔住鱼的中部，然后浮到水面来，将鱼带到船上收鱼的渔夫那儿，渔夫将鸬鹚抓住，头朝下，并用手挼它的脖子，让它把吞下去的小鱼吐出来。小鱼被套在脖子底部的一个环挡在那里。直到捕完鱼后，渔夫才将环取下并开始喂它们。如果鱼特别大，它们还会相互帮忙，一只衔着尾部，一只衔着头部，一起将鱼带到主人的船边。[2]

---

1 《清廷十三年——马国贤回忆录》，李天纲译，上海古籍出版社 2004 年版，第 37 页。按：译文中"水衣佬"疑为"水鸦老"。

2 J. B. Du Halde: *Description géographique，historique，chronologique，politique，et physique de l'empire de la Chine et de la Tartarie chinoise*，Paris，1735，t. II，p. 141.

　　杜赫德还在书中附了一幅鸬鹚捕鱼的插图，其主要素材来自纽豪夫和达帕。此图中岸边的鸬鹚嘴里横衔着一条鱼，这样的画法有可能受到了裴德的《中华帝国地图》中的鸬鹚图的影响。

《中华帝国全志》中的鸬鹚捕鱼图　　　　　　　　　　　左图细部

　　在来华的外交人员中，除了荷兰人对鸬鹚有记载外，18世纪末出使中国的英国使团成员对鸬鹚也非常感兴趣。使团的副使斯当东在回忆录《英使觐见乾隆记》（初版于1797年）中就提到在山东汶河与大运河的交汇处看到了鸬鹚：

　　使团在运河的南支流开行不久，到了一个地方，那儿附近有人养鸬鹚，也就是中国著名的捕鱼的鸟，并且驯养它们捕大量的鱼，为主人养家糊口。这种鸟是鹈鹕属，跟普通的鱼鹰很像。当一个样本送给肖博士（Dr. Shaw）[1] 看时，他断定说："棕鹈鹕或是鱼鹰，有白色的喉咙；身体是白色的，点缀着棕色的斑点；尾巴是圆的，虹膜是蓝色的，喙是黄色的。"

　　在这段运河之东的一个大湖上有几千只船和竹筏，纯粹是为了这种用鸟捕鱼的方式而建的。每只船或竹筏上有10到12只鸟。主人一发出信号，它们就扎入水中。它们回来时嘴里叼着大鱼的样子真是让人吃惊。它们显然训练有素，脖子上无需套上防止它们吞食捕获猎物的绳索或项圈，只不过主人乐意给它们些鱼吃，这一方面作为食物，另一方面也作为鼓励。渔夫们所用的船制作得极其轻巧，所以常常跟鸬鹚一起

1　即乔治·肖（George Shaw，1751—1813），英国博物学家。

被靠鸬鹚养活的渔民抬到湖里，正如下面的插图所示。[1]

《英使觐见乾隆记》共有三卷，第一、二卷中有零星的插图，第三卷则都是插图。书中为鸬鹚提供了两幅插图，一幅是鸬鹚的"肖像"，收录在书中第三卷（第37幅）；另一幅则是渔夫抬着船和鸬鹚下湖的插图，收录在书中第二卷。

鸬鹚"肖像"

渔民抬着渔船和鸬鹚下湖

斯当东书中的两幅鸬鹚插图都是根据使团随行画家亚历山大的手稿而画的。但是鸬鹚的"肖像"跟亚历山大的原画有一定的差距。这是因为英国画家西登南姆·爱德华兹（Sydenham Edwards，1768?—1819）受命担纲斯当东回忆录中的插图设计，当他看到亚历山大画的鸬鹚时，觉得不太像，于是这位有动植物方面背景知识的画家技痒难耐，修改了原画，把鸬鹚的身体和尾巴画得又瘦又长。

英国使团成员安德逊也提到鸬鹚：

但在这国内最异乎寻常的捕鱼方法是使用一种训练好的鸟来捕鱼，我相信这是它所特有的。鹰在空中掠食，或者猎狗在地面上追踪野兽，都比不上这种鸟儿们在水里善于追逐而稳于捕获。这种鸟名叫鸬鹚，只产于我们看见的那些地带。它们的大小

1　George Staunton：*An Authentic Account of an Embassy from the King of Great Britain to the Emperor of China*，London，1797，vol. 2，pp. 388–389.

与鹅相似，褐色羽毛，脚上有蹼，喙细长，尖端弯曲。这种奇异的水鸟在未驯养前的外貌并无别致之处，与一般栖息于水边的鸟类无甚差别。它们的巢在水边芦苇之中或者岩石隙处，或者在一个岛上它们找到的蔽身之处。它们善于潜水或留在水下，并不比其他食鱼鸟类有突出高强之处；不过最令人惊奇的——在我讲到这些时，我自己也几乎难于置信——是它们的驯良易驭，使它们的天赋能力听从于豢养它们的渔夫的指

亚历山大鸬鹚速写手稿及根据手稿完成的水彩图，大英图书馆藏

挥，宛如各种猎狗听从猎人的指挥一样。

　　船上鸟的多少与船身大小成比例。在某一种信号之下，它们一冲入水，向鱼追逐；一经捉到，就带了这捕获物飞回船上，渔船即使有近百之多，这些伶俐的鸟儿也总能回到自己的主人那里；有时候渔船拥集在一起，它们从不认错自己的船。遇到鱼量很多时，这些奇异而勤劳的鱼贩不久就能把鱼装满船。有时看到它飞逐一条鱼的实况，而视觉跟不上去，使你不相信自己的眼睛：不但如此，由于它们异乎寻常的驯良和有本领，有时遇到一条一只鸟所无力逐取的大鱼，其余的鸟立即起飞帮助，我屡次见到这样，才消除我的怀疑。可是它们既这样的为它们主人劳动而还被防止它们自己受用。渔夫们用一个环套在它们的颈部，这样就可以阻止任何小鱼吞进肚里。[1]

　　实际上，在英国使团成员中，对鸬鹚观察入微的当属亚历山大。这不仅是因为他

1　［英］安德逊：《英国人眼中的大清王朝》，费振东译，群言出版社 2011 年版，第 185—186 页。

作为画家的职业习惯，而且是因为使团有一些重大的活动没能让他参加，他有大量的
时间在使团所住的船只附近近距离了解中国老百姓的生活。关于鸬鹚，他在 1793 年（正
好是裴德的《中华帝国地图》出版 200 年后）11 月 6 日的日记中写道：

> 这些神奇的鸟儿被放到湖里，潜到水下去抓鱼。一般来说它们很快就能抓到，并
> 立即衔在喙里带到它们主人的船上。一个环被放置在了它们脖子的下部，以防它们吞
> 下猎获物。它们脖子里的空间很大。当它们碰到大鱼，喙里衔不下时，渔夫就会帮它
> 们的忙。一只驯好的鸟值好多钱，两三只就足以养活全家。老鸹跟鸭子差不多一样大，
> 样子有点像深色的乌鸦……[1]

亚历山大还画了其他几幅有关鸬鹚的画：

亚历山大绘渔夫与鸬鹚手稿。大英图书馆藏

亚历山大速写手稿。此图为斯当东书中《渔民抬着渔船和鸬鹚下湖》插图的蓝本。大英图书馆藏

亚历山大描绘中国风土人情的水彩画于 19 世纪初被集结出版，其中收录了一幅
渔夫牵着带有鸬鹚的小船上岸时的情形。

画家对此图的说明是：

> 鸬鹚，或捕鱼的鸟。其拉丁名为 pelicanus sinensis。它很像普通的英国鸬鹚。

自然学家告诉我们，在英国它们也曾被训练用来捕鱼，就像在中国那样。鸬鹚一心在水下追逐鱼群，它们是捕鱼的行家里手。它们被用船或竹筏带到河上或湖上，虽然被派去捕鱼时它们已经很久没有进食了，但它们被训练得如此之好，以至于在得到主人允许之前它们很少吃它们抓到的鱼。在中国有好几千户人家靠鸬鹚为生。[1]

牵舟上岸

　　1812 年，法国人布热东于巴黎出版了六卷本《中国缩影》，他在第四卷中用了不少篇幅大讲鸬鹚：

　　根据林奈的说法，中国的鸬鹚是鹈鹕属的一种，即中华鸬鹚（Pelecanus Sinensis）。它与另一种普通鸬鹚（Pelecanus Carbo）完全不同，普通鸬鹚几乎遍布欧洲沿海地。

　　在野生状态下，这些水鸟聚集成大群以捕鱼。它们形成一个大圆圈，并互相靠紧，逐渐收缩：有的鸟用翅膀在水面拍打，而其他的则潜入水中；它们以此方式把受到惊吓的鱼带到靠近岸边的浅滩。那里的鱼没有逃生的机会，会轻易地成为它们的猎物。

　　巴罗先生[2]向我们证实说我们以前从英国的欧洲鸬鹚的贪吃中获利，它们曾经接受过捕鱼训练；然而，中国及其邻国似乎是目前用这种方法的仅有的国家。

　　中国渔民在早上用轻舟或竹筏带着 10 或 12 只尚未喂食的鸟儿出门。他们每次让一两只鸟儿潜水：鸬鹚很少在没抓住鱼的情况下浮上水面，它们抓的鱼通常有相当大的尺寸。为了防止鸬鹚吞食它们的猎物，剥夺主人的利润，它们的脖子上一般都有一个铁圈，铁圈可以防止任何东西进一步往下掉。但是这种动物通常训练有素，所以这种预防措施是不必要的。鸟儿忠实地把它的奖品交给了主人，当它为主人捕到足够的鱼的时候，主人让鸬鹚为它自己觅食。

1　William Alexander：*Picturesque Representations of the Dress and Manners of the Chinese*，London，1814. Plate III.

2　即约翰·巴罗。巴罗对鸬鹚的描述可参看［英］约翰·巴罗著：《我看乾隆盛世》，李国庆等译，北京图书馆出版社 2007 年版，第 375 页。

《中国缩影》中的鸬鹚捕鱼插图

　　为了使这种捕鱼方式得到充分理解，我们必须注意到整个鹈鹕属都有长颈，这些长颈都可能有一定程度的扩张。鹈鹕喙的下部由一个可大幅度延伸的膜组成，鹈鹕有将鱼保留在其中的能力……

　　鸬鹚在其喉咙里，即在食道的通道中含着鱼。为了让它吐出鱼，渔夫使它的头向下，然后用手捋它的脖子。

　　杜赫德说，当鱼太大而无法控制时，鸬鹚会互相帮助。"一个衔住头部，另一个衔住尾部，这样它们一起将鱼带到主人的船上。"

　　他的书中所附的插图表现了一些鱼的姿态。这位学识渊博的耶稣会士可能被虚假信息所欺骗了：首先，鸬鹚的下喙不够强，不能横向衔住一条鱼；其次，只要抓过活鱼的人就知道鱼能多么快地溜走，因此我们可以断言他所说的是不可能的。[1]

　　《中国缩影》中也有一幅鸬鹚捕鱼的插图。

　　根据《中国缩影》出版者的介绍，书中的插图都是由法国原国务大臣贝尔坦收集的。贝尔坦对中国情有独钟，他曾指示在中国的法籍传教士帮他收集中国文物、图片，许多法国乃至欧洲的汉学研究者都曾利用过他的收藏。不过《中国缩影》中的鸬鹚插图却不是中国货，而是截取达帕书《大清志》中鸬鹚捕鱼插图的一部分而成，由此可

1　Jean Baptiste Joseph Breton：*La Chine en Miniature*，Paris. 1812，Paris，pp. 57–61.

见《大清志》插图的魅力。

进入 19 世纪后，欧洲来中国旅行、从商、传教的人与日俱增，有关鸬鹚的记录和图片也层出不穷。可是仍有人炒前人的冷饭，比如下左图就是将两幅斯当东著作里的插图拼凑而成的，但看上去却也颇为可信。

当然也有人张冠李戴，在 19 世纪 20 年代，英国人拉坦（John Latham， 1740—1837）在其《鸟类通史》中，就错把中华潜鸟当成了在中国被驯养来捕鱼的鸟并提供了一幅插图。拉坦对插图的说明是："正如我在班克斯爵士家看到的许多精美的画一样，此鸟被认为生活于中国，这是其捕鱼时的样子。"[1]

捕鱼图[2]　　　　　　　　　　　　　《鸟类通史》中的《潜鸟捕鱼图》

事实上，在中国几乎无人驯养潜鸟来捕鱼。

中国鸟类资源丰富，但没有任何一种鸟像鸬鹚那样吸引了欧洲人如此多的目光。直到今天，在南方许多水域，鸬鹚还在表演捕鱼的绝技。它们的身影，几乎每天都会出现在国内外的社交媒体上。如此看来，把鸬鹚称为中外交流史上的动物"网红"，大概不为过吧。

1　John Latham：*A General History of Birds*，Winchester，1824，v. 10，p. 95.

2　见 George Alexander Cooke：*Modern and Authentic System of Universal Geography*，London，1807，Vol. 1.书中对此图的说明基本上采用了约翰·巴罗的描述。

3.2　麝

在《马可·波罗游记》中，出现次数最多的动物是牛、马和鹰，这与书中记叙了大量的游牧民族的生活习俗有关。不过马可·波罗最珍爱的动物可能产自中国，根据他自己的说法，他曾将一种具有獠牙和偶蹄的动物身体的一部分放在行囊中，不远万里地带回了故乡威尼斯：

这个国家（中国）出产世界上最好的麝香。你可能知道麝香是这么来的，我会告诉你，你可能真的知道在这个国家有一种像瞪羚那么大，就是山羊那么大的小动物，它长得像这样：它有鹿一样的毛，但是厚得多；它的蹄子跟瞪羚的一样大，但是没有瞪羚那样的角；它的尾巴也跟瞪羚一样；但是它有四颗牙齿，两颗在上，两颗在下，有三指长，但是很细，白得像象牙一样，两颗向上弯曲，两颗向下弯曲。这种动物很好看，鞑靼人叫它们"古德里"。我曾经把我说的这种动物的干的头和脚带到这儿（威尼斯），还有在麝香囊里的麝香和一对小牙齿。

可是麝香是这么来的：猎人们在满月的时候出发，去抓我所说的动物，要是抓到了，猎人就会在肚脐的部位找皮肉之间一个充满血的肿包，这是这种动物在满月的时候长出来的。猎人把这个肿包连皮割下，然后在太阳下面晒干。那些血就是麝香，气味好极了。这个国家能找到最好的麝香。那种动物的肉也很好吃，那儿有很多。[1]

马可·波罗说得绘声绘色，不过他不是记载产麝香的动物的第一个欧洲人。早于马可·波罗约百年，犹太旅行家、出生于西班牙的本杰明（Benjamin of Tudela，

1　A .C. Moule & Paul Pelliot：Marco Polo：*The Description of the World*，London，1938，v.1，pp. 179—180.

1130—1173）就记载了西藏的"丛林里可见产麝香的动物"。[1]

如果把保存在欧洲的非西语手稿也算作西方文献的话，那么欧洲最早描述麝的文献是保存于法国的两位阿拉伯旅行家的手稿。这份大约形成于公元 9 世纪的文件记载了西藏的麝和麝香：

但西藏麝香远比中国麝香为佳，有两个原因：首先，在西藏[2]，这种生物以芳香的牧草为食，而在中国，它只吃普通的食物；其次，西藏居民在纯天然状态下保存他们的麝囊，而中国人则掺杂了其他东西。西藏人将麝囊浸一下海水，或者将它们暴露在露水中，保存了一段时间后，他们剥掉外膜，然后再封起来。由于品质上佳，这种西藏麝香在阿拉伯国家从一处传到另一处。

各种各样的麝香中最高级的是当雄麝与山上的岩石摩擦时留下的，因为生产麝香的体液会落到这个生物的肚脐，在那儿聚集成一堆浑浊的血液，就像胆汁一样，也类似肿块。当这个肿胀的地方成熟时，这个生物会感到痛苦的瘙痒，所以它寻找石头，并在石头上摩擦自己，直到磨开它肿的地方，里面的物质就跑出来了。一旦这个物质从这个生物上落下，它马上就凝固，伤口就会闭合，同样的体液再次像以前一样聚集在一起。

在西藏，有些人以收集这种麝香来谋生，并且对它了如指掌。他们发现麝香后，小心翼翼地将它收集起来，把它放在膀胱中，然后运到国王面前。这种麝香是最精致的，当它在产它的生物的膀胱中成熟时，它的优点超过了所有其他的，就好比在树枝上成熟的果实比它们还是绿色时就被摘下的果实更好。

还有另一种得到麝香的方法：他们让这种生物陷入困境，然后用箭射击它们。但经常发生的事情是，猎人在麝香成熟之前割下了这种生物的肿块，在这种情况下，它开始时发出一种不好闻的气味，直到物质变浓为止，有时这段时间不会太长；但是一旦凝固，它就会变成麝香。

这种麝是一种像我们这里的狍子一样的生物，两者的皮肤和颜色相同，腿部纤细，

1　*Travels of Rabbi Benjamin*，*from John Pinkerton*：*A General Collections Of The Most Voyages And Travels In All Parts Of The World*，v. VII，London，1811，p. 10.

2　早期欧洲人和阿拉伯人的地理知识有限，常把中国分成不同的部分，如《马可·波罗游记》中的蛮子和契丹国。关于西藏在欧洲文献中的形象，参见 Ana Carolina Hosne：*In the Shadow of Cathay*，载 *Archivum Historicum Societatis Iesu*，v. lxxxvii，fasc. 174（2018–II）。

光滑的角是分开的，但有些弯曲。在每一侧有两颗小小的白色牙齿，它们是直的，从它的嘴部上方伸出，每根有半根手指那么长，或者稍短些，形状与大象的牙齿相同。这是这种生物有别于其他狍子的标志。[1]

威尼斯人皮加菲塔（Antonio Pigafetta，1491—1534）曾随麦哲伦（Fernão de Magalhãe，1480—1521）航海，他也提到了麝与麝香：

麝香产于中国，产麝香的动物是像香猫一样的猫，它只吃一种香木，如手指般粗细，叫 chamaru。当中国人希望产麝香时，他们把水蛭放在猫身上，水蛭紧贴着猫，直到吸满了血。

然后中国人就把水蛭的血挤在盘子里，并在太阳下晒四到五天。然后他们在那上面淋上尿，每淋一次就晒一次，这样盘子里的东西就成了完美的麝香。养了这样的猫的人得付钱给国王。（输往欧洲的）看起来像麝香的颗粒是羔羊肉掺进真的麝香做的，而不是用血液制成的。虽然血液可以制成颗粒状，但它也会蒸发。[2]

这种产麝香的方式非常离奇，显然是道听途说而来。

但道听途说的不只是皮加菲塔一人。西班牙传教士门多萨一心向往到中国传教，但未能如愿，遂发愤收集资料，编写了介绍中国的《中华大帝国史》，此书中也提到了麝：

那儿有大量的麝香，它们产自一种小野兽，这种野兽只吃一种发出奇妙气味的叫 camarus 的根，那根就像男人的手指一般大。人们采集并捣杵麝香，直到它被捣碎；然后他们将其放在一个能让它快速腐烂的地方，不过他们首先飞快地把那些碎掉的部分绑在一起，以免血液从捣破的骨头中流出。之后，当他们认为那堆东西已经腐烂时，他们连着皮肤把所有的东西切成小块，并将它们扎成囊包，葡萄牙人（他们也是这样

1　*Ancient Accounts Of India And China By Two Mohammedan Travellers*，tr. by Eusebius Renaudot，London，1733，pp. 76–77.

2　Antonio Pigafetta：*Magellan's Voyage around the World*，translated by James Alexander Robertson，Cleveland，1906，VII，179. 参见 Henry Edward John Stanley：*The First Voyage Round the World*，*by Magellan*，Hakluyt Society，London，1874，p. 158.

做的）称之为 papos。这是从所有印度群岛运来的最好的麝香（如果遇到欺诈的话，很多时候人们会在其中加入小铅块和其他压重的东西）。[1]

门多萨的书出版后不久，德国博物学家卡梅拉里乌斯（Joachim Camerarius，1534—1598）在他主编的《珍木异兽集》丛书（初版出版于1590 年至 1604 年间）中收录了一张麝的插图，他在说明中称"中国出产最多的麝香"[2]。

此图中的麝像鹿，偶蹄，尾极短，有一对向上的獠牙，身上有斑点，在腹部靠近两腿之间的地方有个明显的凸起。

就在《珍木异兽集》丛书初版出完后不久，1607 年，也就是明万历三十五年，中国的王圻、王思义父子编定了图文并茂的百科全书《三才图会》，此书两年后付梓，其中也收录了一张麝的插图，插图的释文为：

《珍木异兽集》中的麝。此图也许是西方第一张跟中国的麝有关的插图

> 麝，如小鹿，有香。故其文从鹿从射，虎豹之文。今商汝山中多群麝。所遗粪尝就一，虽远逐食，必还走其地，不敢遗迹他所，虑为人获。人反以是从迹其所在，必掩群而取之。盖麝绝爱其香，每为人所迫逐，势且急，即自投高岩，举爪剔出其香，就縶且死。

这段文字可能从宋代陆佃所编的《埤雅》而来，但略有删减，且将原文中的"常"字抄成了"尝"字。虽然释文中说麝形如小鹿，但插图全然不见鹿形，从爪子、胡须、尾巴等来看活脱脱像猫科动物，很可能画的是"香猫"或"麝猫"。

1　*The History of the Great and Mighty kingdom of China*，ed. Sir George Thomas Staunton，London，1853，v. 1，p. 16.

2　Joachim Camerarius：*Symbolorum et emblematum*，Noribergae，1605，v. 2，53 et verso.

《三才图会》中的麝

到了17世纪中叶，葡萄牙传教士曾德昭在《大中国志》中提到陕西省时说：

该省特产麝香，因人们对这种优质香料的生产有疑问，所以我根据自己所作的认真研究，向你作一番介绍。它是一种动物的肚脐，这种动物如小鹿大，肉嫩味美，只有从它的这部分才能取出珍贵的麝香；但运给我们的囊，都不是真正纯粹的肚脐，因为中国人会伪造，把别的物质掺合麝香，塞进那种动物的皮里。[1]

而另一位西班牙传教士考特斯神父则在中国参与了猎麝的活动。他在回忆录中说：

在这几次旅行中，我和我的一个同伴跟中国人一起打过猎。中国人的狗追逐一种产麝香的小动物，这种动物在中国有很多。打猎的方式我后面还要讲，因为我几天后打到了一只并且得到了麝囊。

很清楚，这种动物不是狗，不是猫，也不是鹿，虽然看起来跟鹿很像，只是没有角。它的嘴比鹿的尖，皮毛比鹿的硬，不过颜色差不多一样。它有长长的尾巴，尾巴的末端有一束白色的毛。它的腿又细又长，是白色的；它的偶蹄就像山羊的，但是大小跟小鹿的差不多。在它的腹下，有一个血液和体液流经的小袋囊，等干了的时候，就会形成麝香。要想割下小袋囊而不杀死动物，先得确定麝香已经形成了；如果在这之前割下袋囊，则输送体液的管子会被切断，动物会流血而亡。

中国人也说，出于本能，麝香形成后，动物想要丢掉它，因为它引起疼痛，而新的麝香又要产生。动物会在岩石上摩擦肚子，或磨断已经干萎的管子，留下小袋囊。之后，随着时间的推移，新的袋囊又会形成，里面充满了麝香。[2]

1　［葡］曾德昭：《大中国志》，何高济等译，上海古籍出版社1998年版，第19—20页。

2　D'Adriano de las Cortes：*Le voyage en Chine*，traduction de Pascale Girard，Chandeigne，2001，p. 322.

但是无论是背过麝骨的马可·波罗，还是住在中国长达22年、对麝有研究的曾德昭，或是参与猎麝的考特斯，都没能告诉欧洲人这种"产麝香的动物"的中文名字，直到耶稣会士卜弥格的《中国事物概述》手稿于1652年被人带到欧洲以及卫匡国的《中国新图志》1655年在阿姆斯特丹出版，"麝"的发音才进入欧洲。

卜弥格因为有行医的背景，对具有药用的动植物特别感兴趣，在他的手稿和著作中多处提到麝，如：

考斯特回忆录中的猎麝图。原图说明：他们捕猎产麝香的动物，其腹下吊着分泌麝香的袋囊

麝香这种东西我现在就有，拉丁语叫museum，葡萄牙语叫almiscar，中国人叫麝香，取自于一种叫麝的动物的身上。这个中国词由两个字组成，即"鹿"和"香"，两个字是连在一起的，意思是"发出香气的鹿"。这种有争议的动物样子既像鹿又像老虎，它像绵羊一样长了一身毛，在我们的拉丁博物馆里有一些肾和在大自然中保存的睾丸。商人们把这种动物的肉和血混在一起，别的什么都不要。他们还用羊皮做了一种葡萄牙人称之为scculos的口袋样的东西，里面装上一些混合饲料，然后把它装饰一下，当成真的睾丸去销售。在销售的产品中，那种加了"龙血"的麝香品种是最差的，如果给它加上饲料，就可以使它的重量增加两三倍。下面有一种辨别真假麝香的办法，就是把它拿去烧——他们相信这种办法可靠——如果是真的麝香，烧剩的东西像木炭，是凝聚在一起的，不会散开。中国人把麝香用于医疗，人们说它能给孕妇助产，镇痛，也能缓解分娩的疼痛，还能止咳。

麝这种动物栖息在中华帝国的山西、陕西、四川和云南，也在西藏这些省[1]和老挝以及一些和中国西部交界的地区。马可·波罗说：Singui或Sirizay［在陕西省，它的省会是西安（Syngan）］的麝香是世界上最好的。麝这种动物的尾巴像猫的尾巴，

1　原文如此，不做改动。——编辑注

爪子也像猫的爪子。它的毛有鹿的毛那么粗，但它没有角。它有四颗牙齿，两颗从上颚伸到下面，另外两颗从下颚伸到上面，它的外貌并不好看。

当月亮盈满的时候（有人说），猎人便去捕捉这种动物，他们在它的肚皮和肉之间可以找到一个血囊，要把这个血囊连它的包皮一起割取出来。在月满的时候捕到的这种动物的血囊是最丰满的，把这种有麝香的血囊连皮一起从这种动物的身上取出来后，再放在阳光下晒干，这样它的柔性最好。麝的肉和鹿肉一样，很好吃。目前关于这种动物有各种不同的说法，有的说它像山羊，有的说它像猫，但中国人说它像鹿和老虎。人们还将它的混杂着血和肉的排泄物搜集起来，放在一些球形的小袋子里，但这不是睾丸。在月满的时候，这种动物身上的麝香确实是一种带有很多血的东西。中国人在六个不同的地方和省里可以捕捉到它，威尼斯人马可·波罗把它的头和爪子都运送到了威尼斯。我有一张这种动物的画像，是一个波斯商人送给我的，他和我一起去过欧洲，亲眼见过麝这种动物。几年前，他从乌兹别克（这是一座鞑靼城市，它叫撒马儿罕）将一只活的麝运送到了波斯帝国和阿斯帕罕省，但它从具有适合于它的栖息条件的本土来到这个陌生的天下后，就再也活不了啦！[1]

卫匡国则说：

因为一点也不怀疑什么是真正的麝香，我觉得应该在这里说出真实的信息，作为见证人，我不仅一次，而且在很多场合见证过：是这样的，在某种动物靠近肚脐的部位，有充满血液的肿块，就像一个小袋子那样，那儿有娇嫩的皮肤，并且覆盖着非常细的绒毛。这种动物中国人称之为麝，麝香则是麝这种动物产的香。这种动物的身材就像一只小鹿，只是有更多的黑毛。当中国人杀死它们时，他们吃它们的肉：在本省（陕西），在四川、云南以及其他靠近西方的地方，有很多麝香，正如我所说的那样。那些肿块，或者我们说的小袋子，如果不掺假或者伪造的话，能闻到滑润且具有穿透性的气味，麝香的味道如此强烈，以至于人的感觉器官受到压制，正像过分强烈的声音和光线会使人的耳朵与眼睛失灵。奸商使用其他动物的皮肤做袋子，并用混合了一些麝香的血液填充进去，干燥后，以次充好，小心翼翼地售卖。[2]

1　《中国事物概述》，见［波］卜弥格著，［波］爱德华·卡伊丹斯基波兰文翻译，张振辉等译《卜弥格文集——中西文化交流与中医西传》，华东师范大学出版社2005年版，第188—189页。

2　Martino Martinio：*Novus Atlas Sinensis*，Amsterdam，1655，p. 44.

卫匡国只提到了"麝"的中文发音，卜弥格则连汉字的写法也提到了。卜弥格在他的另一部著作《中华植物志》中为麝配了插图，且附上了汉字。

《中华植物志》中对麝的说明是：

汉字的"麝"（Xe）在葡萄牙语中是 almiscar 的意思，在拉丁语中是 muschus 的意思，它从一种中国人叫做 Hiam 的动物身上取得的。Hiam 这个汉字的写法，正如你从上图看到的那样，包含两个部分，上面是麝，下面是上鹿下香：第一个是鹿的意思，第二个是香气的意思，放在一起就是散发香气的鹿。事实上，麝既像鹿又像虎。它多毛，毛发不是灰色的，而

《中华植物志》中的麝

是黑色的。事实上，中文的麝（葡萄牙语叫 almiscar，拉丁语叫 muschus）是肾部的肉，自然保存在那儿。可是商人将这肉跟血混在一起，塞到这动物的毛皮做的袋囊里，看起来就像是它的睾丸。这也是真的麝香，但是没有上一种那么完美。还有第三种麝香，他们也把它当作真的来卖，那就是将蛇血混进去，这样，一个袋囊就可以变成两三个袋囊了。听说可以用这个办法来鉴定麝香的真伪：如果用火烧一下，麝香不见了，就可以判定是真的，如果还有像煤一样的东西留下，这是掺了杂物的。中国人把麝香当成药用，可以让孕妇生产时减轻疼痛，顺利产子。中国书上和谚语中也说麝香可以减轻胸痛，祛除恶液。[1]

在来华传教士中，卜弥格的汉字和汉学知识相当出众，但是他在上面的说明中似乎犯了迷糊：首先，他生造了一个相当复杂的汉字（即鹿、射、鹿、香四个汉字从上到下的组合）作为麝这个动物的名字，其次，他把麝香说成麝了。

另外，在卜弥格未刊手稿《中国地图册》中也数次出现了麝的形象，比如《山西

1　Michaele Boym：*Flora Sinensis*，Viennae，1656，L.

《中国地图册》中的《中国总图》局部。陕西一带（图中左上部分）有麝

省图》中有一只，形状与《中华植物志》中的麝差不多[1]；《中国总图》中陕西省的位置上也有一只，看上去脖子较长。

卜弥格之后，波兰籍的动物学家金斯顿（John Jonston， 1603—1675）于1657年出版的《动物大全》中收录了一幅雌雄幼麝的图片。[2]他说这种麝分布在西藏、中国、波斯等地。从图中看，麝身上有斑点，雄麝有角，且长了四颗向上翘的獠牙；麝囊在腹下，但麝囊与身体的比例明显比卜弥格插图上的要大得多。

《动物大全》中的幼麝图。雌麝在前，雄麝在后

雄麝细部

1665年，纽豪夫主笔的《荷使初访中国报告》在荷兰出版，书中生动的记叙与丰富的插图为西方人了解中国打开了一扇扇窗户。此书有多处提到麝和麝香，如：

1　卜弥格对此地图上的麝的说明是：中国人称之为麝香（xe hiam）的动物。参见［波］卜弥格著，［波］爱德华·卡伊丹斯基波兰文翻译，张振辉等译《卜弥格文集——中西文化交流与中医西传》，华东师范大学出版社2005年版，第202—203页。

2　Joannes Jonstonus：*Historiae naturalis de quadrupedibus libri*，Amstelodami，1657，c.4，tab. XXIX.

　　此地（陕西）也出产奇特的麝香，这是在一种野兽的脐部长出的。这种野兽无角，跟幼鹿差不多大。中国人吃它的肉，就像吃别的动物的肉一样。当这种动物发情的时候，它的脐部就会肿大，就像一个充满血的肿包，此脐部的包最终形成一个带有绒毛的囊，当地人从囊中取出珍贵的物质。事实上，中国人卖给我们的香囊中，不都是纯正的麝香，中国人知道怎样把囊掏空，再填进掺假的麝香。[1]

　　又如：

　　在陕西……可以发现一种叫做麝（Xe）的动物，它能产出麝香。它非常奇特，如果把它从偍国带到相邻的老挝去，它就会立刻死去，就好像鱼儿离开了水一样。这种动物也麇集在四川靠近保宁府的山区。[2]

《荷使初访中国报告》中的插图，麝在右侧树下

吉歇尔《中国图说》荷兰语版插图

1　Joan Nieuhof：*Het gezantschap der Neêrlandtsche Oost-Indische Compagnie*，*aan den grooten Tartarischen Cham*，*den tegenwoordigen keizer van China*，Amsterdam，1665，p. 12.

2　同上书，第155页。

　　纽豪夫以及荷兰使团的人显然没有见过麝，他报告中的麝看上去跟卜弥格的差别不大，只是将麝囊移到了麝的腹下几乎正中的位置，这很可能是出版商操刀制作的结果。

　　如果说纽豪夫报告中的插图只是涉嫌间接地借用了卜弥格的麝图的话，卜弥格的老师吉歇尔在他的名著《中国图说》中就是直接借用了。

　　吉歇尔对麝的说明是：

　　在中国西部省份（如山西和江西）能看到的其他动物中，有麝鹿，中国人称之为 Xechiam，这是产麝香的动物。关于这个动物，《中国地图集》中说："长话短说，我可以说我自己不止一次看过它。动物的脐带连着一个肿块，肿块外是一个由非常薄的皮肤包起的小囊，并且覆盖着同样薄的细毛。中国人称这种动物为 Xe，并由此得出 Xehiang 的名字，意思是"Xe 动物的香气"，这是他们对麝香的说法。它是一种四足动物。非常像鹿，但毛更黑，完全无角。中国人猎取它们为食。在这个省，特别是在四川和云南以及更远的西部地区，生长着了大量的麝鹿。我稍后会谈到这些。肿块或小囊的气味是如此的纯净和强烈，感觉器官被它所淹没。正如过多的声音或光线会使耳朵和眼睛麻木，所以这种气味完全压倒了鼻子。商人从袋中取出麝香，并将其添加到其他动物的皮中，然后当作真品出售。有些人将麝香与蛇血混合，这样他们就会做出三到四倍的麝香。然而，这个诡计并不能欺骗有经验的买家，他只需要拿一点麝香在木炭上烧一下就有数了。如果麝香全部冒烟，那是纯净的，没有杂物。如果没有被烧净，这表明它被施诡计，不像它本该的那样了。"菲利普·马里尼在他的《东京[1]历史》中说，这儿这种动物很多，它们是如此愚蠢，以至于当它们看到猎人时，会转过身去并让自己被杀，而不是逃跑。以下是他用意大利语所作的记述：

　　"那些想做生意的人在这个地方看到红琥珀和来自邻国的麝香。琥珀来自阿瓦王国，在珍贵、茂密的森林中一些非常古老的，并且在贫瘠的岩石或石头之间的裂缝中扎根的树木下面可见。真正的麝香来自 Gnai 王国，在其森林中可见这种动物，中国人称之为 Ye Hiam，用我们的话来说，就是有香味的鹿。它们的体型像是大型的小鹿，看起来也像小鹿，除了它们的头像狼一样。它们有两颗牙齿，就像老公猪的牙齿，从上唇的下面出来向地面弯曲。它们的皮毛比鹿的皮毛更暗。它们跑起来速度非常慢。

1　东京为越南河内市的古称，此处概指越南北部地区。

这种动物非常愚蠢，猎人们只需要找到它们，它们就一动不动，猎人们可以自由地杀死它们而不会遇到任何抵抗。

人们通过以下方式从该动物中制造出不同纯度的麝香。当麝被抓住时，人们排出并保存其血液并在动物肚脐下面割出一个充满血液或凝结了一些有气味的液体的小膀胱。然后他们去皮，并将动物分成几个部分。如果一个人想要最纯净和最好的麝香，他只使用动物肾脏下面的一部分，然后将它们放入一块巨大的石臼中，在那里他们杵击麝肉，将其捣碎。他们添加足够的麝血，使整个肉糜成为糊状物。干燥后，人们将它放入由麝皮制成的容器中。

如果人们想要一种比这略差的麝香（那是完全可以被接受的），他们会使用动物所有的肉。他们在石臼中击打肉块，然后加血液制成糊状。同样地他们将这东西装入袋子里。还有第三种方法来制麝香，这种方法仍然很好。这是他们的方法：正如我们已经说过的那样，他们用动物从头部到肾脏的部分做麝香，而其余部分可以制作更好、更细腻的麝香。这种动物在死后非常有用，它的每一处都有一些用处。人们说它死后比活着更值钱……"[1]

可以看出这段说明是卜弥格和马里尼（Giovanni Filippo De Marini，1608—1682）两人所提供的信息的综合。

吉歇尔引用的卜弥格的文字，在现存的《中国地图集》手稿中已经佚失了，所以有文献的价值。他引用的马里尼文字中的 Ye Hiam，或许是麝香的另一种拼法[2]，但很可能是 Xe Hiam 的误写。马里尼是意大利籍的耶稣会传教士，曾在越南和日本传教，但未曾到过中国。

吉歇尔对麝格外喜欢，他不仅在《中国图说》的正文中插入了一张描绘麝的大图（见上面的插图），而且在此书扉页上利玛窦和汤若望所持的中国地图的下方加了一只小得几乎看不清楚的正在吃草的麝。

1　Athanasius Kircher：*China Illustrata*，translated by Charles D. Van Tuyl，Indian University Press，1987，pp. 184–185.

2　Kennon Breazeale 等人：*Breaking New Ground in Lao History*，Silkworm Books，2002，p. 232.

《中国图说》扉页（左）及扉页细部（右）

　　吉歇尔对中国的地理知识不是很了解，所以他把江西当成了西部的省份。卜弥格在手绘的山西地图上特别强调了麝是当地的特产，这跟西班牙传教士闵明我在其回忆录（初版于1676年）中的说法相吻合：

　　在陕西省和山西省，养育着大量生产麝香的动物。在他们国家，人们把这种动物称作 Xe（麝）。他们的书上是这么描述的：麝的身体像小鹿，毛像老虎或雪豹。在被猎人追急了的时候，它们会爬到岩石上，咬掉挂在脐部的麝囊，想用将宝贝留给猎人的方法来保命，但是它们很快就会死掉。书上的记载跟一般人的想法相符。东京、安南、柬埔寨、老挝等王国有相当多的这种珍贵的动物。如果不是因为欧洲人出于贪婪而提高了麝香的价格，这东西不值什么钱，因为这些地方有许多卖麝香的店，但是来自中国的麝香质量是最佳的。1669年，广东的麝香（20盎司）要价14个达克特银币，但无人问津。那是上品。人们说这种麝香质量最好，商人们把它们分成两盎司（或多一点）一份，在欧洲售卖。门多萨神父写了一些关于麝香的文字，我发现它们毫无根据。这可能是那些给他提供信息的人灌输给他的，尤其是那些住在马尼拉的中国人。显然他在《中华大帝国史》书中写的其他事情也是如此。[1]

1　Awnsham and John Churchill：*A Collection of Voyages and Travels*，London，1732，book I，p. 42.

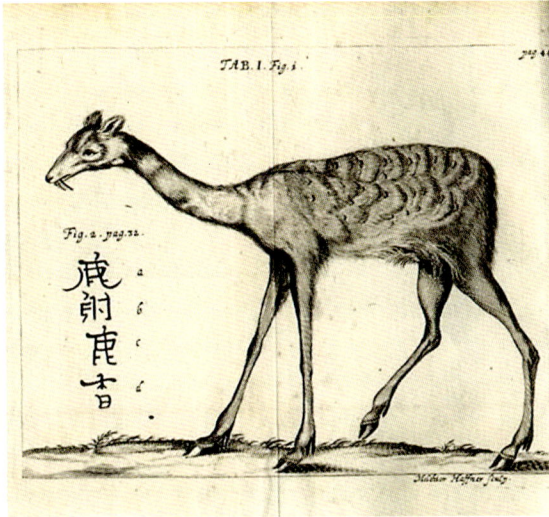

《麝香史》中的麝图。摹自卜弥格的插图，连汉字也拷贝过来了

《麝香史》书名页。中国人和印第安人在左侧，欧洲人在右侧。麝的脖子上有一个项圈，由它身边的女性牵着

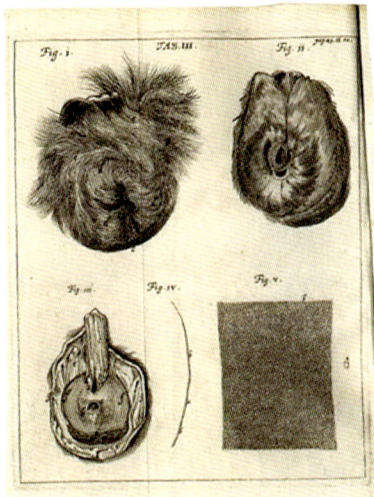

《麝香史》中麝囊及麝皮插图

伊台斯《三年使华记》1704 年荷兰文本插图。麝囊巨大且垂在肚子中部 [1]

1　此图亦见于荷兰学者魏岑于 1692 年出版的《北鞑靼与东鞑靼》中。魏岑为《三年使华记》的编者。

卜弥格的插图后来又被很多书籍盗用或借用，比如于 1682 年出版的德国人施洛克（Luca Schrockio，1646—1730）编写的《麝香史》中有一幅麝插图，就是将卜弥格画的麝的脖子拉长而成[1]，此长脖子麝也被用到了该书的书名页上。另外，《麝香史》还附上了麝囊及麝皮的插图。

吉歇尔的《中国图说》影响很大，甚至后来一些使团的报告及日志都抄袭他书中有关麝的内容，达帕抄袭在前[2]，但是没有附图。伊台斯抄袭在后[3]，但附上了精美的插图。

1717 年 11 月 2 日，一位未具名的耶稣会传教上从北京发出一封信，详述了自己购食麝肉及获取麝香的过程：

这种动物是一种獐子，中国人称之为"香獐子"（Hyang-chang-tse），意思是有香气的獐子，或者麝獐。chang-tse 是獐子，Hyang 是香气；在跟名词连用时，会变成形容词，表示有香味的……我买了一只獐子，有人刚杀死它，要卖给我。我保留了人们通常取麝香的部分，这个部分比獐子本身还要贵。这事是这样发生的：

獐子生活在北京西边的丛山中。那天我结束了教会的差事，正走在山中。山里有个小教堂和一群基督徒，那儿贫穷的村民们出去狩猎，希望我能买他们的猎物带到市里。他们把杀死的两只獐子，一公一母，带到了我的面前，獐子的余温尚在，还在流血。在价钱谈妥之前，他们问我是否要麝香也要麝肉。因为有的人只买麝肉，而将麝香留给猎人，猎人再把麝香卖给麝香商人。因为我主要想要麝香，我回答说，我要买整个獐子。我付了一个克朗，他们马上抬来雄獐子，并割下了麝囊。因为怕麝香蒸发，他们用绳子扎紧了麝囊口。那些因为好奇而想保存麝香的人应该弄干麝囊。

麝香在麝囊的里面生成，像盐一样粘在一起。麝香有两种，一种颗粒状的称为"豆瓣香"，这是最贵的；"米香"较次，因为太小太细。雌香獐子不产麝香，其分泌的物质看起来像麝香，但无香气。

有人告诉我，这种动物通常以蛇为食，即便蛇身巨大，香獐子都可以轻易杀死它们。因为蛇到了离香獐子一定距离时，就会突然被它的香气熏倒，不能动弹。这事是

1　Luca Schrockio：*Historia Moschi*，Augsburg，1682，fig. 1.

2　Olfert Dapper：*Gedenkwaerdig bedryf der Nederlandsche Oost-Indische Maetschappye*，Amsterdam，1670，pp. 231–232.

3　E.Ysbrandts Ides：*Driejaarige Reize Naar China*，Amsterdam，1704，pp. 45–47.

真的，农民们出去砍柴或烧木炭时，他们没有更好的办法避免被蛇咬（一旦被咬是极其危险的），就带上几粒麝香来防范。这样晚餐后他们就可以高枕无忧了。如果蛇想接近他们，它们会突然被麝香的气味熏得不知所措，无法继续向前。

我回北京后发生的事情在某种程度上证实了麝主要吃蛇肉。一部分香獐子肉被做成了晚餐，同席的一位先生正巧对蛇极度反感，反感到了有人在他面前提到蛇都会让他大病一场的程度。他对麝与蛇的事情毫无所知，我也小心谨慎地不说半句这方面的话，只是全神贯注地观察他的反应。跟别人一样，他取了些香獐子肉想要吃下。可是就在他把一点肉放到嘴里的当儿，他觉得从肚子那儿泛起一阵恶心。他再也没碰香獐子肉，其他人则吃得津津有味。他是唯一对这种肉反感的人。[1]

1779年，大型丛书《中国杂纂》的第四册在法国巴黎出版，其中有无名氏的《谈麝香》一文。文中说：

中国人将可提取麝香的著名动物称为麝香（Che-hiang）。 汉字麝（Che）由两部分组成，一个是鹿，另一个是射；香（Hiang）的意思是气味；所以根据这种分析或词源，麝香就是发出气味的鹿……

麝香生长在从辽东到西藏和白古(Pegou)的所有山脉中,包括北直隶、山西、陕西、四川和云南。我们在这里只谈北京西北部高山里的麝香。捕猎麝香的山里人把麝香分成两种。但是从他们的说明来看，有些人将一种鹿与麝香混为一谈，其他人只把雄性与雌性区分开来。我们看到了中国人的宫廷画作，相信两种麝香的说法是真实的。第一个据说以雪松为食，另一个只吃香草。我看到了后面那一种……一些中国自然学家把麝香的香气归因于其食物……[2]

这篇文章的作者犯了与卜弥格同样的错，就是把麝香当作产麝的动物的名字了。文章所附的两幅插图，有法文解释，上为吃香草的"麝香"，下为吃松树的"麝香"。而这两幅图的蓝本，应该就是文中所提到的"中国人的宫廷画作"。《中国杂

1　*Lettres edifiantes et curieuses*，*ecrite des missions de la Compagnie de Jesus*，Paris，1720，t. 14，493–499. 此处据杜赫德《中华帝国全志》英文版转译，见 Du Halde：*History Of The Empire Of China And Chinese Tartary*，*Korea And Tibet*，London，1738，pp. 324–325。

2　*Mémoires concernant l'histoire*，Paris，1779，t. 4，pp. 493–495.

吃香草的"麝香"（上）与吃雪松的"麝香"（下）

纂》重要供稿人之一，法国耶稣会传教士晁俊秀（François Bourgeois，1723—1792）曾经收集中国宫廷画家画的动物画，并把它们寄给了法国主管外交的国务大臣、同时也是狂热的中国迷伯尔坦。[1] 这些画后来被编辑成册，收藏在法国国家图书馆。[2] 以此判断，晁俊秀很可能就是这篇无名氏文章的作者。

将《谈麝香》一文的附图跟中国宫廷动物画相对照，就知道文章附图取自中国画家笔下的《麝》及《牙獐》两幅画（这两幅画分别有用毛笔写的"麝"和"牙獐"的汉字说明），画中两个动物的区别也只是一个有獠牙，一个没有。《谈麝香》文中曾说到獠牙可以帮助麝拽拉树枝，以便更好地啃吃树叶。也许是因为这个原因，该文的作者遂断定有獠牙者即为吃雪松的麝。

从中国宫廷画家所作的这两幅画来看，麝无獠牙，而牙獐有麝囊，这些显然跟一般的认知有差别。但是鹿科动物众多，又长得很相似，要搞清楚确实很难。

18 世纪中叶，当法国著名动物学家布丰（Georges-Louis Leclerc, Comte de Buffon，1707—1788）决定用麝来结束他的巨著《动物志》中的"四足动物"一章时，他也遇到了分辨麝的难题。虽然他在书中引用了卜弥格和吉歇尔等人的说法，但最后认定英国人格鲁（Nehemiah Grew，1641—1712）的描述最为可靠。

格鲁是博物学家，他在论述鹿科动物的著作中先批评吉歇尔的插图把麝的嘴跟脚都画错了，然后给出了非常详细的麝的体格数据，比如：

鼻子至尾巴：1 码 1/2 英尺

头部：大约 1/2 英尺

脖子：1/2 码

---

1 Huard Pierre 等人：*Les enquêtes françaises sur la science et la technologie chinoises au XVIIIe siècle*. In: Bulletin de l'Ecole française d'Extrême-Orient. Tome 53 No 1，1966，pp. 137-226.

2 画册名为 *Collection des animaux de la Chine*.

麝图，中国宫廷画家作。法国国家图书馆藏

牙獐图，中国宫廷画家作。法国国家图书馆藏

布丰《动物志》中的插图。大图见本篇开篇页背面

脸宽：3 英寸

鼻长：1/4 英寸

关于獠牙，格鲁写道，"在上颚离鼻子后端大约一英寸半的地方，每边长有一颗两英寸半长的獠牙，向下并向后弯曲，末端是尖的，不圆，有点平"[1]。

虽然格鲁没有说他是如何测得这些数据的，但这么精细的描述颇得布丰青睐，布丰对他称赞有加。[2]

布丰的书中也有一幅麝的插图，或许是根据格鲁的数据所画，或许还有其他的参考资料。这幅图无论从生物科学还是艺术角度来看，都是难得的精品。唯一美中不足的是麝囊被麝的腿遮住了，这在大自然中应该是正常的情况。

看过《动物志》中精美的插图，再回到本节开头马可·波罗所讲的话，人们也许会有这样的疑问：既然麝香那么贵重，精明的商人马可·波罗又不是不知道，那他为什么不多带点麝香在身上，而是不辞辛苦地把麝的头和足从中国背到威尼斯呢？

1　Nehemiah Grew：*Musaeum Regalis Societatis*，London，1681，pt. 1，pp. 22–23.

2　George Louis LeClerc，Comte De Buffon：*Histoire Naturelle*，1783，t. 6，p. 228.

四、植　物

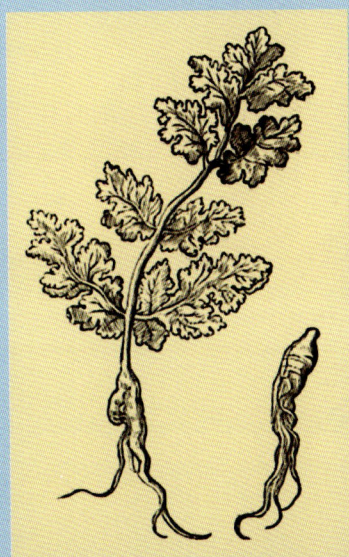

4.1　人参

在欧洲，最早以文字形式提到中国人参的人可能是葡萄牙籍耶稣会传教士曾德昭。他在《大中国志》中写道：

中国境内北方最后一个省是辽东，它以生产一种极珍贵的树根而知名，我离开中国时，它的售价相当于它重量两倍的银子。这是优良的药物，健康人服用，可增加力量和精力，如病人服用，则有奇效，得到滋补，它叫做人参（Ginsem）。此省邻近鞑靼之地，很荒芜，部分为鞑靼人所据。这里看得见知名的长城，它有 900 英里长，名不符实，因为除本身宽大，易受损毁外，敌人现在又把它破坏得不成模样。[1]

《大中国志》约写成于 1638 年，原为葡萄牙语手稿，1642 年西班牙语摘译版出版。十多年后，意大利籍的耶稣会传教士卫匡国在他的两部著作中也提到了人参。其中《鞑靼战纪》中只是简单地说"这些鞑靼人（指中国北方人），作为臣民或是友人，到中国的辽东省跟当地居民交易……他们带去好几种货物，像是一种中国人很看重的叫做人参的根，以及珍贵的皮毛"[2]。但卫匡国的另一本书《中国新志》对人参的描述就详细多了：

1　［葡］曾德昭：《大中国志》，何高济译，李申校，上海古籍出版社 1998 年版，第 26 页。按引文中"树根"应译为"根"。英国外交官托马斯·偌（Thomas Roe，1581—1644）1615 年至 1619 年间曾作为大使出使莫卧儿帝国。在出发之前，他在日记中说希望他的船队在严冬之前到达非洲的好望角，一来船员可以休整，二来可以挖到有价值的"nangin"根。他的日记和书信的编辑者认为"nangin"就是人参。如果这个说法成立，那么至迟到 17 世纪初，人参已经在欧洲高层人士的知识储备中了。参看 *The embassy of Sir Thomas Roe to the court of the Great Mogul, 1615-1619, as narrated in his journal and correspondence*，ed. William Foster London，1899，pp. 1–2.

2　*Bellum Tartarium*，London，1654，pp. 8–9.

永平位于北京正东，其地多山而且离江湾[1]很近，因而可以自给自足。永平盛产鱼及一种中国人称之为人参（Ginseng）、日本人称之为 Nisi 的有名的根。中文名字来源于它的形状，有如人张开双腿（Gin 的意思是人）。它跟我们的茄参类似，只不过更小。很可能是同一属的不同品种，因为它们的形状跟功效类似。到现在我还没有见过人参的叶子。当它干了以后会变成黄色。它有些少的纤维或须根输送营养。这些细脉是黑色的，就好像是用墨画出来的。服用的时候，人参的味道苦中带甜。它可以大补元气，仅十二分之一盎司的分量足可以恢复体力。只要放一点在"玛丽浴盆"[2]中加热，（饮用之后）即可暖身。它会散发出香料般的芳香。然而火气旺的人服用多了以后会有生命危险，因为人参会过分地增强呼吸。体弱或因久病等原因体虚的人服用后会奇迹般地恢复健康。有时候人参能增加临死的人的体力，使他们有时间服用其他药物来恢复健康。中国人称颂它的奇效，并愿意用三倍于它重量的银子来买它。[3]

茄参图。此图约画于公元 7 世纪，意在表现茄参根部的形状类似男性和女性的身体。意大利那不勒斯图书馆藏

卫匡国的描述除了介绍了人参的神奇功能及服用方法外，还将人参和人的形状联系在了一起。此后，很多欧洲的书籍在提到人参时都引用了他的文字，如纽豪夫撰写的《荷使初访中国报告》（1665 年，报告中未提及卫匡国），吉歇尔的《中国图说》（1667 年，但吉歇尔对人参有起死回生的功效持怀疑态度），达帕编撰的《大清志》（1670年，其中提到了卫匡国的名字）等。

可惜的是，不论是《大中国志》，还是《中国新志》，甚至以插图丰富而著称的《中国图说》中都没有人参的图像。卫匡国提到了人参和茄参的相似性，因茄参是当时欧

---

1 指鸭绿江的入海口。

2 原文为 Balneo Mariae，是一种隔水加热的双层容器。此处当指泡制和加热人参时用的银壶，参见本节中有关暹罗使团的插图。另外英国伦敦会传教士雒魏林（William Lockhart，1811—1896）在其著作《在华行医传教二十年》（*The Medical Missionary in China*，London，1861）第 108 页中对此种银壶有详细的描述，亦可参看。

3 *Novus Atlas Sinensis*，Amsterdam，Joan Blaeu，1655，p. 35.

洲人比较熟悉的植物，也许他们能据此想象得出人参的样子吧。

明末到中国的传教士卜弥格是波兰宫廷御医的儿子。在中国传教期间，他对药材特别留意。他于 1652 年将一份介绍中国事物的手稿带到了威尼斯，手稿中提到了人参：

此外，中国人还有另外一种树根，叫人参，在中国被认为是很珍贵的，也作药用，它能给老人和体弱的人恢复活力和阳气，有令人信服的奇效。它的价格以白银来计算，是很贵的，常常高出它本身重量的三倍或者更多的倍数。这种根采集于陕西、山西、云南、辽东和朝鲜，从这些地方出口日本。它味道辛辣，不好吃，把它捣碎，放在水中煮了后，可以饮用。但是病人如果吃多了，反而会引起很危险的并发症。有些人认为，它的叶子在暗处闪闪发光，它是通过它的叶子显示它的存在，但我不知道是不是这样。[1]

1658 年在荷兰东印度公司工作的荷兰自然学家皮索（Willem Piso，1611—1678）在他的《植物图谱》中收录了人参。皮索说人参产于高丽、中国和日本等地。他还附了一幅插图，这幅图很可能是西方出版物中最早的人参形象。[2]

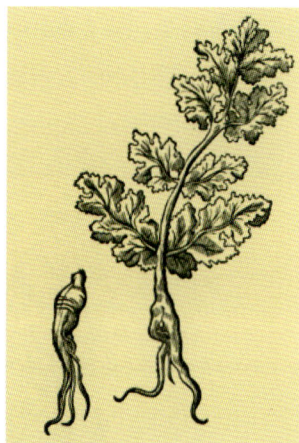

五年后，法国人德文诺在他的《旅行异闻录》中刊登卫匡国有关人参的文字时借用了皮索的插图。不过他将带叶子的那株人参的根部作了修改，这样看起来就更像人形了。

《植物图谱》中的人参插图。人参的根部被画成了人的形状　　《旅行异闻录》中的人参插图

1674 年，德国汉学家缪勒（Andreas Müller，1630？—1694）在他的《中国七题》一书中讨论了七个有关中国的话题，其中第四个话题就是人参。

1　《卜弥格文集》，张振辉等译，华东师范大学出版社 2010 年版，第 64 页。按译文中的"树根"应译作"根"。

2　Gulielmi Pisonis：*Mantissa aromatica*，Ch. XV，194. 见 *De Indiae utriusque re naturali et medica libri quatuordecim*，Amstelaedami，1658.

缪勒《中国七题》中带有汉字的
人参插图。此图有可能翻刻自中
国的木版图书[2]

缪勒也在书中引用了卫匡国对人参的描述，顺便解释了卫匡国没有解释的"参"这个汉字的意思。他说"参"是形状（figuram）的意思[1]。

1686年，德国植物学家、汉学家门采尔（Christian Menzel，1622—1701）在出版于纽伦堡的《医学及自然科学年鉴》上发表了《论人参根》一文[3]，并随文附上了一组人参的图片。

在门采尔公布的两页人参图集中，第1页的图源自两位在荷兰东印度公司任职的德国植物学家：克莱耶尔（Kasselaner Andreas Cleyer，1634—约1697）和鲁姆夫（Georg Eberhard Rumpf，1627—1702）[4]。由于克莱耶尔和鲁姆夫都没有到过中国，他们的图基本上来自日本和东南亚。第2页共收录了七种人参，其中六种被编了号，一种没有被编号。没被编号的正是皮索书中的人参插图。

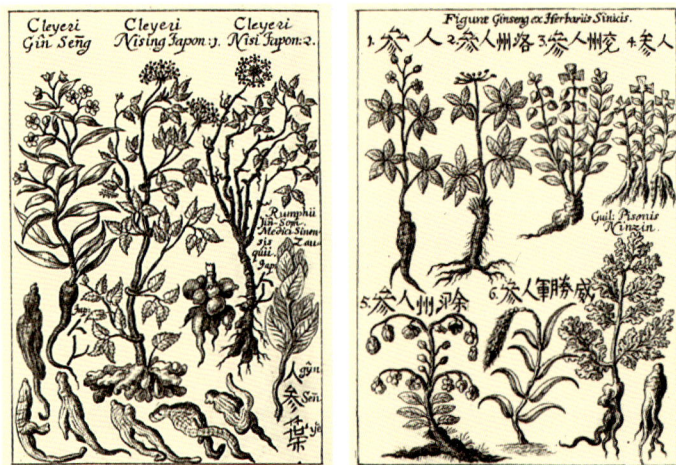

门采尔收集的人参图

1　Andreas Müllerus：*Hebdomas Observationum de Rebus Sinicis*，Coloniae，1674，p. 35.

2　据波兰学者爱德华·卡伊丹斯基研究，缪勒的插图来自卜弥格在中国收集的一本木版印刷的书，见爱德华·卡伊丹斯基：《中国的使臣卜弥格》，张振辉译，大象出版社2001年版，第81页。

3　*Miscellanea Curiosa*，Norimbergae，1686，p. 73.

4　克莱耶尔和鲁姆夫各自都发表了关于人参的文章，参看 *Miscellanea Curiosa*，Norimbergae，1685，p. 3；*Amboinensis Auctuarium*，Amstelaedami，1775，pp. 42—50。

在第2页编号的人参图中，第4号显然就是缪勒曾经引用过的疑似来自中国的木刻人参图，而其余的五种，则是门采尔从中国书籍中描摹下来的。

作为勃兰登堡选帝侯图书馆馆长，门采尔有机会接触到大量的图书文献资料，包括传教士和东印度公司雇员寄到或带到德国的资料。门采尔极有可能是从《本草纲目》（江西本）、《图像本草蒙筌》《经史证类大观本草》等书中找到这些插图的。

值得注意的是，门采尔还在一篇题为《论人参根》的论文中展示了从不同的中文古籍中抄录的一些文字并配上了拉丁字母拼音，为的是告诉欧洲的读者中国中医典籍的原始面貌。

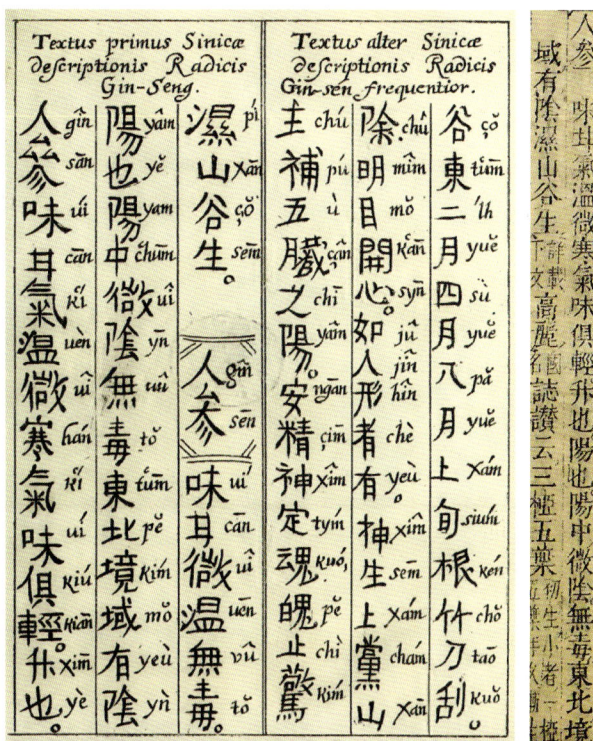

（左）门采尔抄写的中国典籍中有关人参的记载。虽然每列文字是竖写的，但页面文字的排列方式却是从左往右。（右）崇祯版《图像本草蒙筌》片段。门采尔力图忠实地描摹原文的字形，这从他写的"甘""升"和"毒"等字中可以看出

就在门采尔发表人参图集的同一年，1686年的6月份，暹罗（今泰国）王国派了一个使团，在法国耶稣会传教士塔夏尔（Guy Tachard 1651—1712）的陪同下乘帆船到达法国布雷斯特港。在使团送给法国国王路易十四的礼物中，有八两人参及一把泡制人参用的银壶。在从上岸到巴黎的一段路程中，这两种珍贵的礼物都由大使亲手捧着[1]。虽然史料上没有明确记载这八两人参的来源，但从礼品单上的其他礼物，比如超过1500件的瓷器、漆器和家具来看，这作为国礼的人参很可能是从中国贸易而来的。

当年年底，在法国宫廷发布的1687年官方黄历上，有几幅图记载了暹罗使团在凡尔赛宫镜廊谒见路易十四时的情形，而其中的一幅，描绘了使团的正使戈沙班亲自将人参和银壶献给"太阳王"的那一刻。

---

1 David Tylor：*Ginseng*，*the Divine Root*，Algonquin Books，2006，pp. 40–41.

法国官方黄历中描绘暹罗正使献人
参的插图

左图细部。可见泡人参的银壶有两层

　　暹罗使团的到来使欧洲王室第一次看到了人参，也使得民间对这种神奇的东方草药的好奇与日俱增。

　　陪同暹罗使团到法国的塔夏尔，在到达巴黎后就把自己的一部书稿交给了出版商，很快这本名为《暹罗游历记》的应景之作就出版了。按照惯例，塔夏尔把书献给了路易十四。在这本书中，有一段是关于人参的：

　　在东方的植物中，人参（Ginseng）的用处最多。

　　人参有好几种，最有名的产于辽东省。它的颜色是黄色的，有须根。有时这些根看上去像人的形状，因此得名。在中文里Gin是人的意思，Seng则是生或是残[1]的意思，要看你怎么发音。因为这些根服用得好与不好，效用是截然相反的。

　　人参产于高丽，甚至有人说产于暹罗，但都不如采自辽东的。中国药农说人参长在深山沟的背阴处，还说必须秋末才能采收，因为春天采收的功效不足十分之一。

　　常用人参的中国大夫说，人参是药中之王，可以为久病而弱的病人清血补气。把人参含在嘴里的人比嘴里没有人参的人能更长久地干活。脸色苍白的人应该比面容呈

1　原文为 tuer 和 guérir，意为"杀死"和"治愈"。此处利用"参"字的多音特点意译。

174

赭色或是面色呈热性的人多服；内热或咳血的人不宜服用。

服用前先将水倒入容器中加热，等水开了再加入参片，然后盖上盖子，泡制人参。等水变得温热，即可在早晨空腹喝下。那泡制过的人参片留着，到了夜里以跟早晨一样的方法泡制，不过这次只需放一半的水，且等到水有点凉了再服下。泡制过的人参片放在太阳下晒干，以后可以根据需要进一步在酒中泡制后服用。[1]

塔夏尔在书中没有提到他自己见过或是服用过人参。为了能使书籍畅销，出版商找人为他的书配了插图。由于塔夏尔在书中提到过人参的形状像人，于是读者们就看到了可以行走的人参。

（左）《暹罗游历记》中的插图；（右）明代万历年间出版的李中立（生平不详）撰《本草原始》中的插图。两幅图都将人参夸张成人的形象

1696 年法国传教士李明在巴黎出版了《中国近事报道》。他在书中收录的一封给法国国务秘书德·菲利波的信中介绍了中国的人参：

在中国还有一个比茶更不常见且更有价值的草药，中国人称之为 Gin-sem。Gin 的意思是人，而 Sem 则是植物，或草药，顾名思义，就是像人形的草药。那些直到现在还给这个词以别的解释的人是可以被原谅的，因为他们不理解汉字的重点所在，

1　*Voyage de Siam, des peres jesuites, envoyez par le roy aux Indes & à la Chine : avec leurs observations astronomiques, et leurs remarques de physique, de géographie, d'hydrographie, & d'histoire*, 1686, pp. 370–372.

而汉字本身就包含了这个词的真正含义。饱学之士在他们的著作中还给予了这种草药大量的其他名称：强精草药，地之灵，海之精，灵丹妙药及长生不老药等等。这些名称充分说明了他们对它的重视。

人参是一种根，粗如小指长的一半，长如小指的两倍。它有两个分叉，这使得它的形状像一个人和他的两条腿。它的颜色偏黄，当它被收获后开始变皱，其后干如木头。它生出的叶子很少，叶子顶端形成尖角。其分茎是黑色的，花朵呈紫罗兰色，茎上覆盖着绒毛。人们说它只有一根茎，此茎再生出三个分茎，每个分茎都生出四五片叶子。人参长在阴凉处潮湿的土壤中，它生长缓慢，经过若干年后才能成熟。通常在榿架（Kia-chu）树下能找到，此树与梧桐略有不同。虽然人们从几个地方采获人参，但迄今为止最好的来自北直隶。现在使用的来自辽东，这是一个附属于中国的省份，位于鞑靼的东部。

根据中国人的观点，在所有的补药中，没有一个能与人参媲美。它味甘，令人愉悦，虽然有一丝的苦涩。它的效果非常好，能净化血液、强化脾胃，为疲倦的脉搏增加动力，激发自然的热量，并增加至关重要的水分。医生在详述其效用时滔滔不绝，他们总是罗列出一大堆人参的不同用途。如果我不怕单调乏味及冒犯您的忍耐力，我会在这儿报告我收集到的他们的全部配方。我可能最终会将它们连同大量的有关中医的文章印出来。除了刚才所说的，我只补充一点，即在治疗晕厥时，医生常常用上人参，不管这种症状是突发事件或是年老体衰引起的。

取少许这种根（您必须从小剂量开始，然后可以根据以前剂量产生的效果再增加剂量）包在纸中，放在火前烘干，或者将其浸入葡萄酒中，直到它被充分浸透为止。然后用牙齿将它咬成小块（不可用刀子切，铁会降低其效用），焙烧后，取一小团人参粉，按照您病症许可的剂量，以温水或葡萄酒送服。这是很好的补药，连续服用后您会发现身体强化的效果显著。

如果您极端虚弱的话，也可以服用相同剂量或更多剂量的人参根。您将人参根分成小块后，放入盛有半杯沸水的杯中，或其他可煮沸水的容器中。如果您喝了那里面的水，会有同样的效果。人参根可以再次使用，但效力会减弱。人们也用人参做成参汤及糖剂、锭剂和糖浆，这些是治疗各种疾病的良药。[1]

---

1 *Louis Le Comte：Memoirs and Observations Topographical，Physical，Mathematical，Mechanical，Natural，Civil，and Ecclesiastical*，London，1697，pp. 229–230.

1709 年，身在北京的法国传教士杜德美（Pierre Jartoux，1668—1720）奉康熙皇帝之命去中国东北地区考察，为的是测绘最新的地图。他在离高丽边境仅十多公里的某处，受到了当地鞑靼人（Tatze）的接待，其中一位参农刚在附近的山上挖到四株完整的人参。杜德美照着其中的一株画下了人参的样子，并作为一封信的附件寄给了印度和中国传教区总巡阅使。这是西方第一幅按照实物所画的具有科学意义的人参插图。杜德美的信和图被收录在了 1713 年出版的《耶稣会士书简集》第十卷[1]。

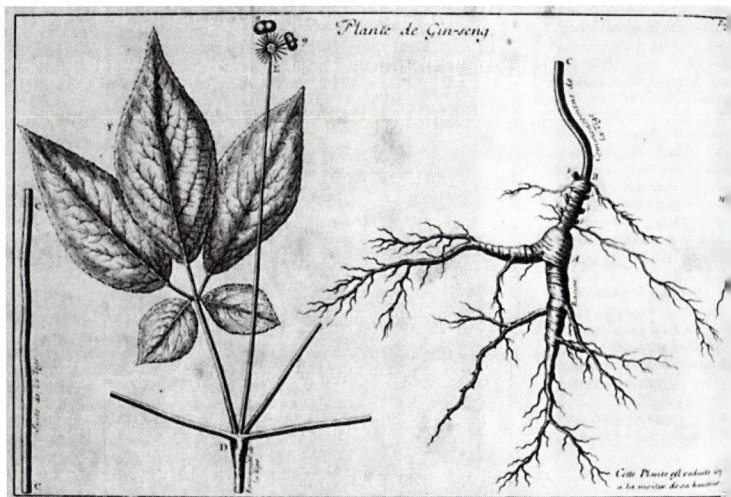

杜德美绘人参图。他以字母表示人参的不同部分

杜德美在给总巡阅使的信中介绍了人参的功用（他说他亲自服用过，的确有效）、采摘和保存方法以及泡制的方法等，对人参各部位的描述更是不厌其烦。他说"越大，越整齐，须根越少者质量越上乘"，因此附图中最右边的参根就比它左边的更受欢迎。他还说：

我不知道中国人为何称它为人参（意为人的形状），因为我和别的人专门找寻过，并未找到如它的名字那样像人形的人参。那些专门采参的人向我断言，人们见到的像人形的人参不会比其他植物根部中有时碰巧有些奇形怪状的多。鞑靼人称呼它为 Orhota，这更有道理，因为 Orhota 是"百草之王"的意思。[2]

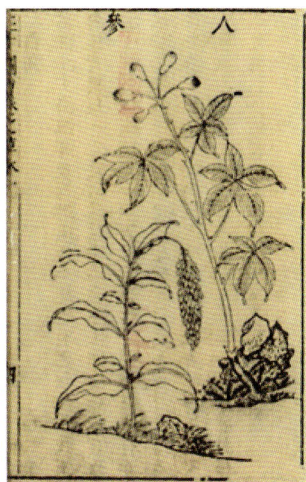

万历三十七年（1608）刻本《三才图会》中的插图。可能是当时中国最写实的人参插图

1　原图见 Lettres édifiantes et curieuses，écrites des missions étrangers，v. 10，Paris，1913，第 172 与第 173 之间的插页。杜德美的信有中译本，见《耶稣会士中国书简集：中国回忆录》第二卷，郑德弟译，大象出版社 2001 年版，第 53 页。但此中译本所据之 1819 年里昂出版的新编本并未收录杜德美画的人参图。

2　同上书，第 182 页。满语中称人参为 orhota，杜德美是第一个记载人参满语发音的西方人。在韩国农林水产食品部（现为农林畜产食品部）策划的英文宣传册《高丽参：神药》（Korean Ginseng：The Divine Wonder Medicine，2012）中，将杜德美所遇到的中国人称为"朝鲜人"，这显然是错误的。

杜德美根据自己的观察，提出了人参并不特别像人形，他所画的插图，也没有突出人形的特点。无独有偶，就在杜德美到达中国东北地区的 100 多年前，王圻、王思义父子出版的《三才图会》中所附的人参插图并没有刻意突出像人形的根部，跟几乎同时出版的《本草原始》里的人参插图相比，意趣全然不同。

1721 年，随俄罗斯使团到中国的英国医生约翰·贝尔（John Bell，1691—1780）观察到了人参，他在回忆录中说：

我不能不注意到一种名叫人参的著名植物，它生长在辽东省。这种植物的根部因其医学特性而备受推崇，皇帝特命专人采集，其每磅售价约为 25 英镑。这种植物非常稀奇，中国皇帝只向沙皇陛下送了两磅作为礼物。人参有两种：一种看起来好像是蜜饯，另一种看起来像小欧芹根，并且有少许欧芹的味道。人们将人参切片或捣碎；再放入水中略煮一下后，给患者服用。我从来没能向大夫们了解到这种植物到底有何特性，只知道它具有广普的用途。我听到过许多神奇的治疗故事：那些看似死去的人服用了人参之后又恢复了健康。我相信它的确可能是一个很好的调理身体的植物。但是，如果它确实有非凡的性能，我还没有能够发现，尽管我已经在许多场合用过。我觉得这种珍稀植物可以在这个国家（中国）栽培成功，因为那是它自然生长的地方；中国人似乎不太可能忽视开发这种灵药。[1]

贝尔可能是第一个提到在中国可以人工栽培人参并开发其药用价值的西方人。几十年之后，俄国政府看到了人参的商机，千方百计地打听有关人参的信息，比如 1744 年，俄国使馆的医生就被要求在中国了解"如何区分真假人参"的知识。[2]

1797 年至 1810 年，一个名叫彼得·霍夫曼（Peter Hofman）的人在圣彼得堡出版了一套名为《奇树异草集》（Collection de curiosites du Royaume des plantes）的图册，其中有一幅介绍人参的插图格外抢眼。图中一位挎刀挂杖的清朝官员在介绍人参的地面部分，而那株人参比人还高，其茎叶、花朵及种子清晰可辨。这幅图虽然是一幅猎奇图，但也可以起到帮助人们了解人参植株的作用。

1　*Travels from St. Petersburgh in Russia, to Various Parts of Asia*, Glasgow, 1763, v.2, pp. 111–112.

2　Gregory Dmitrievich Afinogenov: *The Eye of the Tsar: Intelligence-Gathering and Geopolitics in Eighteenth-Century Eurasia*, unpublished dissertation, Harvard University, 2015, p. 99.

　　杜德美有关人参的信和插图出版后，在全世界范围内引起了广泛的兴趣。正在北美的法国传教士拉菲陶（Joseph-François Lafitau，1681—1746）根据杜德美提供的信息，在印第安土著的帮助下，成功地在加拿大找到了人参，这就是与中国人参同种而不同属的西洋参。[1]

　　此后，直到18世纪末，欧洲的出版物中，西洋参的插图逐渐增多。而中国人参的形象则一直停留在杜德美插图的基础上。一些流行的书籍，如伯纳德（Jean-Frédéric，Bernard，约1683—1744）编的《北方游记》（*Recueil de voyages au Nord*）和

《奇树异草集》中的人参图。图中的文字是拉丁、德、法、俄四种语言的"中国人参"

杜赫德编的《中华帝国全志》等都套用了杜德美的手绘图，只不过将原图横向翻转了180度而已。[2]

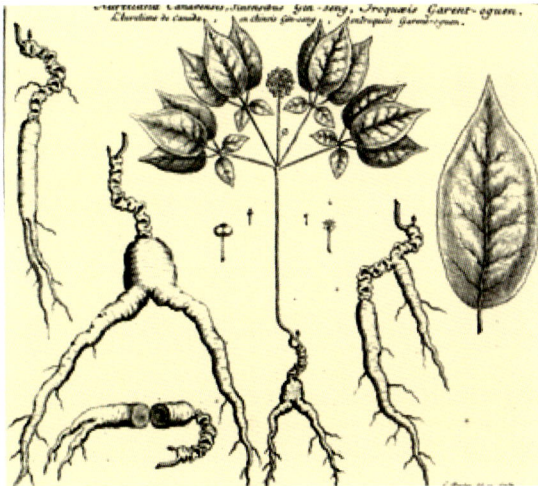

拉菲陶参考杜德美的方法绘制的西洋参图

西洋参与三声夜鹰[2]

1　*Mémoire présenté à S. A. R. Mgr le duc d'Orléans... concernant la précieuse plante du gin-seng de Tartarie, découverte en Canada par le P. Joseph-François Lafitau*，Paris，1717.

2　Mark Catesby：*The Natural History of Carolina，Florida and the Bahama Islands*，London，1771，pp. 16–17.

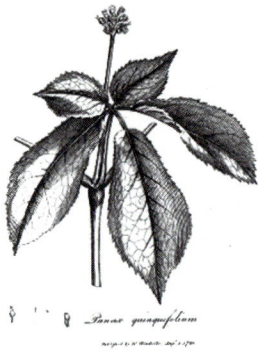

英国王家植物园引种的西洋参图 [1]

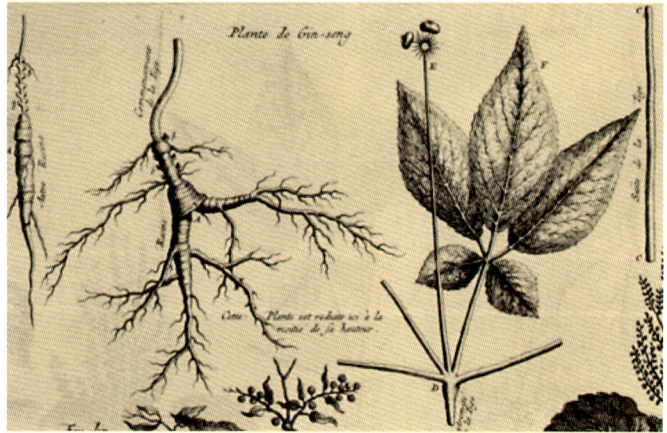

《中华帝国全志》中的人参插图 [2]

　　在 18 世纪的欧洲，人参作为滋补佳品，深受名流的青睐。法国启蒙思想家卢梭（Jean-Jacques Rousseau，1712—1778）在 60 岁时，认识了一位年轻的探险家德·圣皮埃尔（Jacques-Henri Bernardin de Saint-Pierre）。在他们第二次见面的时候，卢梭无意中提到他喜欢烘焙咖啡豆的气味。谁知圣皮埃尔很快就送给了他一袋咖啡豆。当时咖啡在法国还是时髦货，需从国外进口，价格也不菲。圣皮埃尔在海外探险的过程中收集了一些，因此可以随手作为礼物送给卢梭。卢梭收到咖啡豆后，写信给圣皮埃尔说"与君甫识，君即赠我嘉物，受之有愧。因报李无方，故原封璧还，望勿却之，否则绝交也"。后来圣皮埃尔费了好多口舌，终于说服卢梭接受了咖啡豆，但生性孤傲的卢梭还是回赠了圣皮埃尔一根人参和一本研究鱼类的书籍，以示不欠他人情。[3]

1　William Woodville：*Medical Botany* Volume 2，London，1790，plate 99 . 此株西洋参引种自北美。

2　J. B. Du Halde：*Description géographique，historique，chronologique，politique，et physique de l'empire de la Chine et de la Tartarie chinoise*，v 2，Paris，1736，p. 181.

3　Bernardin de Saint-Pierre：*La vie et les ouvrages de Jean-Jacques Rousseau*，Paris，1907，pp. 35—36.

4.2　大黄

在古代的自然医疗体系中，如果要找出一种东西方都重视的草药，那大概就是大黄了。大黄在中国的应用源远流长，而西方在这方面也不遑多让。早在公元前 1 世纪，希腊著名医生迪奥斯考里德斯（Pedanius Dioscorides，前 40—前 90）就这样论说大黄：

大黄产于博斯普鲁斯海峡西岸地区，并从这里运往它地。这是一种根茎，黑色，与大矢丰菊根相似，只是大黄较小，里边呈血红色。大黄无味，质软且轻。最优质的大黄不会生虫，稍带黏性，略有收敛性，放入口中咀嚼，即成黄色和藏红花色。内服，可治疗胃肠道胀气、胃弱、一切疼痛、腱衰、脾肝肾病、腹痛、膀胱和胸部疼痛、神经抽痛、子宫疾病、坐骨神经痛、咳血、哮喘、打嗝、肠溃疡、腹泻、周期性发烧、蛇咬伤等。用伞菌同样的剂量和赋形剂同时下药。此药和醋一起涂擦在瘀斑和脓疮外，瘀斑和脓疮便会消失。把大黄和水一起制成糊剂敷在慢性炎症处，炎症就会治愈。大黄有收敛性，而且略有热性。[1]

在希腊语中，大黄的词源是 Rha barbaron，其中的 Rha 是"伏尔加"的转音[2]，表示这种原产于中国的植物是经过伏尔加河流域输入地中海地区的。[3]

1　［法］费琅编：《阿拉伯波斯突厥人东方文献辑注》，耿昇等译，中华书局 1989 年版，第 288 页；*The Greek Herbal of Dioscorides*，Englished by John Goodyer，Oxford，1934，pp. 232–233；*Dioscorides Materia Medica*，ed. Tess Anne，Osbaldeston，IBIDIS press，2000，p. 364.

2　*The American Heritage Dictionary of the English Language*，ed. Anne H. Soukhanov，Bukupedia，2015，"Rhubarb".

3　Na Na：*China in World History*，Springer，2016，p. 222. 参见［法］阿里·玛扎海里：《丝绸之路》，耿昇译，新疆人民出版社 2006 年版，第 450 页。

西方到中国的旅行者中，第一位提到大黄的是鄂多立克，他说"此省（甘肃）也生长大黄，而产量极丰，你花不上六个银币便可用一头驴子驮满。此省是大汗帝国的十二个省之一。"[1]

《马可·波罗游记》中也有两次提到大黄，一次说：

> 抵一别州，名曰肃州（Suetur）。境内有环以墙垣之城村不少，而其要城即名肃州。居民是基督教徒或偶像教徒，并臣属大汗。前此所言之三州，并属一大州，即唐古忒也。如是诸州之山中并产大黄甚富，商人来此购买，贩售世界，居民恃土产果实为活。[2]

另一次说："此城（苏州）附近山中饶有大黄，并有姜，其数之多，物搦齐亚钱（gros）一枚可购六十。"[3] 苏州和肃州音近，可能马可·波罗口述时弄混了；但也有可能苏州的大黄是土大黄，这种植物在中国的分布面积比较广。

无论是鄂多立克，还是马可·波罗，他们都没有对大黄的植物形态进行描述。很可能他们见到的只是大黄干，而不是新鲜的大黄，在当时欧洲的大黄干已经是人们比较熟悉的药物了。

《鞑靼或大汗帝国地图》局部，肃州在左侧，汗八里在右侧

马可·波罗对大黄的记载也被地图学家们搬上了地图。1570 年亚伯拉罕·奥特里乌斯在其出版的地图集《寰宇地图集》中所收的《鞑靼或大汗帝国地图》（*Tartaria sive Magni Chami Imperium*）上的肃州（Succuir）附近标注了："此处山中产大黄。"（His montibus Rhabarbarmn provenit.）

而到了 1638 年及 1640 年密瑞安（Mathaus Merian，1593—1650）和伯劳（Willem Janszoon Blaeu，1571—1638）分别出版的《鞑靼或大汗帝国地图》上，唐古特（Tanggvnt）和肃州之间则被标上"据说这个地区所产的大黄全部被运往欧洲。"（ex hoc regno omne Rhabarbarum ad Europeos deferri volunt.）

1　《海屯行纪 鄂多立克东游录 沙哈鲁遣使中国记》，何高济译，中华书局 1981 年版，第 82 页。

2　《马可波罗行纪》，冯承钧译，上海书店 2001 年版，第 126 页。

3　同上书，第 350 页。

16 世纪中叶，马可·波罗的同乡拉木学在为《马可·波罗游记》意大利语版本所作的序言（收入其所著的《航行与旅行》一书）中提到有一位来自岐兰（Chilan）省的名叫察吉·莫美特（Chaggi Memet）的波斯商人于 1500 年左右跟他谈到过中国的植物：

伯劳《鞑靼或大汗帝国地图》局部。汗八里在右上角

然后他告诉我们大黄生长在整个（唐古特）省，但最好的是长在某些高山附近的，那里有许多泉水，各种各样的树木都长得很高。由于频繁的降雨和溢向四处的泉水，那儿的土壤是红色的，且几乎总是处于泥泞的状态。至于大黄的根和它的叶子的外观，正好这个商人从那个国家带来了一张小画儿，画得非常精心和有技巧，所以他从口袋里拿出来给我们看，说我们这里有大黄的真实和自然的图像……他还说……在契丹的土地上，人们从来没像我们那样拿大黄当药，而是把它捣碎并与其他一些香料混合在一起做他们在偶像前面烧的香。而在其他一些地方，大黄是如此丰富，以至于人们一直将它用作燃料，还有人用它喂他们生病的马匹。所以在契丹的那些地区，人们不怎么看重大黄的根。[1]

拉木学在书中附了一幅大黄的插图[2]，想来就是那位波斯商人从口袋里掏出来的那幅画。图上的大黄有发达的根部，叶片呈舌状，茎干最高处开有花朵。这应该是中国大黄的身影第一次在西方的出版物上亮相。

拉木学书中的大黄图

---

1 参考 *Cathay and the Way Thither*，ed. Henry Yule，London，1913，v.1，pp. 291–292.

2 Gio. Battista Ramusio：*Delle Navigationi et Viaggi*，Venetia，1559，v.2，p. 15.

马提奥利著作中的大黄图。此图叶片的边缘带有清晰的绒毛，这是拉木学的插图中所难以觉察的。大图见本篇开篇页背面

这幅插图后来被许多学者抄袭和模仿。意大利自然学家马提奥利（Pietro Andrea Mattioli，1501—1577）、德国药学家提奥多鲁斯（Jacobus Theodorus，1525—1590）、英国植物学家吉拉德（John Gerarde，1545—1612）等的著作都用过这幅图。[1]其中马提奥利在其《医学评论》第 3 版中所重新雕刻的大黄插图几乎占据了整个页面，细节毕现，使读者看了赏心悦目。[2]

吉拉德在他的名著《草药志》中称拉木学提到的大黄为"开花的大黄"。他对中国大黄赞赏有加，说："大黄被人从印度东上方的中国带出……最佳的大黄是从中国带来的新鲜货。"在提到大黄的名称时，他又说："拉丁语通常称其为 Rha Barbarum，或 Rha Barbaricum，Rheu Barbarum；摩尔人和阿拉伯人更接近真实地将之命名为 Raued seni，a Sinensi provincia[3]，因为它们是从那里（中国）进入波斯和阿拉伯，然后进入欧洲的；另外从唐古特，通过契丹的地界进入波斯人的地界（那儿受萨菲[4]的统治），从那儿进入埃及，然后再进入欧洲。"[5]

1645 年波兰籍耶稣会传教士卜弥格进入中国传教后，一方面服务于南明王朝；另一方面专注于研究中国的地理和物产。他于 1656 年在维也纳出版了《中华植物志》。关于大黄，他写道：

大黄在中国到处都有，但是在四川、陕西以及靠近长城的肃州更为常见。威尼斯人马可·波罗称肃州为 Socuir，摩尔人的马队从那儿到契丹和汗八里去。几年前，

1　John Gerarde：*The Herball*，London，1597，316；Iacobus Theodorus：*Eicones plantarum seu stirpium*，Francofvrti，1590，p. 907.

2　P. Mattioli：*I discorsi …nelli sei libri*，Venice，1568，p. 675.

3　Seni 与 Sinensi 都表示与中国有关。关于波斯和阿拉伯语中对大黄命名的解释，参见［法］阿里·玛扎海里：《丝绸之路》，耿昇译，新疆人民出版社 2006 年版，第 454 页。

4　Sophy，波斯王的称号。

5　John Gerarde：*The Herball*，London，1597，p. 317.

一位来自耶稣会的葡萄牙人鄂本笃从那儿去过契丹。由于泉水和雨水的缘故，大黄生长的土地是红色和泥泞的。大黄的叶子有两掌般大小，底部狭窄，顶部宽。叶子的边缘有绒毛。一旦叶子成熟，它们就会枯萎并变黄，然后垂落到地面。大黄的茎叶从地面长到一掌高时，细嫩枝条上缀满了与大紫罗兰非常相似的花朵，揉捻后有蓝色的乳状汁液。大黄有很冲的气味，让鼻子觉得不舒服。它生长在地下的根茎有一、二，甚至三掌长，深金色，通常有人的手臂那么厚，四周还会长出许多小根。将大黄切块后，会露出黄色的肉质，上面有红色的脉纹，从中会滴下一些黏稠的黄红色汁液。如果有人将这些湿润的切片晒干，那么，正如经验所教导的那样，这种油性水分会迅速蒸发掉，根部变得很轻，并且还会失去其价值。这就是为什么行家首先将新鲜大黄片放在长条桌子上，然后每天翻动三到四次，使汁液浸于切片并留在其中。当水分凝固四天后，他们用绳子穿过这些切片并将它们晾在风中，但是需放在阴凉的地方，这样它们就不会碰到太阳的光线。收割大黄最好的时间是冬季，在绿叶迅速长大之前，因为在这段时间内（直到5月初前后），汁液自然地浓缩于大黄之中。如果是在夏季，或者在有绿叶的时候，它还没有成熟，大黄根缺乏黄汁和红色脉纹，且呈海绵状，非常轻，跟冬天的大黄根比完美度差多了。一车装满仍然潮湿的大黄根的价值可达一个半斯库多[1]。大黄干燥之后失去很多重量，7磅新鲜的，仅得一两磅干燥的。新鲜和绿色的大黄非常苦，味道不好。在中文里它被称为太黄，意思是"最黄的"。[2]

《中华植物志》中的大黄图

卜弥格在《中华植物志》中附上了两幅大黄的插图，他把它们分别命名为"甘泰黄"和"太黄"[3]。在明清之交来中国的传教士中，卜弥格是最爱写汉字的一位。虽然他的汉语水平

1　斯库多为葡萄牙金币，1斯库多约等于14.24克黄金。

2　*Flora Sinensis*，Vienna，1656，S.

3　卫匡国也把大黄称作"太黄"，见 *Novus Atlas Sinensis*，Amsterdam，1655，p. 44；亦可参见本节稍后所引《大清志》中的有关文字。

相当高，但他也屡有写错汉字的时候，特别是形近和音近时常不小心混用。比如他在《中华植物志》中将"枇杷"写成"棍杷"；将"番菠萝"写成"反菠萝"等。他所称的"太黄"显然就是"大黄"[1]；而"甘泰黄"则极可能是"干太黄"（即"干大黄"）。"泰"和"太"不但同音而且在古汉语中可以通用。

《中华植物志》中的图片在印刷成黑白版后，部分书籍由人工上色成彩图。上色的工人显然经过植物专家（或许就是卜弥格本人）的指点，因为从整体上来说，书中各种植物以及一些动物的用色都相当准确。大黄的插图上共有两株植物，外形基本相同。下面一株叶子呈绿色并有明显的叶脉，根呈棕黄色，而花则呈蓝紫两种颜色[2]；上面的一株叶子呈黄色且没有叶脉，花为蓝色，根部已经基本被切除，只留下七个小根。无叶脉的黄叶子跟被切除的根部已经清楚地表明此株植物已经成熟，根部被切除用作制药了。另外，卜弥格在"甘"字的上面还写了"matur"，很可能表示的是"matures"，即拉丁语"成熟"的意思。

1667 年，卜弥格的老师吉歇尔在阿姆斯特丹出版了《中国图说》，他在介绍中国的奇异植物时，全文抄录了卜弥格对大黄的说明，同时加上了这么一段：

然而，博学的古流斯（Jacob Golius）在他的书中写道："这种对大黄的描述及其中的插图，在马提奥利乌斯（Matthiolus）[3]评论迪奥斯考里德斯的和其他人的著作中也有所体现，首先由拉木学在他称之为《宣言》的《威尼斯马可·波罗游记》的序言中以意大利语刊出，他说他从一位波斯人那里了解到了大黄的历史，这位出生于岐兰（Chilan）省的智者名叫察吉·莫美特（Chaggi Memet）。大约于 1550 年，这位商人来到威尼斯，带来了大黄。通过翻译，他告诉拉木学和他的所有的朋友，他曾去过唐古特省的肃州（Succuir）市，那里有大量的大黄。他毫不怀疑他的描述是准确和现实的，而且他的图片值得信赖。大黄看起来好像刚刚从它的原产国到达。我们确信这是真实的。该商家的诚意由其众多的商业交易作保。至于植物的样子，卫匡国

1　在卜弥格未刊手稿《中国地图册》中的《山西省图》中，太原被标为"大原"，而相应的拉丁化拼音则为"tà yuén"。参见《卜弥格文集》，张振辉等译，华东师范大学出版社 2010 年版，第 203 页。

2　卜弥格在其手绘的陕西省地图上也附上了一幅大黄图，形态与此株类似，只是花朵更高也更茂盛。卜弥格写在图中的说明是："中国话叫太黄（Tay huam）"。见《卜弥格文集》，张振辉等译，华东师范大学出版社 2010 年版，第 204—205 页。

3　即马提奥利。

神父是一位准确的观察者，也是《中国地图集》的作者，他认出了另一种真大黄。这位神父于 1654 年 6 月从阿姆斯特丹前往安特卫普。他路过巴伐利亚州的隆德时，希望访问一位杰出而高贵的人，即村长贾斯特·诺比莱尔（Juste Nobelaire）先生（他是一位非常有修养的人）。当他开始看村长的花园的时候，他远远地看到了某种长得很高的白色的 hippolapathum，它有长大的圆叶，看上去很漂亮。事实上，这是真正的大黄。在无人询问的情况下，他提供了此植物的名字。吉歇尔神父同意这一说法。所以这里我们附上这张图片，这张图片是在不久之前制作的。"[1]

从这一段引文中可以看出卫匡国也对大黄深有研究，能够一眼看出大黄的品种。据说卫匡国正是由于过量服用泻药大黄不治。[2]

吉歇尔在《中国图说》中也附了两幅插图，他将第一幅中的植物命名为"马提奥利大黄"，第二幅中的植物则命名为"真大黄"。

吉歇尔的马提奥利大黄图，实际上是个合成品：中景采用了马提奥利的大黄插图（亦即

《中国图说》拉丁语版"马提奥利大黄"插图

拉木学的大黄插图），并参考了卜弥格的大黄图，将大黄的叶片画得松散一些，并将花茎拉高，花朵增大；前景的右侧表示大黄根，左侧是新生的大黄；远景则画了具有南方特色植物的中国风景，有几位在大黄田里照顾大黄的农民。

比较诡异的是大黄的叶片，在马提奥利和卜弥格的插图中都没有显示出斑点，但吉歇尔的马提奥利大黄图上的大黄则布满了斑点，这很可能是因为吉歇尔或他的出版商在雇人抄袭马提奥利大黄图时，连纸上因年代久远而形成的一些斑点也描了下来，

1　Athanasius Kircher: *China Illustrata*，translated by Charles D. Van Tuyl，Indian University Press，1987，pp. 179–180.

2　［美］孟德卫：《奇异的国度：耶稣会适应政策及汉学的起源》，陈怡译，大象出版社 2010 年版，第 104 页。

并发扬光大，在每张叶片上都添上了斑点。

虽然吉歇尔没有明说"真大黄"图来自何处，但他似乎暗示，此图是照着诺比莱尔先生家花园里的大黄描摹下来的，但从图上看，这种说法不成立。此图显然也是个合成品：前景是圆叶、长茎、繁花的大黄及其根部；中景是农人在种大黄及晾晒尚没有切成片的大黄根；远景则是具有中国特色的塔及群山。

这不是圆叶大黄第一次出现在西方的出版物上，至迟在 1633 年，由托马斯·约翰逊（Thomas Johnson，？—1644）主笔的吉拉德《草药志》修订本中就已经有圆叶大黄，名为"古代真大黄"。[1] 目前尚不清楚这两幅"真大黄"插图之间有什么关系，但是以吉歇尔的博学多闻，他应该是读过吉拉德的书的。

《中国图说》拉丁语版"真大黄"插图　　《草药志》修订本中的"古代真大黄"图

早期到达中国的外交和贸易使团中，荷兰人以图文并茂的出使报告著称。但 1655 年第一次使团的报告中只提到了 "这里（四川）出产无与伦比的大黄根，在这个省做生意的西藏人和莫卧儿人把它贩运到欧洲"[2]。而第二、三次使团的报告集《大清志》中则有不短的篇幅谈论大黄，除了重复《中国图说》中的内容外，还有一些其他的信息：

1　John Gerarde et al：*The Herball*，London，1633，p. 393.

2　John Nieuhoff：*An Embassy from the East-India Company of the United Provinces*，*to the Grand Tartar Cham*，*Emperor of China*，London，1669，p. 13.

根据卫匡国的说法，陕西和四川出产良药，尤其是 Rhubarb 根，中国话叫太黄。正如有些人所肯定的那样，这种根不是野生的，而是种植的，且需要辛勤地照顾。它带有黄色的火焰条纹，不是空心的，而是坚硬的，有些地方有粗大的结。叶子有点像我们的甘蓝叶，但更大。中国人在大黄上打一个洞，然后将它们挂在树荫下晾干，如果在太阳下晒干的话会失去它们的药用价值。

大部分被带到欧洲的大黄，主要来自陕西省和四川省。它们被从中国和波斯经海上带到巴达维亚，从那里再带到荷兰；或者从陆地被带到喀什，阿斯特拉罕和俄罗斯，或者通过西藏和波斯再经威尼斯到意大利。因为西藏和莫卧儿人经常去四川省，从那里带来了大黄。以上是卫匡国的话。

马提奥利乌斯（即马提奥利）在他的对迪奥斯考里德斯的评论中给我们提供了有关大黄的其他描述，这与卜弥格在《中华植物志》以及威尼斯的前秘书拉木学在《马可·波罗游记》序言中的说法一致。总括如下：

他们说虽然大黄在中国各地都有生长，但在四川、陕西以及长城附近归肃州管辖的地区比其他任何地方都丰富。因为被泉水和雨水一直滋润的缘故，它生长的地方是红色的黏土。植物的叶子有两掌长，下面狭窄，顶端变宽，边缘覆盖着绒毛。当它们长大成熟时，会立即变黄并变得松软。茎叶会长到地面上方一掌的高度。叶片中有一根细长的茎，上有花朵，像大石竹花。花一直开到顶部，有很冲的刺鼻的气味。地下的根茎是深铜色的，有一、二，有时三掌长，像人的手臂那么厚。有小根从旁生出，常被切掉。当大黄根被切成片断时，会显出深黄色的肉质，上有深红色的脉纹，从脉纹中滴出红色黏液。此外，如果有人立即将这些潮湿的碎片悬挂起来干燥，那么，正如经验教导的那样，水分会瞬间消失，大黄根会变得非常轻，这样就失去了它所有的价值。因此，这里经验老到的人，首先将新鲜的大黄片放在桌子上，并在一天内将它们翻两三次，这样黏液就可以逐渐浸入并干在大黄片里，且一直留在那儿。四天后，当水分干涸时，他们将这些大黄片放在绳子上，并将它们悬挂在背阴的地方风干。

挖掘大黄的最佳时间是在树木开始发芽之前的冬天，因为在那个时候（大约在 4 月初），黏液和药性凝聚在一起。如果大黄的根在夏天被挖出来，或者当它长出绿色的叶子时（这是它不成熟的标志），那么它就不如冬天挖掘的大黄完美。

一车满载了充满水分的大黄根值一个半斯库多。黏液在干了的时候会减轻许多重量，七磅新鲜的，勉强能得到一磅干的。中国人称它为"太黄"，即"非常黄"的意思。

此植物在前面提到过的作者中被广泛谈论（尤其是卜弥格做了精细的研究），他们想知道阿尔卑斯的 Rhaponticum 是否与通常从莫斯科带来的大黄相同，并且花了很多心血来证明在中国生长的大黄比从俄罗斯进入欧洲的大黄要好得多。[1]

《大清志》中的 "魏岑大黄" 图

《大清志》中附了一幅精美的大黄插图，并在插图上标明大黄的种类为 "魏岑大黄"（Rhababarum Witsoniarum）。

魏岑大黄的名字来源于尼古拉斯·魏岑。此人为荷兰学者和政治家，曾当选为荷兰东印度公司主席。他曾说他在 1666 年从莫斯科带了大黄种子到阿姆斯特丹种植[2]。他播下的种子极有可能成功地发芽并长成植株，所以才有 "魏岑大黄" 之名。

魏岑的著作《北鞑靼与东鞑靼》1705 年版中也附有一幅大黄插图[3]，主角正是所谓的 "魏岑大黄"，但插图的说明只是 "大黄"（Rhabarbar）。虽然《大清志》比《北鞑靼与东鞑靼》先出版（初版于 1670 年），但魏岑喜欢收集稀奇的物品和绘画，他很可能在成功地种出大黄之后，就请人制作了大黄的铜版画，这样到了《大清志》出版的时候，已经有 "魏岑大黄" 的图片在市面流传，正好可以被《大清志》的出版商用来当插图。

对照《大清志》中的 "魏岑大黄" 图 和《北鞑靼与东鞑靼》中的 "大黄" 图，不难发现后者的艺术性更胜一筹。此图背景中除了有树木和山峰外，还点缀了水边的垂钓者和河中的泛舟者，把这一部分放大来看，简直就是一幅清新的山水画。可惜的

---

1 *Atlas Chinensis：Being a Second Part of a Relation of Remarkable Passages in Two Embassies from the East-India Company of the United Provinces，to the Vice-Roy Singlamong and General Taising Lipovi，and to Konchi，Emperor of China and East-Tartary*，London，1671，pp. 679–680.

2 Nicolaes Witsen：*Noord en Oost Tartarye*，Amsterdam，1705，p. 790. 但英国学者巴德利考证魏岑从莫斯科带大黄种子的年代应为 1665 年，并认为大黄种子可能来源于肃州。见 *Russia，Mongolia，China*，ed. John F. Baddeley，London，1919，v.2，x。

3 此图中的大黄也出现在《北鞑靼与东鞑靼》1705 年版第一卷扉页上。

右图局部。垂钓者在画面右侧岸边，泛舟者在
河中央

《北鞑靼与东鞑靼》中的"大黄"图

是图中的人物仅有一个字母般大，不仔细看图的读者很可能错过画家的良苦用心以及画中的趣味。

不过《大清志》中的"魏岑大黄"插图也有欣赏者。1696年，荷兰植物学家、医生蒙亭（Abraham Munting，1626—1683）的著作《植物真解》（Naauwkeurige Beschryving Der Aardgewassen）在他死

"皱叶大黄"图（左）与"中国长叶绒毛大黄"图（右）

后出版。其中的"皱叶大黄"（Rhabarber Rotundifolium Fimbriatum）插图就是模仿"魏岑大黄"插图而作，而另一幅"中国长叶绒毛大黄"（Rhabarbarum Lanuginosum Sive Lapathum Chinense Longifolium）插图实际上是将马提奥利大黄放入了花盆，成了盆栽插图。

吉歇尔的书出版12年后，他的"真大黄"图就被德国医学家梯灵（Matthias Tiling，1634—1685）盗用了。1679年梯灵出版了一本近800页的《大黄研究》。在

《大黄研究》插图。大图见开篇页背面

扉页作者肖像的后面就是一幅修改过的"真大黄"图[1]。

在这幅图中，除了前景和中景的大黄和中国农民位置有所变化外，基本上还算尊重原作。但是原作背景里的中国古塔被改成了西方的城堡，这就造成了中国农人在西方城堡外种植大黄的滑稽景象。

进入 18 世纪后，法国传教士在中国相当活跃。他们当中有不少人对中草药深有研究。1723 年，耶稣会神父巴多明（Dominique Parrenin，1663—1741）给法兰西科学院写信，介绍了一些中国草药，大黄正在其中：

是否应对你们说说大黄呢？我知道，诸位先生，欧洲人对这种植物及其特性已经相当熟悉；然而他们或许仍乐意看看我对此的描述。这一切是一位去产地收购大黄后来北京销售的富商告诉我的，它至少比波梅先生在其《药物通志》里对我们说的更为确切。波梅先生承认他不知道大黄的原始产地，也不知其形状，甚至不知道中国有这种植物，但他对其性质及选择方法所作的判断是正确的，只是他让人摹刻的该植物的形状不大准确。下面是那位中国商人对大黄的描述。

大黄生长于中国许多地方，其中最好的出自四川，产于陕西、西藏的远在其下。其他地方也有，但均不被看好，大家也不用它。大黄茎干颇似小竹子，中空、易断，高 3—4 法尺，深紫色。3 月时节，茎干上会长出长而厚的叶子，它们四四相对地长在同一个叶柄上，形成一个花萼。花为白色，有时也有紫色的。到了 5 月，它会结一颗黍粒般大小的种子——人们于 8 月间采摘。大黄的根部又粗又长，分量最重、内部大理石花纹最多的根乃为上品，最受人器重。这种根因本身性质所致很难干燥，中国人把它挖出洗净后便将其切成一段段 1—2 法寸长的小块，放在底下升火的大石板上熏干。他们反复翻转这些小块，直至其完全干透。若有欧洲那种烘炉，他们就不必用这种石板了。鉴于上述方法不足以完全去除根内水分，他们在每个小块上挖一个孔把它们串

1　（Matthiae Tilingii）：*Rhabarbarologia seu curiosa rhabarbari disquisitio*，1679.

在一起，挂在阳光最强之处暴晒，直至其可供贮存而无变质之虑。

至于大黄的用途，中国人的看法与欧洲人大致相同，不过他们很少服用生的和纯的大黄，他们说它会破坏肠衣，即引起（肠）绞痛。而中国人通常宁肯治不好病也不愿忍受巨大痛苦，所以更喜欢依他们的规则把它与其他多种草药放在一起煎服。若必须服用纯的大黄，他们事先要做如下加工：

他们按需要量取几段大黄，在米酒（若有葡萄酒则更好）中浸一天一夜使其柔软以便能切成薄片。然后在砖砌炉灶上支一口口径2法尺、底部逐渐收缩成圆帽形的大锅，锅里放满水，用一只竹篾做的筛反扣在锅上，筛的大小应与锅口一致。大黄切片放在筛底，用木制锅盖把这一切全部盖住，锅盖上再压一块毛毡，使水蒸气不能外泄。然后升火把水烧开。水蒸气透过筛子进入大黄切片，可去除其呛人的气味。最后，水蒸气如同在蒸馏器中一样又变成水，掉入沸腾的锅内，使锅里的水变黄——中国人把这种水保存起来治疗皮肤病。大黄切片在这种蒸气循环中至少应放置8小时，取出后晒干，然后再按同样顺序重复两次，至此才算把大黄加工完毕——这时它变成了黑色，磨碎后即可制作催泻丸药。一次用药剂量至少5至6德拉克马，可慢慢清除肠内淤积物而不引起绞痛：（服用者）当天尿量增加，尿液略带红色。中国人称，这表明体内虚火由此得到了散发。不想吞服这么多药丸的人可取等量干大黄切片放在小土罐或小银罐里加入9两水煮烧，等水减少到只有3两后于温热时服用。有时他们还加入其他草药。

这样加工大黄效果颇佳，我曾目击过它的疗效。我们一位传教士因严重便秘而生命垂危，任何药物都不起作用。病人起初把所有药物都呕吐了出来，甚至用大黄制成的药丸或煎剂也一样。一位中国医生让他服用了用此方法加工过的双倍剂量的大黄煎剂，里面还加了点蜂蜜。病人丝毫未恶心呕吐，用药10小时后，病人解除了痛苦，也未出现绞痛。

波梅先生在我上文提及的《药物通志》中断言，把一块块大黄串在一起，孔边会形成粉末状物，取八分之一盎司这种粉末放入一杯玫瑰水或车前子水中于清晨空腹服用，这对通便十分有效。另一位名气稍小的药物学家也发表过同样看法。如他们对所言之事做过试验，我就无话可说了。不过我就此请教过一位中国名医，他比同行们更经常使用大黄。他告诉我，大黄总是先从这个孔边开始变质，因此孔边粉末状物无任何用处而且要仔细剔除，人们只用根内分量最重、大理石花纹最多的部分。或许因为一斤大黄在中国只值 4 个苏，所以人们对这一部位的大黄不屑一顾，而它在法国的价格要贵得多，人们便一点都舍不得扔掉了。[1]

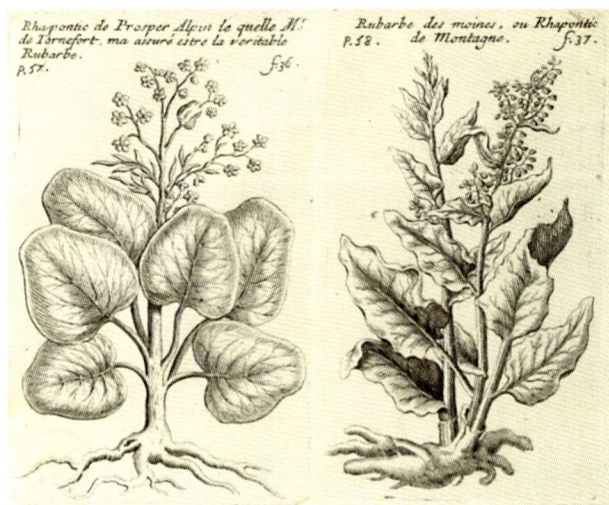

《药物通志》中的"真大黄"（左）和"山大黄"（右）图

巴多明不厌其烦地转述了中国人炮制及泡制大黄的过程，可见他对这种神奇草药的关心程度。他在信中提到的波梅先生指的是法国药学家皮埃尔·波梅（Pierre Pomet，1658—1699）。波梅的《药物通志》（*Histoire Générale Des Drogues*）有专节讨论大黄并附上了插图。

但他的大黄插图是抄来的。"真大黄"图源自吉拉德《草药志》修订本中的"古代真大黄"图；而"山大黄"图则来自马提奥利的书。[2]

法国耶稣会神父杜赫德跟巴多明有通信关系，且编辑过《耶稣会士书简集》。但他在他的巨著《中华帝国全志》中并没有引用巴多明对于大黄的描述，而是只写了这么简短的几句：

（中国）大黄丰富，不仅在四川省，而且在陕西省的从凉州延伸到肃州和西宁州雪山山脉也有生长。光那些地方就聚集着多得令人难以置信的大黄。传教士们在制作地图时，于十月和十一月，常常会遇到整个驼队满载装在网包里的大黄。大黄的花就像边缘有缺刻的小钟，叶子较长且有点粗糙。根的内部在新鲜时颜色发白，但是当它干燥后，就呈现我们看到的颜色了。[3]

---

1 《耶稣会士中国书简集 II》，郑德弟译，大象出版社 2001 年版，第 307—309 页。

2 Pietro Andrea Mattioli: *New Kreüterbuch Mit den allerschönsten vnd artlichsten Figuren aller Gewechß, dergleichen vormals in keiner sprach nie an tag kommen*, Prag, 1563, p. 152.

3 J.B. Du Halde: *Description géographique, historique, chronologique, politique, et physique de l'empire de la Chine et de la Tartarie chinoise*, 1736, t.1, p. 30.

杜赫德也附了图，但一眼就可以看出他的图是从《中国图说》中借用的。

北欧至迟在17世纪中叶就开始尝试培育大黄，这种风气后来推广到欧洲大陆及英国。1831年，英国药学家约翰·斯特芬森（John Stephenson，1790—1864）和詹姆斯·丘吉尔（James Morss Churchill，1796—1863）在新版《药用植物》中说虽然中国大黄在英国"栽培成功，可以满足伦敦市场的需求。但是由于国人看重外国货，所以这样的努力总的来说是失败了"[1]。它们在书中附了一张"波叶大黄，又名中国大黄"的插图，从图中可以看出大黄的茎干是中空的，另外大黄的花也非常繁密。

从奥斯考里德斯开始，大黄一直被西方医生当作治胃病的良药。中医也对大黄助消化的功能推崇备至。李时珍《本草纲目》引《神农本草经》说大黄"荡涤肠胃，推陈致新，通利水谷，调中化食，安和五脏"。正是由于大黄具有这样的"神效"，这种出口商品曾被中国政府用来当做外交和贸易战的武器。

1838年，正值中英之间因鸦片贸易而关系紧张之时，江南道御史周顼上奏称："查外夷于中国内地茶叶大黄，数月不食，有瞽目塞肠之患，甚至不能聊生。视鸦片之可用药解，除其为害之轻重悬殊也。内地

《中华帝国全志》中的"太黄"插图

"波叶大黄"图

---

1 John Stephenson 等人：*Herbal Botany*，London，1834，v. 3，CLXXVII.

人民不尽食鸦片，而茶叶大黄为外夷尽人所必需，其取用之多寡又悬殊也。乃外夷以无用害人之物，尚能遥执中国之利权，岂中国以有用益人之物，而不能转移外洋之银币。"[1]他建议中国利用"有用益人植物"，即茶叶与大黄，来扭转贸易不公平的情况。

他之所以得出结论说外夷无茶叶、大黄则不能活下去，一方面是基于当时尽人皆知的中医药学知识，另一方面则是基于了解洋务的人对西方的水土及饮食习惯的判断。跟洋人打过交道的琦善说："夷地土地坚刚，风日燥烈，又每日以牛羊肉磨粉为粮，食之不易消化，大便不通立死，每日食后，茶叶、大黄便为通肠之圣药。"[2]因而道光皇帝谕令，如果英国人"日后再有反复，即当示以兵威，断绝大黄、茶叶，永远不准交易，俾冥顽之徒知所儆惧"[3]。

虽然此前清政府在跟俄国人打交道时曾以禁售大黄为手段并达到了目的[4]，但这一次，船坚炮利的英国人并没有买账，鸦片战争还是不可避免地爆发了。

---

1 中国第一历史档案馆：《鸦片战争档案史料》，天津古籍出版社 1992 年版，第 258 页。

2 琦善：《尊旨复奏禁烟折》，见《溃痈流毒》，载杨家骆主编：《鸦片战争文献汇编》，台北鼎文书局 1973 年版，I，第 516 页。

3 台湾"中央研究院"近代史研究所：《近代中国对西方及列强认识资料汇编》，第一辑，第一分册，第 160 页。

4 张哲嘉：《"大黄迷思"——清代制裁西洋禁运大黄的策略思维与文化意涵》，载台湾《"中央研究院"近代史集刊》，第 47 卷，第 73 页。

4.3 茶

在欧洲收藏的文献中，有一份公元 9 世纪到中国旅行的阿拉伯人留下的手稿最先记录了中国人饮茶的习俗：

（中国）皇帝还保留了盐矿及人们用热水饮用的某种草药的税收，这种草药在所有城市都大量销售，价格颇贵，人们把它称为"茶"（Sah）。它是一种比石榴树更浓密的灌木，气味更宜人，但它有一种苦味。他们的方法是煮好沸水，浇在茶叶上。这种饮料能治愈各种疾病。[1]

而欧洲本土人士则要到半个世纪后才提到了茶，但也是转述中东人的记述。大约 1550 年意大利地理学家拉木学听到一位名叫察吉·莫美特（Chaggi Memet）的波斯商人说：

在中国各地，人们使用另一种植物的叶子，那些人称之为契丹茶叶（Chiai Catai）。它生长于中国的 Cacianfu 地区，全国人都用且推崇备至。他们将干的或是新鲜的叶子放在水中煮沸。空腹饮用一两杯这种饮料可以消除发烧及头、肚子、腰肋或关节的疼痛，但应该尽可能趁最热时饮用。他说，除此之外，这饮料还能治疗多种疾病，多得他记都记不清，痛风就是其中之一。如果胃部有积食，只需服用少许这种煎剂，即可在短时间内消化。每一个旅行的人都会带着它，可见人们对它的看重。人

---

1 *Ancient Accounts Of India and China by two Mohammedan Travellers*，tr. by Eusebius Renaudot，London，1733，p. 25. 如果这段记载是真实的话，则中国在唐代已经有了冲泡茶。

们很乐意以一袋大黄换取一盎司的契丹茶叶。中国人说如果我们这儿，或波斯和法兰克人的国家的人知道它，毫无疑问商人们不会再购买大黄。[1]

20多年后，另一位意大利人，耶稣会的教士马菲也提到了中国的茶：

他们不像我们那样从葡萄中提取葡萄酒，但是他们习惯在冬天用酱料保存葡萄。他们从某种叫做"茶"（chia）的草药中挤出一种非常有益的汁液，然后加热饮用，就像日本人一样。使用者不会生痰，亦不会沮丧或嗜睡。他们都长寿，几乎没有任何严重的疼痛或疾病。[2]

马菲似乎不清楚茶是从中国传到日本的，因此说中国人像日本人般地喝茶。

第一个亲眼看到中国茶饮的欧洲人大概是葡萄牙耶稣会教士克路士，他于1556年访问中国南方时，观察到中国人用茶水招待客人：

如果有人或有几个人造访某个体面人家，那习惯的做法是主人向客人献上一种他们称为茶（cha）的热水，装在瓷杯里，放在一个精致的盘上（有多少人便有多少杯），那是带红色的，药味很重，他们常饮用，是用一种略带苦味的草调制而成。他们通常用它来招待所有受尊敬的人，不管是不是熟人。他们也好多次请我喝它。[3]

1575年到达中国福建的西班牙传教士拉达也注意到了客人来访时主人献茶的习俗：

有人来访时，行过礼和入座后，一名家仆捧着一个盘子，放许多杯热水，和就座的人一般多。这水是用一种略带苦味的草煮的，留一点末在水里，他们吃末喝热水。尽管我们开始不怎么在意那种煮开的水，我们仍然很快习惯喝它，而且渐渐喜欢它，

---

1 Gio. Battista Ramusio：*Delle Navigationi et Viaggi*，Venetia，1583，v.2，p. 16.

2 Joannis Petri Maffeii：*Historiarum Indicarum*，Viennae，1571，p. 119.

3 克路士：《中国志》，见［英］C.R.博克舍编注：《十六世纪中国南部行纪》，何高济译，中华书局1990年版，第98页。

因为它始终是拜访时主人待客的头一件东西。[1]

1582年进入中国的利玛窦是最早对中国有深入研究的传教士之一，他在介绍中国的饮茶习惯时说：

其中之一是一种不生果实的小树之叶子，中国人用来做茶，这在中国及其邻国是很受重视的东西。中国吃茶的习惯不很古老，因为在古书中没有这个字。在我们西方的树林中也可能有这类树木。这种叶子在春天采收，在阴处风干，用来泡水喝。喝茶是极普遍的事。茶的味道很好，能提神、助消化；常是喝热的，可以说整天都喝。故此，不只在吃饭时，而且每次有客人来家，第一件事，就是给每人献上一杯茶；若停留的时间久，要献三四次茶。茶叶的种类很多，有好有坏，因此有的每斤一个银币，有的要两三个银币。在日本茶叶较贵，好的一斤要十个到十二个银币。日本吃茶的方式与中国有所不同。日本人咀嚼茶叶，在一杯热水中放上一两匙，与水一起喝到肚里。在中国，一壶热水中放半两茶叶，只喝水，叶子留在壶里。[2]

利玛窦对学习汉字很有兴趣，他可能翻检了《说文解字》之类的古书，并没有找到"茶"这个字，因此得出结论说中国人喝茶的习惯并不悠久。他显然不知道"荼"与"茶"同源，茶在古代更像是药，而不是普通的饮料。

利玛窦谈到了茶树"不生果实"的特征，而晚于他30年到中国的葡萄牙传教士曾德昭则更加详细地描述了茶树的外表："茶是一种树叶，大若山桃（Mirtle），在别的省，大若罗勒（Basil），有的则若小石榴（Pomgranat）。"[3]他还进一步谈到了茶叶的制作方法等细节：

他们把它放在铁筛子上烘烤，使它变硬和收卷。茶有好多种类，既因植物不同，也因上等的叶子比别的精细；所有植物差不多都有这一特性。按质量，一磅的价钱从

1　拉达：《记大明的中国事情》，见［英］C.R.博克舍编注：《十六世纪中国南部行纪》，何高济译，中华书局1990年版，第293页。

2　《利玛窦中国传教史》（上），刘俊余等译，光启出版社、辅仁大学出版社年联合发行，1986年，第14—15页。

3　［葡］曾德昭：《大中国志》，何高济译，上海古籍出版社1998年版，第22页。

一克朗到四法丁，有若干差别。这种烘干的茶叶放入热水，显出颜色、香味，初尝不好喝，但习惯后就能接受它。中国和日本大量饮茶，不仅通常代替饮料，也用以招待访客，像北方用酒一样。那些国家一般都认为，接待来客，即使生客，只说些客气话，太寒碜小气，至少必须请茶；如访问时间长，还须招待水果甜品；有时为此铺上一块桌布，如不铺，则把果品放在一张小几上的两个盘内。据说这种茶叶很有功效，可以肯定它有益健康，无论在中国还是在日本，没有人患结石病，也没人听说此病的名字，可以由此推测，喝这种饮料对这种病是有效的防治；还可以确定，如有人因工作游乐关系，想要熬通宵，那么它有消除困倦之力，因为它浓厚的味道容易使头脑清醒；最后它对学生有有益的帮助。其余功效我不能十分肯定，所以不去谈它。[1]

1665 出版的纽豪夫主笔的《荷使初访中国报告》中不厌其烦地记录了茶的生长环境、过程以及饮茶的方式：

在所有的植物中，中国以一种名为茶的草药而闻名，那儿的居民和邻近人民根据这种草药的名字，将他们的饮料称作 Thea 或者 Cha。

在中国的所有地方，这种草本植物在南京省靠近庐州市的地方最丰富，也生长得最快。事实上，只有在中国、暹罗和日本才能找到茶，它的叶子非常像盐肤木的叶子，而且茶无疑是盐肤木的一种。然而它不是自然生长的，而是需要施肥才能发芽抽条。它既不是树也不是草本植物，而是灌木。人们把它种在小山上，植株之间相距三英尺。它长得像玫瑰树那么高，枝条上到处都是花朵。茶树的薄薄的叶子是深绿色的，它们不仅形状不同，而且尺寸也不一。一株茶树上至少有五种不同大小的叶子。最大的叶子在最低的枝条上生长；在它们的附近是下一个尺寸的。越往上，叶子越小，而茶叶的价格则随之增加。以一磅干燥的来说，最大叶子的价值是 5 先令；第二大是 10 先令；第三大是 20 先令；第四大是 30 先令；第五大，也就是最小的是 100 先令；对了，如果品质上佳的话，有时可卖到 300 先令。

茶树的枝条上先长出绿色的小芽，继而生出小小的花朵：白色的花瓣和黄色的花心。花朵的大小、样子和颜色非常像甜蔷薇花，但气味与之不同。在花朵脱落之后，有一个壳仍在，其中包含着一颗黑色的种子。将种子种在地下，三年后就会长成新灌

1　[葡]曾德昭：《大中国志》，何高济译，上海古籍出版社 1998 年版，第 23 页。

木，此后每年都可以采到丰富的茶叶。在有些像欧洲那样雨雪丰沛的地方，如果把种子种植在背阴的富有营养的土壤中，有可能会长出灌木。

茶树满是根，在土中很浅的地方蔓延，这些根没有什么可利用的价值。但是人们每天采摘的叶子，在阴凉处晾干后，即可保存起来制成饮料，人们只喝它而不是啤酒。不仅在饭桌上喝，而且在所有的迎来送往及娱乐场合都喝。更重要的是，无论谁在皇家宫殿中有任何公干，在他坐下来之际，都会有人奉上一杯这种饮料，他总是趁热喝下，或是呷下。就像古代的罗马人习惯，他们更喜欢热水而不是冷水。如果这种饮料有苦味的话，他们会把它与糖混合在一起，然后喝它来驱走困倦。此饮料对吃多了而胃胀的人或者因饮酒过量而心烦意乱的人特别有好处。因为它可以驱散邪气和睡魔并增强记忆。但如果喝得太多，也会增加怒气。简而言之，人们无限地赞美这种饮料的好处，并将他们不生结石或痛风归因于此种他们所称的最上等的饮料。我们会相信这一点，因为在我们的去程和归程中，没有人受到这些瘟热的困扰。[1]

《荷使初访中国报告》中的茶园，此图可能是西方第一幅有关茶的插图

1　John Nieuhoff：*An Embassy from the East-India Company of the United Provinces*，*to the Grand Tartar Cham*，*Emperor of China*，London，1669，pp. 247–249.

波兰传教士卜弥格的《中国植物志》于 1656 在维也纳出版。此书虽然讲的是中国的植物，但没有提到茶，也许是因为卜弥格主要着眼于中国的果树和根茎类药用植物。不过在现存卜弥格的手稿中，有一段关于茶的说明：

有种叫茶的灌木的叶子可以用来做一种在全中国都很有名的饮料，人们在一些山坡上可以采集到这种叶子，用铁丝网子放在小火上烘干后，放在煮沸的水中，这样泡出来的饮料呈绿色或黄色。一般人喜欢在它味苦的时候去喝，给它加上甜的东西常常是用来招待客人的。日本人用茶叶沫子泡水来喝。一磅最好的茶售价常常是很贵的，在大热天，它能提神醒脑。它还能防治（胆？）结石和嗜睡症。[1]

另外，卜弥格的老师，德国博物学家吉歇尔在他于 1667 年出版的《中国图说》中介绍茶时也采用了卜弥格的佚文：

这种名为茶的植物，我们叫做 cia，不仅在中国使用，而且被逐渐引入欧洲。该植物可见于中国的各个地区以及鞑靼。数量充足且利润丰厚。然而，最好的和最值得关注的茶来自中国的省份，尤其是江南省的徽州市地区。用茶叶制成的热饮名闻遐迩。其不仅在整个中华帝国可见，而且在印度、鞑靼、西藏、莫卧儿可见，东洋居民亦饮用。人们饮用它，不只是每日一次，而是欲饮则饮。它的功效当然非常强大。要不是我在神父们的频繁邀请下学会了喝它，我几乎不会被诱导到会去信它。它是一种利尿剂，可以很好地让膀胱畅通。它使头部免生精神疾病。大自然赋予文人的珍贵和快速的良方莫过于茶了，它可以帮助他们熬过漫漫长夜，做大量的工作。虽然起初它的作用较弱且有点苦，但经过一段时间后变得令人愉快，并且一个人一旦养成适应它的胃口，就几乎无法戒掉它了。虽然土耳其咖啡和墨西哥巧克力具有相同的影响，但是茶（有些人也称 te）更好，因为它更温和。当天气温暖时，巧克力会使人得到太多的热气，而咖啡使人怒气增多。茶总是无害的，它不只是喝一次才非常有效，即使每天喝上百次，也同样有效。

《中国地图集》[2]中准确地描述了这种植物："其小叶子与西西里漆树非常相似，

1　《卜弥格文集》，张振辉等译，华东师范大学出版社 2010 年版，第 192 页。按"沫子"似应译成"末子"。
2　《中国地图集》为卜弥格的一份手稿，但关于茶的这一部分已经佚失。

人们也称它为盐肤木。我认为它是盐肤木的一个品种，虽然它不是自然生长而是经人工栽培的。它不是树，而是一种伸展着各种枝条的灌木。它与盐肤木的花朵没有区别，只是它不像前者那么白，而是稍微有些黄。在夏天，它的花朵首先散发出带有轻微香气的花香，随之而来的是绿色浆果，但很快变黑。柔软的绿叶被收集起

《中国图说》中的茶园插图

来制作茶叶。他们一片一片地小心翼翼地挑选这些叶子，随后他们就在一个铁锅里用慢火煮茶叶，然后将它们铺在一个可以用手翻动的轻网上，架在火上烘烤直到茶叶干燥，最后将干燥的茶叶堆积起来。他们将叶子放在锡制容器中以免受潮。当叶子放入沸水中时，一段时间后它们恢复原来的颜色，叶子伸展开来，并给水带来颜色和味道，这并非令人不愉快，特别是在习惯了之后。它呈绿色。这种热饮的优点和美德受到中国人的赞扬，中国人经常日夜饮用并提供给客人。茶叶有很多品种，一磅茶的价格从一枚奥波勒斯币到两个金币或更高。茶是中国人没有痛风或结石的主要原因，饭后喝它可以消除积食。这种饮料也用于缓解宿醉，人们可以很快安全饮用。它消除人体不好的体液，为想要保持清醒的人驱散睡魔，使睡意远离那些想要学习的人。根据其来源，茶在中国有很多名字。最好的茶叫松罗茶，名称来自出产这种茶叶的城市的名字。"[1]

1671年，一个名为杜福尔（Philippe Sylvestre Dufour）的法国人在里昂出版了一本名为《咖啡、茶和巧克力》（*Usage du caphé，duthé，et du chocolate*）的书[2]，他综合了前人对咖啡、茶和巧克力的记述，并将三种热饮进行了对比，得出虽然三种饮料来自不同的地方和环境，但都可使人兴奋的结论。

1　Athanasius Kircher：*China Illustrata*，translated by Charles D. Van Tuyl，Indian University Press，1987，p. 175.

2　作者"杜福尔"可能是化名，因为在法文中，"Dufour"的意思是"火炉"，此名字跟书中讨论的热饮有关。

1685年版《咖啡、茶和巧克力》
扉页插图

1685年版《咖啡、茶和巧克力》中中
国人饮茶、采茶插图。此两图的素材
都取自纽豪夫的《荷使初访中国报告》

1685年版《咖啡、茶和巧克力》题花

　　这本书的初版只有一张画了咖啡枝条、咖啡豆和处理咖啡豆的工具的插图。到
了1685年此书再版的时候，出版商对此书的排版进行了变动，此书内页不但插入了
主题题花，而且增加了茶园、可可枝条等插图。除此以外，新增的扉页插图和题花格
外引人注目，图中来自阿拉伯、中国和美洲的代表人物围在一起饮用各自不同的热饮，
令人有一种世界本可和平相处的感慨。

　　1686年，法国国王路易十四的御医薄来吉（Nicolas Blégny， 1652—1722）在里

昂出版了《如何正确使用茶、咖啡和巧克力来预防和治疗疾病》一书，作者也从医学角度讨论三种热饮的功效。此书将茶放在了第一章，薄来吉详细讨论了茶的性质、种植及其不同的名称和品种，说上佳的茶来自中国和日本。茶叶需用小火加热，然后装在薄棉布制成的小袋中轻轻翻动，直到它们完全干燥。他说茶的发音是 Cha，最好的茶叶来自茶树上最细嫩的叶子。他还说自己发明了一种"茶糖浆"，饮用方法与茶类似，保证能在几天之内治好感冒。[1]

1696 年，法国传教士李明在巴黎出版了《中国近世报道》一书，书中收录了李明写给法国知名人士的一批信件。在给德克莱希（de Crecy）伯爵的信中，李明说中国"一般的水质不好，这也许迫使居民特别是在南部省份的人总是喝温水；但是由于温水令人不快且令人恶心，因此他们认为自己要在上面放一些树的叶子，再给它加一点滋味，茶似乎是最好的，所以他们经常使用它"[2]。而在给法国国务秘书德·菲利波的信中，李明则详述了茶的各种细节：

《如何正确使用茶、咖啡和巧克力来预防和治疗疾病的书》扉页及内页插图，两图互为镜像，只是图中人持茶碗的方式略有不同。此两图的素材也是来自纽豪夫的《荷使初访中国报告》

《如何正确使用茶、咖啡和巧克力来预防和治疗疾病的书》中茶具图

1　Nicolas Blégny：*Le bon usage du thé，du caffé et du chocolat pour la preservation & pour la guerison des maladies.* Lyon，1687，p. 329.

2　Louis Le Comte：*Memoirs and Observations Topographical，Physical，Mathematical，Mechanical，Natural，Civil，and Ecclesiastical*，London，1697，p. 112.

在这些草药中，有两种我可以先谈一谈：第一种是中国人称为"茶"的叶子。有关它的属性问题，人们的意见分歧很大。有人认为它确实有令人钦佩的功效；其他人则认为这纯粹是欧洲人的异思奇想，因为他们总是痴迷于新奇的事物且高估他们不理解的东西。就像对待其他不能众口一词的事情一样，我相信可以采取折中的观点。

在中国，人们不受痛风、坐骨神经痛及结石之苦。许多人认为茶可以防止所有这些病症。鞑靼人以生肉为食，一旦不喝茶，他们就会生病，并且会有持续的消化不良。为了得到足够多的茶叶，他们讨价还价，为皇帝提供了几乎用来重新装备其骑兵的马匹。当有人用脑过度感到眩晕时，他会发现自己一旦习惯饮茶，就会非常轻松。在法国，有很多人认为茶对结石、积食和头疼有好处；并且有人认为茶治愈了自己的痛风，且几乎如奇迹般地疗效神速。所有这些都证明了茶的功效不是源自空想和自欺欺人。不过，有些人在喝完茶之后睡得更好，所以认为茶能提神解酒的想法是不合适的。也有些人在餐后从不喝茶，也没有经历由此而造成的恶果，即消化紊乱，或是饱餐一顿后，在长时间内仍有腹胀。其他人在痛风和坐骨神经痛方面也没有发现茶有任何益处。许多人说它使人干滞，消瘦，妨碍健康。如果说茶叶有任何好处的话，大部分其他的叶子或多或少也有相同的效果。这些经验表明茶的优点并不像人们想象的那么广泛。

因此，在我看来，人们应该适当地谈论茶，无论是好的还是坏的品质。也许热水本身就是一种治疗疾病的良药，但人们把治疗的效果归功于茶。而且有很多人因为习惯喝热饮而免除了许多小病痛。然而可以肯定的是，茶具有腐蚀性，因为它可以使硬质食物在烹煮时变软以适合于消化，也就是溶解，这证明它不阻碍消化。加了盐的茶水，更容易分离附着在血管上的杂质。这个特性也适合于消耗多余的体液，使污秽和腐败的物质移动，并排除引起结石和坐骨神经痛的杂质。所以茶在谨慎饮用时，是一味良药。虽然它不能包治百病及应用得那么广泛。某些人的气质，病症的轻重，以及某些神秘的倾向，可能会给治疗效果大打折扣，甚至会使其疗效落空。

要有效地利用茶，首先必须了解它，因为它有多种类型。陕西省出产一种粗糙难喝的茶，鞑靼人饮用它，因为他们以生肉为食，因此跟中国人相比，他们有必要喝溶解力更强的茶。这种茶在中国非常便宜，一磅仅值三便士。同样在陕西省，还可见一种特殊的茶，它更像是苔藓，而不像树的叶子，人们假定这种东西越陈对治疗急性病症越有效果。人们也用第三种叶子对病人进行治疗，这种叶子既长且厚，其品质随着保存时间的推移而提高。但这不是真正饮用的茶。

在中国，人们通常喝的茶没有特别的名字，因为茶在不同的地区和土壤中被人们采摘。好的茶，茶汁是微红的，味道淡且有些苦涩：人们一天当中随时可以饮用，这是他们最普通的饮料。

但是中国的上层人士普遍饮用另外两种。第一种叫做松萝茶，其名称来源于采摘的地点。松萝茶叶子较长，当它新鲜时，茶汁清澈带绿，味道宜人。其气味，正如法国人所说的，有点像紫罗兰，但这种味道并不自然；而且中国人经常向我保证说，好的茶根本就没有味道。这是他们通常用来待客的茶，但它有很强的腐蚀性，或许在法国人们混在茶里的糖纠正了其偏性。但在中国，人们喝的是纯茶，多喝会伤胃。

第二种被称为武夷茶。它叶子很小，偏黑色，茶汁则是黄色的。它的味道很好，最弱的胃在任何时候都能适应。人们在冬天适度地饮用，但在夏天，则没有多少的限制。尤其在旅行、跑步或任何其他剧烈运动出汗后饮用特别好。人们也把它给病人及那些需要照顾身体健康的人，这些人不喝其他的饮料。当我在暹罗时，听到人们经常谈论茶的花、帝王茶以及其他几种茶，其价格比他们描述的功效更胜一筹。但在中国，我没有听说过这些玩意儿。

一般来说，要得茶好，采摘要早。人们一般根据季节的早晚，在3月和4月份采摘茶叶，那时叶子还小，柔软多汁。然后人们将叶子暴露在沸水的蒸气中，使它们再次软化。一旦茶叶被蒸气穿透，人们就会将它们摊在底下有火的铜板上，使其逐渐干燥，直到变成褐色，并自行卷缩成我们看到的茶叶的样子。如果中国人不是那么善于骗人，那么他们的茶叶会更好。但是他们经常将其他草药与茶混合在一起，略付小钱便使分量增大，然后以此获得更多的利润。因此，纯粹而未被掺假的茶很难见到。

茶通常生长在山谷和山脚下，最好的茶则在石质土壤中生长。种在土质疏松的地方的茶是二等茶。最次的茶种在黄色的土壤中。但无论在何种地方栽培，都必须将其暴露于朝南的方向，这样茶可长得更加茁壮，并且在播种三年之后便可采摘。茶树的根类似于桃树的根，其花朵则类似于白色的野玫瑰。茶树植株大小不一，从2英尺到100英尺高都有，有些会长到两个人几乎无法合抱。这是中国草药书中所记载的，也是我所见到的。

在我进入福建省时，人们首先让我在一个小山坡上观察茶树。它不高于五六英尺，有几根茎，每根都是一英寸粗，连在一起，在顶部分成许多小分支，形成一簇，就像我们的桃金娘一样。其树干，虽然看似干枯了，却有非常绿的树枝和树叶。这些生出的叶子直而尖，有一英寸或一英寸半长，整个叶缘有齿。最老的叶子的外表似乎有点白，它们看起来坚硬、脆弱、味道苦涩。相反，新的叶子则柔韧、光滑、透明、红色，并且味道非常甜，特别是在它们被咀嚼之后。

在九月份，我看到茶树结三种果子。在新枝上，有一些油油的小果子，外皮是绿色的，里面充满了黄色的种子。在其他枝条上，果子和豆子一样大，但是有不同的形状。有一些是圆形的，里面含有一粒豌豆般的种子；有的则是长的，其中包含两粒种子；还有的是三角形的，其中包含三粒种子，非常像中国著名的乌桕树的果实。包含这些种子的第一层皮或膜是绿色的，非常厚，还算光滑。第二层是白色的，更薄些。在它的下面，第三层非常精细的薄膜覆盖了一种小腺体，呈不规则的圆形，它通过一些纤维粘在树皮上，从那里获得营养。当这种果子未成熟时，它有一种苦味。但采摘后的一两天，它会枯萎、变长、变黄、发皱，就像老了的榛果。最后，它变得油乎乎的，味道非常苦。除此之外，我还看到了第三种既老且硬的果子，在半开半闭的时候，可见硬皮中的第一层皮膜，枯脆如同栗子壳。在我打破它之后，我几乎看不到任何果实的迹象，因为它长得又干又瘪。别的同样的果子有的已经粉化，有的只能找到很小的干透了的果仁，外面覆盖着它的第一层薄膜。

在这些果实中，很多都没有胚芽，人们称其为雌果。那些有胚芽的可用来播种，生产新苗。但中国人通常使用嫁接的方法种植。为了更好地了解这种树的本质，我好奇地品尝了树干和树枝上的树皮。我同样嚼了木头和纤维。在我看来皮和纤维都没有任何苦涩的味道，嚼到最后我反而尝到了甘草的美味，但很难辨别，直到经过一番回味后我才发现。虽然这个细节可能会引起那些不关心植物知识的人的不悦，但我确信更多的好奇者可能希望更有特色的记录，如茶花中色彩的细腻混合，纤维的有序配置，小枝和根的构造，以及与茶树解剖有关的其他 1000 个细节。[1]

1699 年，英国国王威廉二世的牧师奥文顿（J. Ovington）出版了一本名为《论茶的特性》的书。在书中，奥文顿对茶竭尽赞美之能事。关于茶的药性，除了前人已经提及的，他还说可以消除"眼中的迷雾"，是"灵魂的太阳神"，对"启发和启蒙"有助益。[2]

这本不足 40 页小书的扉页插图是一个茶树的枝条，上面详细地画出了叶子、

1　Louis Le Comte：*Memoirs and Observations Topographical，Physical，Mathematical，Mechanical，Natural，Civil，and Ecclesiastical*，London，1697，pp. 227–229.

2　J. Ovington：*An Essay upon the Nature and Qualities of Tea*，London，1699，p. 31.

花和果实。

进入 18 世纪后，在华的传教士，特别是法国传教士，借着传教和为朝廷测量地形、绘制地图之际对茶叶和茶叶产区进行了详细地调查研究。他们取得的成果部分地反映在杜赫德编写的《中华帝国全志》一书中：

如果我们把目光从树转向灌木，那些能产茶叶的灌木应该放在第一等级，因为它们在中国用途最广，也是最有益的。茶的发音Tea 来自福建省的泉州府和漳州府，在中国的其他地方，他们发 Cha 这个音，正如葡萄牙人在他们的游记中所记载的那样。但是这个词包括许多品种，不同省份会有不同的名称。茶按质量可以区分为四种，即松萝茶、武夷茶、普洱茶和六安茶。

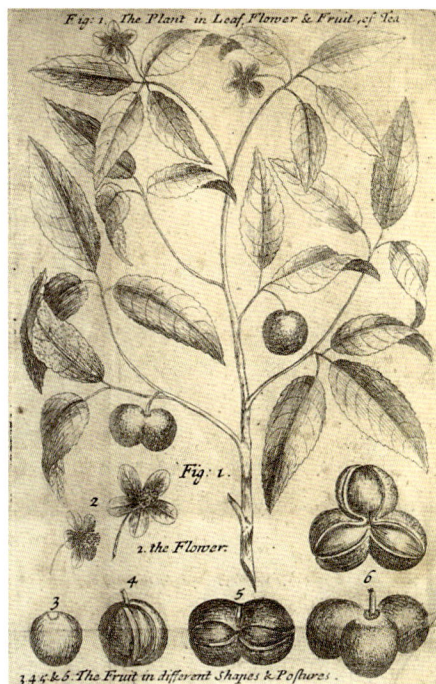

《论茶的特性》扉页。此图也许是最早的茶树细节图

第一种来自江南省徽州府的一座山，此山叫做松萝山，位于北纬29度58分30秒。这座山既不高也不广，但是这些灌木覆盖了它的山坡，与之相邻的山脚也是一样。

松萝茶就是我们所称的绿茶，其种植方式与葡萄相同，它在生长过程中也受到控制，否则它将达到 6 或 7 英尺高。它还必须每四年或五年重新种植一次，否则叶子会变得厚实、坚硬和粗糙。它的花是白色的，形状像五叶玫瑰。在秋天，当花朵凋谢时，会长出一种果子，其形状像一个饱满的坚果，有点水分，味道也不差。

必须了解的是，我所说的这些灌木的高度是那些在江南省生长的灌木。在其他地方，人们让它们成长为自然的高度，即10 或 12 英尺，因此，（在江南省）当树枝还细嫩时，他们将它们向下弯曲，以便更容易地采集茶叶。松萝茶可保存数年，对许多疾病来说是一种良药。

武夷茶生长在福建省，其名字来自位于金门府著名的武夷山，离小城市同安县有两里格的距离。根据现场测量，其纬度是 27 度 47 分 38 秒。这是该省最著名的山，那儿有许多寺庙、屋宇和属于道士的房舍，吸引了大批民众……种茶的沙土质轻而色白。

武夷茶树和松萝茶树高度和大小差不多，栽培方式也相同。它们之间唯一的区别是，后者的叶子更长而尖，使水呈绿色，经验表明它有点腐蚀性。

与之相反，武夷茶的叶子短而圆，略带黑色，使水呈黄色，性平和，不会损伤最弱的胃。因此武夷茶是整个帝国最常饮用的。很难在北方省份看到任何好的武夷茶，一般那些地方只出售大叶子茶。武夷茶和松萝茶的叶子越黄、越嫩、越小的，就越被看重。人们在产茶区制作三种茶叶。

第一种是从新灌木上采集的叶子，中国人称之为矛茶，即最顶端的叶子。矛茶很少使用，只是作为礼物，或献给皇帝。第二种叶子大一些，这就是人们以优质武夷茶为名而销售的产品。剩下的叶子，允许它们长到全大，可做非常便宜的第三种茶。

还有一种是由花制成的，但想买这种茶的人必须先提出要求，并支付额外高的价格。传教士中的一些地理学家通过中国官员得到了一些，并按照通常的方式冲泡了两三次，但发现水中没有明显的变化，无论是颜色还是味觉，这可能就是为什么皇帝甚至宫廷里都不喝这种茶。上面提到的矛茶是贡茶，也在松萝山和武夷山附近出售，价格为40或50索尔一磅（一索尔约合两先令）。

在了解了松萝茶和武夷茶后，我们来看看其余的，它们以不同的名称来区分，如六安茶、熙茶等等。六安茶的名字来自六安州，虽然这种茶中最好的茶树生长在离六安七里格外的小县城霍山的一个小山坡上。传教士们去那里考察了它，发现它和松萝茶没有区别，无论是叶子的形状还是栽培的方式。如果它在水中呈现不同的颜色，新鲜的叶子不那么粗糙或味道不那么刺激，可能应该归因于土壤的差异……

然而中国人发现它们的效果却截然不同：松萝茶性热且有刺激性，而六安茶则不一样，它很温和，不热也不寒，被认为对人体非常有益。熙茶来自江西省的赣州府，它跟六安茶没什么不同，甚至在舌尖上的粗糙度或平滑度上都一样，所以它可以被称为六安茶的一种。

但我们不能把中国人称之为茶的所有东西都与真茶混为一谈，因为他们把这个名字给了那些伪称茶的植物。因此，在山东省，以蒙阴茶为名出售的那种令人喜爱的茶，只不过是一种苔藓，它生长在蒙阴县山区的岩石上。它的味道非常苦涩，但具有真茶的特性。饭后趁热喝可以促进消化。

假茶也能在比山东更北的省份的某些地方找到，虽然不是由茶树的叶子制成的，但商人们称之为茶叶。

在一些不长茶树的国家，通常没有最好味觉的普通人会使用任何类似于茶的东西，无论是在味觉还是效果上，并因享用这些粗糙的东西而心满意足。

长期移植的树木因土壤不合适而退化。为了使价格变得更便宜，人们在叶子长老并变得粗大后放在他们的商店里，这种叶子粗糙而无味，虽然它产生的效果与饮用松萝茶和武夷茶相同。

第三种茶是我们所说的普洱茶，或普洱村茶。普洱位于云南省跟白固、阿瓦、老挝及东京接壤的边界，那儿紧靠大山，所产的茶叶吸引了商人前往，因此声名大振。虽然居民禁止任何商人靠近山脚以上的地方，但商人们在山脚也能收到他们讨价还价的茶叶数量。从这些商人那里我们了解到，生产这种茶的树木又大又密，种植时非常随意，任其繁殖。普洱茶的叶子比松萝茶和武夷茶更长更厚，并被卷成球形，以好价钱出售。这种茶在云南和贵州很常见，但味道不太好，虽然还算平淡。球被切碎后，就可像其他茶一样扔进沸水中，它会产生微红的水色。

根据茶的效果，中国医师确认这种饮料是健康的。传教士和陪伴他们的人发现它治小病非常好，在漫长的旅行中是不可或缺的，特别是在夏季过度的炎热中。但它的独特品质是能治愈胆汁过多，止泻，增加食欲，但这种时候应该比平时泡的茶更浓一倍。[1]

1770 年英国自然学家艾利斯（John Ellis，1710—1776）出版了一本介绍移植植物的专著，在书中他公布了他设计的各种移植箱。艾利斯热衷于将世界各地的珍稀植物移植到英国和北美。1760 年他曾得到 50 颗中国茶树的种子，他将其中的两颗通过大植物学家林奈（Carl von Linné，1707—1778）的学生兼女婿索兰德（Daniel Solander，1733—1782）送给了林奈，其余的都寄到了北美，希望种子能在那儿生根发芽，但是未能如愿以偿。

林奈把那两颗茶树的种子种在了自己

《中华帝国全志》法文初版内页茶树插图，完全抄袭自纽豪夫的《茶园》图

---

1 Du Halde：*A description of the Empire of China*，London，1741，pp. 10–12. 引文中的"叶子越黄"，在同年出版的《中华帝国全志》另一英文版 *The general history of China* 中作"叶子颜色越深"。

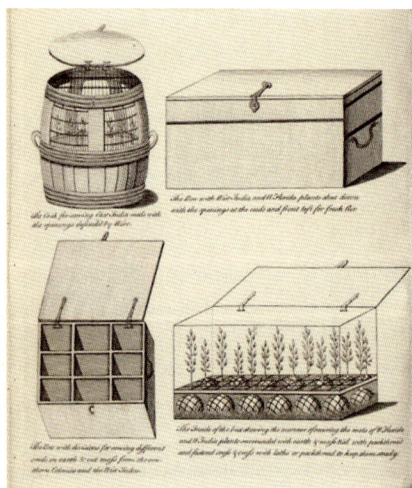

艾利斯设计的植物移植箱　　　　狄劳论文中的武夷茶图　　　绿茶树枝及叶、果、花解剖图，取自
　　　　　　　　　　　　　　　　　　　　　　　　　　　　　　　《茶树的自然史》

院子里，但未能成功。直到 1763 年 10 月，他才设法通过一位瑞典船长搞到一棵茶树幼苗。那位船长把从中国得来的种子种在船上的花盆里，种子在从中国到瑞典的航线上发芽出苗。[1] 可以想见这棵幼苗不会存活多久，因为瑞典冬天的严寒实在不适合温带的植物。

1765 年，林奈指导的学生狄劳（Pehr Cornelius Tillaeus，1747—1827）写出了一篇专门研究茶的论文《茶饮》（*Potus Theae*）。这是西方学术界人士第一次就茶所写的论文。文中讨论了茶的名称、饮用方法以及经济价值，其最后一页是武夷茶枝的插图。

1772 英国医生雷特松（John Coakley Lettsom， 1744—1815）出版了一本《茶树的自然史》。作者说欧洲人将真茶树从中国引种到欧洲的尝试基本上失败了，包括林奈的努力。英国现在只有寥寥几棵成活的茶树。最大的一棵在英国王家植物园，是艾利斯从种子开始培养成功的；而唯一一棵开花的茶树则生长在西永邸（Sion House），有高明的画家画出了其开花的样子，而雕刻家也已经根据画作制作了雕版，"读者对照雕版和书中的描述，便可对此异国的灌木有清晰的了解"[2]。

《茶树的自然史》中的扉页插图由活跃在英国的德国雕刻家米勒（John Miller）

1　Bruce Bartholomew：*The Chinese Species of Camellia in Cultivation*，*Arnoldia*，1986，v. 46，p. 6.

2　John Coakley Lettsom：*The Natural History of the Tea-tree*，London，1772，Ⅶ.

操刀，是迄今为止最精美的与茶树有关的插图之一。[1]

雷特松说欧洲人不遗余力地想引种栽培茶树，除了有植物研究方面的需求外，其贸易的价值也不言而喻。在欧洲，英国虽然不是最早同中国进行贸易的国家，但自从英国人开始喝茶以后，对茶的嗜好一发而不可收，因而茶叶需求量与日俱增。18 世纪末，当英国国王乔治三世派第一个英国使团访问中国时，茶叶及茶叶贸易是使团成员每日必谈的话题。使团的副使斯当东在回忆录中写道：

在一世纪之前，欧洲各地都不知道茶叶这种东西。当时有些荷兰冒险家们来到中国发现这种东西。他们把欧洲的一种名叫鼠尾草（据医学上的萨累诺学派说有滋补作用）的草本植物卖给中国，换取中国的茶叶带回欧洲。这种欧洲叶草在中国未得到中国人民的习用，而中国的茶叶在欧洲各地却日益风行。在前一世纪的中叶，茶叶已经在英国各饭店和咖啡店等公共场所大量销售，并已成为国家税收的对象。在本世纪之初，除去少数私运进口的茶叶而外，东印度公司每年出售的茶叶尚不超过五万磅。现在该公司每年销售两千万磅茶叶，也就是说，在不到一百年的时间内茶叶的销售量增加了四百倍。从总的数量来看，在英国领土、欧洲、美洲的全体英国人，不分男女、老幼、等级，每人每年平均需要一磅以上茶叶。

突然停止这种大量的消耗品而又无其他代替品，将会在广大人民当中产生很大困难。英国方面已经设法在印度一些气候和土壤比较适宜的地方试种茶叶。在科西嘉岛上的少量种植物生长得很好，但是投资却大于产品价值。将来在一个相当时期之后，英国方面不必依赖外国进口，自己也可生产价格便宜的茶叶，这种可能性固然也是不小，但是为了准备万一自己种植失败的情况，那无论如何就有必要同北京王朝搭上关系。[2]

在中国，正式的茶园是种得相当整齐的。茶树必须成行地种植，每行间隔四尺左右，地上不能有一点杂草。平地和湿地只能种稻子，不能种茶树。茶树多半种在山地上，福建省尤其如此。为了便于采摘茶叶，必须不让它笔直往上长。第一次采摘茶叶在春天，以后在夏季再采摘两次。茶叶长的嫩枝差不多直接从根上长出来，树干上没有光

1　虽然雷特松并没有明说扉页插图是否来自米勒的雕版，但是此图的镜像图被收录在《大英百科全书》第三版，并说明是来自西永邸。镜像图的文字说明见 *Encyclopaedia Britannica*, 3rd edition, Edinburgh, 1797, v. 18, p. 331；图版见 plate CCCCC。此图也被法国人布乔（Pierre-Joseph Buchoz, 1731–1807）收入了其 1773 年出版的《植物通史》（*Histoire Universelle des Végétaux*），只是做了些微改动。

2　［英］斯当东：《英使谒见乾隆纪实》，叶笃义译，商务印书馆 1963 年版，第 26—27 页。

地方。茶树好似玫瑰一样枝叶繁茂，它的花瓣也有些似玫瑰花。根据我们多方面考察，茶叶的质量主要依靠土壤、采茶的时期和焙制方法。最大的最老的叶子最不值钱。这种茶叶是下等社会人士的饮料，采下之后不必经过加工，仍然保存一点新鲜茶叶味道，但不久就没有味道了。上等茶叶的味道能保存很长时间。嫩叶采摘下来之后，须要许多道工作最后才达到消费者那里。首先由采茶妇女用手指把每一片叶子卷成还没舒展时候的样子，然后把它放到中国以外其他地方不会做的极薄的瓦片或铁片上面。中国人确信地说绝对不能使用铜片。事实上铜在中国只用来铸钱币，很少有器皿是用铜做的。把上面放了茶叶的瓦片或铁片放在炭火上面烤，把叶子上所有水分都烤干变脆。绿茶的色泽和它的收敛性是因为早期采摘而来的，如同普通的水果一样，在未成熟时候，颜色总是绿的，味道总是酸的。装茶叶的箱子里面安有极薄的铅片和大的蔬菜干叶子。茶叶装箱是中国工人赤脚踩进去的，这确是事实。欧洲人喝的葡萄酒是欧洲农民穿着木鞋踩压出来的，葡萄汁发酵之后自然清洁了。中国茶叶的装箱办法虽然这样不干净，但中国上等社会人士却同普通人士同样喜欢喝茶，并且特别讲究。上等茶叶的价钱在北京比在伦敦还贵。好的茶叶有时制成球形，前章曾介绍过。一种黑色的性能很强烈的茶精也常常是从中提炼的。茶叶是全中国的普遍饮料。据说饮茶有许多好处。喝一碗芬芳馥郁的热茶可以帮助出汗，解除疲劳，还可以帮助消化。最大的好处是它的香味使人养成一种喝茶习惯，从此人们就不再喜爱饮发酵的烈性酒了。穷人们喝茶连续泡好几次水。中国好几个省份都产茶，但赤道三十度以北的地方一般都不生产。在热带和温带之间的地带最适宜于种植茶叶。但中国的云南省地处上述地带之南，也是一个产茶区。特使搜集了若干中国的茶叶和其他植物标本送到孟加拉去。[1]

斯当东提到的"特使收集了若干中国的茶叶（按：应译为茶或茶树）和其他植物标本送到孟加拉去"一事实际上是由英国东印度公司委托的。由于英国使团的一部分费用是由英国东印度公司资助的，使团当然竭尽全力办妥这件事。东印度公司与英国使团正使马戛尔尼之间的来往书信可以对此事作很好的注解。

1792年9月9日，英国东印度公司主席培林（F. Baring）及副主席柏哲思（J. Smith Berges）在致马戛尔尼的信中说：

1　［英］斯当东：《英使谒见乾隆纪实》，叶笃义译，商务印书馆1963年版，第466—468页。"树干上没有光地方"似应译为"根和枝条之间没有树干相连"。

由中国通常输入或公司最熟悉之物品为：茶 丝 棉织品 丝织品（此项吾人不欲多言。）陶器（此项货品，除手造者外，已大为英伦之货所掩。）

其中自以第一项为最重大矣。茶之数量及价值均极大。此物如能在印度本公司领土内种植，至惬下怀，此事吾人极力祈君注意。[1]

一年后，马戛尔尼就此事在杭州写了回信（此信于 1793 年 12 月 31 日自广州发出）：

余不禁自喜，当总督（长麟）与本使团之主要人物两情渐惬，而此种良好工作可谓开始矣。总督本人度量之广，远非褊忌之小官吏可及。吾遂得其许可，寻得茶之植物若干，即吾今所有之数种嫩树及适宜生长之种子数物是也。吾且获与茶相伴而增加茶之香气之花片若干。公等在训令中亦曾言及，如茶能在印度之公司领土内种植，是极佳事，且力促吾注意及之，而敦达斯先生交余各件情报，内有基德（Kyd）上校之文，此人精通博物史及农业，在孟加拉建一公家花园，以试种新传入之植物。此人在文中说及在印度领土兰普尔（Rungpoor，Rangpur，在孟加拉省内）一地适合种茶云。

吾与公等同作此想，此种植物如生长于吾人领土之若干处而不仰给于中国境内，繁茂而完备，实合吾人之愿。吾所获数种在发育中之植物，倘能小心培养，将必大茂，吾拭目以观，不禁大乐，故吾既得此数种植物之后，立交使团中一科学家丁维提博士（Dr. James Dinwiddie）看管，此人余特为此项目的而选其随使者也，同时使即送至孟加拉总督索尔爵士（Sir John Shore）处。吾又趁此机会将脂树及漆树等数种植物，方在发育状态者，一并送往，每种种植在孟加拉必有利焉。[2]

另外，马戛尔尼还于 1794 年 2 月 3 日自澳门给孟加拉总督索尔写了一封信，报告得到茶树苗的好消息：

吾此次使华，国王于由其国务大臣一人颁下之普通训令外，尚有数事，另由董事会之机密委员会特别开示者。其中有谓拟在印度本公司之领土内试植茶树，而请吾在中国设法获得茶树佳种，送往孟加拉，因有熟悉农业之人，认为兰普尔（Rungpoor）

---

1 《英东印度公司与来华大使马卡特尼通讯录》，朱杰勤译，载《中外关系史译丛》（第一辑），海洋出版社 1984 年版，第 201 页。

2 同上书，第 218—219 页。

《英使谒见乾隆纪实》中的茶梅插图，斯当东说这种植物长得"非常像茶树"

区域之土壤宜于种茶者。幸而现任之粤督（长麟），于就职之便，与吾遍历浙江省，带吾行经茶区，慨然任吾选取最佳之茶树数棵，吾已特命载以适合之箱，并以土培养之，俾其不致枯萎。并已委派随余来华之科学家丁维提博士送此植物至加尔各答而听命于左右。载其前来者，有公司之小船"雅荷尔"，且由一谨慎之军官（孟买海军）普罗克忒先生（Mr. John Procter）指挥。吾敢自诩，植物抵达后，必仍完好，而适合公司试用之意，吾因利乘便，并将漆树及脂树送上，此二种植物，公司至为重视，或同样有利于孟加拉也。[1]

马戛尔尼在信中提到的"合适之箱"，应该就是艾利斯设计的移植箱。自从艾氏的书出版以后，许多植物学家都试过这些箱子，证明它是比较有效的。雷特松在《茶树的自然史》1799 年再版时，特意将艾利斯的设计图加入，并加以推荐。

进入 19 世纪，欧洲人对茶的兴趣有增无减。法国人布热东在 1811 年出版的《中国缩影》中介绍茶时，除了引用李明、杜赫德、斯当东等人对茶的记叙外，还附上了中国人训练猴子用以采茶的插图。

布热东对此插图的说明是：

高而干燥的地方比低湿的土壤更适合茶树的种植，结果往往造成采收非常困难，特别是最好的茶叶。因为人们几乎无法站立在陡峭的山坡上，稍一失足便会受伤，而且至少会摇动幼树或将其连根拔起。有时山坡太陡，人们无法爬上去。

不难想象在这种困难的地方采茶非常不便，这便是此图的主题，该图的原件由（在中国的）传教士发送过来。

猴子受过训练，可以爬上高处，并从灌木丛中摘下叶子。叶子从山顶自行滚落或

1　《英东印度公司与来华大使马卡特尼通讯录》，朱杰勤译，载《中外关系史译丛》（第一辑），海洋出版社 1984 年版，第 225 页。

1797 年英文版《英使谒见乾隆纪实》扉页（耶鲁大学藏）。
代表中国的女神及天使掀起帷幕，一位大清官员正在中国的
大门口迎接英国使团。女神手中拿着的是代表贸易的手杖，
而一位小天使手中拿着的则是茶树枝

《中国缩影》中猴子采茶图

被风吹落到山下，茶园的主人则在那儿将茶叶收拢起来。

　　可以想象，训练这样的助手是多么困难。因为在这种情况下，纯机械的本能无法引导猴子。茶树的浆果对它们没有吸引力，如果它们真想去寻找这些果子，它们也只能用于秋天的采收。茶的果实不仅味苦，而且具有腐蚀性。猴子只听从熟练的驯兽师给它们的刺激。当它们用绳索从它们攀爬的山上下来时，会得到它们特别喜欢吃的东西作为奖赏。

　　这就是人类怎么将动物的本能和本领转化成自己的利益的。[1]

1　Jean Baptiste Joseph Breton：*La Chine en Miniature*，Paris，1811，t. 2，pp. 79–80.

在同一时期，英国的茶行和茶叶店如雨后春笋般地兴旺起来，从下图的一张商业名片可以看出，某茶行经营的茶叶品种多达 34 种。

而一些茶行和瓷器店则在广告中加入富有中国情调的图画，以此招徕顾客。这些广告插图为"中国风"在欧洲的传播起到了推波助澜的作用。

伦敦某茶行商业名片，茶品中有武夷、功夫、熙春等名目。约1810年，大英博物馆藏

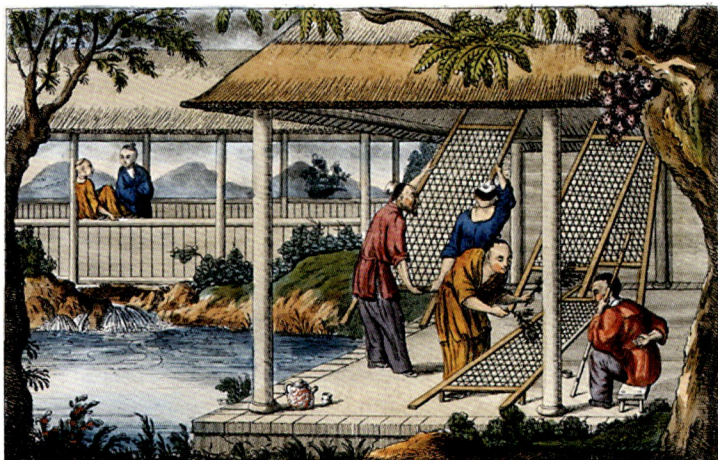

清理茶架。伦敦某瓷器店广告插图，19 世纪早期

五、交　通

CVRRVS VELIF ILLVST. PRINCIP MAV... ...VOLIT. DVA HORIS CHE. PETTE. AD QVATVORD.
MILLI HOLLAN QVAE SINGV... ...LA IVSTA. HORAE ITER EXCEDVNT.

5.1 加帆车

1584 年，佛莱芒地图学家奥特里乌斯利用葡萄牙地理学家巴布达的研究成果，在安特卫普印出了欧洲历史上最早的中国地图，他在这幅地图上画了四辆带帆的四轮车，即所谓的"加帆车"[1]，作为中国的象征。

欧洲第一幅中国地图奥特里乌斯《中国地图》。加帆车在地图右下角及中心偏上处

左图中的加帆车细节

而几乎在同时，西班牙传教士兼作家门多萨也在他的著作《中华大帝国史》(1585年初版）中，热情洋溢地评论中国人道：

---

1 奥地利传教士白乃心（Johann Grueber, 1623—1680）指出《马可·波罗游记》中曾提到加帆车（chariots à voile）是中国人的一项发明。见 Athanasius Kircher: *La Chine d'Athanase Kirchere De la Compagnie de Jesus，illustrée de plusieurs monuments tant sacrés que profanes，et de quantité de recherchés de la nature & de l'art*，Amstelodami，1670，p. 322。目前尚不清楚白乃心所据的是何种版本的《马可·波罗游记》。如果白氏的叙述无误，则《马可·波罗游记》是欧洲最早提到加帆车的文献。

《东方航海志》拉丁文本插图[2]

他们是伟大的发明者，他们那儿有很多带帆的车辆，并且建得如此合理，使得它们很容易操控。许多人见过这些车辆，所以这是可靠的信息。除此之外，那些在印度群岛和葡萄牙的人都看到中国人画在衣服上，以及从中国带来出售的陶器上带帆的车辆，这表明他们所画的东西是有一些根据的。[1]

十年后，荷兰旅行家林舒腾在其《东方航海志》（初版于1596年）中也提到：

中国人机智能干，我们从他们那儿的商品做工上即可看出。他们制造并使用带帆（像船上用的）的精巧车辆，在大地上靠风力驱行，就如同在水里航行一样。他们在买卖方面也很精明。[3]

裴德《中华帝国地图》中的加帆车

1593年裴德在出版他父亲绘制的中国地图时，特地在地图的四个角落留下了四个圆圈画上代表中国和东亚的景象，其中右下角圆圈中画的即是加帆车。

统观以上几幅有加帆车的画，可以发现有一些特点：

奥特里乌斯的加帆车有篷，车轮有大有小，风帆竖在车厢前端，牵引帆的绳索只有两三根。

而林舒腾和裴德的加帆车无篷，挂帆的桅杆呈十字形，立在车厢正中，而牵引帆的绳索至少有六根。林舒腾的加帆车桅杆上还飘扬着一面旗帜，完全是船只的做派。

1　*The History of the Great and Mighty Kingdom of China*，ed. Sir George Thomas Staunton，London，1853，p. 32.

2　*II. Pars Indiae Orientails*，in *Qva Iohan Hvgonis Lintscotani*，Francfordii，1599，XXV.

3　*John Huighen van Linschoten*，*His discours of voyages into ye Easte and West Indies*，*deuided into foure bookes*，London，1598，p. 41.

但这三人的图中，都不见有人操控加帆车，照此状况，车似乎只能沿着直线行驶。虽然后两幅图中的道路看上去不怎么平坦，但车中的人镇定自若，相当放松。

16 世纪末，佛莱芒工程师西蒙·斯蒂文（Simon Stevin，1548—1620）受中国加帆车的启发，发明了可在海滩上行驶的加帆车。此车可乘坐 20 多人，且速度比马匹还快。[1]

西蒙·斯蒂文发明的加帆车。斯万伯格（Willem Isaacsz van Swanenburg）原作（约 1603 年），无名氏翻刻，荷兰国家博物馆藏。大图见本篇开篇页

洪迪乌斯《中国地图》中的加帆车

从上左图中可以看出斯蒂文的加帆车有双桅和单桅之分，前后轮可以转向，车上有一个"舵手"在控制后轮，图中亦可见有人策马追赶加帆车。

在欧洲人制造出加帆车后不久，洪迪乌斯于 1606 年出版了《中国地图》。他在此地图上也画上了加帆车，不过车子的造型是从裴德地图中抄袭过来的，洪迪乌斯只是加了一句拉丁文的说明："中国人极其聪明，他们建造的车子在平地上行驶就如同船在大海里航行一样。"看来他跟门多萨和林舒腾一样，对中国人的智慧推崇备至。

1626 年，英国地图学家约翰·司必德出版了《中华王国地图》（*The Kingdome of China*），他在地图的周围加了一些窗口状的花边，其中的一个窗口表现的是中国人的旅行方式。图中的加帆车跟奥特里乌斯所画的很相似，桅杆在前，且轮子前小后大，只是没有篷。

到了 1648 年，斯蒂文的发明可能已经失传，或者至少没有传到英伦，因为英国

1　*Encyclopædia Britannica*，New York，1911，v. 25，p. 910.

司必德《中华王国地图》花边上的加帆车（文字说明为"他们陆地旅行之方式"）

神学家、博学家约翰·威尔金斯（John Wilkins，1614—1672）在撰写《数学的奇迹》时，根据荷兰法学家格劳秀斯（Hugo Grotius，1853—1645）对斯蒂文加帆车的描述（多半是华丽的拉丁文诗句，格劳秀斯曾投资斯蒂文的加帆车）以及洪迪乌斯地图上对"中国可能使用的加帆车的推测性描绘"，画出了一幅他想象中的加帆车[1]。

但威尔金斯对这样的加帆车提出了疑问，他认为要想让车子停下来相当麻烦：需要将帆放下或是得将帆调到风吹不到的角度。因此他提出了改进的方案，即在车上安装一个涡扇状"可转动的风帆"。

威尔金斯想象中的加帆车构造图　　　　威尔金斯改进的加帆车设计图

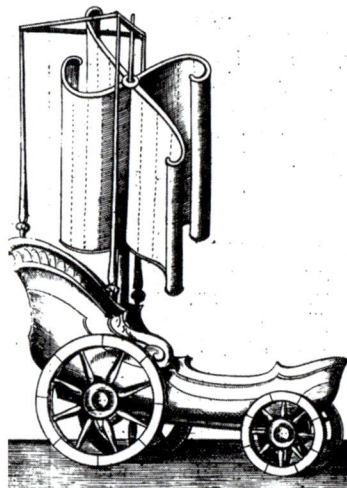

威尔金斯说为了操纵方便，前轮应该比后轮小，但他也担心不平的地面会使得加帆车剧烈震动而不利于行。最后他慨叹道：

1　John Wilkins：*Mathematical Magick*，London，1648，p. 158.

　　我常在想，为什么我们国家住在大平原附近的士绅都没有尝试过（以风驱动车辆）。这种实验令人非常愉快，而且成本不高。比起用马，利用风（它无需花钱，什么饲料都不吃）可能更令人愉快，也更节省。[1]

　　1675 年，英国人约翰·塞勒（John Seller，1658—1698）出版了一本地图集，他将其命名为《航海图集》（*Atlas Maritimus*），顾名思义，是为了航海而绘制的。在中国地图上，塞勒画了一辆加帆车。他的加帆车，车厢变成了船形，这可能跟塞勒是个航海迷有关。但不管怎样，这辆车或许可以被看作是世界上最早的水陆两用交通工具的雏形。

塞勒所绘的加帆车

　　塞勒之后，欧洲有关中国加帆车的记录渐渐沉寂，直到 18 世纪末，才又重新热闹起来。

　　1793 年，英国派出的第一个外交使团到达中国，在中国期间，使团的副使斯当东在天津白河边上看到中国人推着独轮车走在一条窄路上，他由此产生感想：

　　一些古代旅行者提到的习俗，即中国人将风帆用于陆地的车辆，在某种程度上仍然被保留着。这些人很可能是在比白河地区贫瘠的地方看到的。因为弥尔顿曾提到——

　　"在赛里卡纳[2] 荒芜的

　　平原，中国人在那里随风驾着

　　轻盈的竹制帆车"[3]

　　这些轻盈的车子是由竹子做的小推车或双坐车，在两座之间有一个大轮子。当没有顺风时，它通常由一个管车的人在前面拉着，而另一个人在后面保持稳定，同时也协助推车。当有顺风时，帆可以节省这两个人中前面那个人的劳动力。它只是一张芦

1　John Wilkins：*Mathematical Magick*，London，1648，p. 161.

2　"赛里卡纳"指中国，古希腊和罗马人古代称中国为"赛里卡"（Serica）。

3　诗句见弥尔顿《失乐园》（*Paradise Lost*）第 437—439 行。

席，固定在从推车两侧升起的两根杆子之间。这种简单的设计只有在风来之前起动车子才好用；并且可能是只有一个人时使用，这个人可能不希望别人跟他一起劳动来分得收成，或者碰巧没有找到一个人帮他的人。[1]

使团的随团画家亚历山大更是用画笔记录下了加帆车，在 1805 年出版的《中国服饰》中，亚历山大为加帆车配了说明：

当顺风且地势平坦的时候，中国人有时竖起简易的帆帮助省力；当风向不利时，帆就会被放在一边。另有人肩上套着绳子，帮着拉车。

车上除了别的东西外，还有一些蔬菜，一篮水果，一箱茶，散放的竹竿，以及一坛酒。酒坛用黏土封口，为的是防止空气让酒变质。在推车的侧面挂着帽子及保养推车用的工具。[2]

《中国服饰》中的加帆车图，但跟许多欧洲有关中国的印刷品一样，图中的汉字印反了

亚历山大修改过的加帆车

可是 10 年之后，亚历山大出版另一本介绍中国的画集时，其中的加帆车换了模样。

亚历山大将车子的轮子移到了前端，这完全是欧洲独轮车的设计。他对此的解释是：

1 George Staunton：*An Authentic Account of an Embassy from the King of Great Britain to the Emperor of China*，London，1797，v. 2，p. 76.

2 William Alexander：*The Costume of China：Illustrated in Forty-eight Coloured Engravings*，London，1805.

人们早就知道，巧妙的中国人利用风向同一方向吹的恒性，通过帆来协助他们的陆地车辆前行。先前英国使团为我们介绍了这些帆应用的精确方式，看来它们只是对某一种结构不同的独轮车有帮助；本图与西方世界使用的车子非常相似，与上一本《中国服饰》中所展示的车子不同。[1]

亚历山大之所以要修改加帆车的样子，可能有商业上的目的。不过他的其他一些细节上的改动，比如将用布做的帆改成用席子做的帆，以及在背景中画了一条河，倒是跟斯当东看到的情景相吻合。

紧随着英国使团的脚步，荷兰东印度公司于 1794 年也派出了一个使团到北京去见乾隆皇帝。作为副使的范罢览（André Everard van Braam Houckgeest，1739—1801）于 1794 年 12 月 31 日在山东附近看到了传说中的加帆车。他在日记中写道：

当我今天看到一支船队般的、大小一致的独轮车队时，我抑制不住自己的惊喜。我说那是一支船队，是因为车上都有帆，每辆车都有一个小桅杆正好放在独轮车前部的一个插口里。小桅杆上挂着一个席子做的帆，或者是布做的，那更常见。帆有五六英尺高，三四英尺宽，有在中国船只上用的帆绳、横杆和牵绳。牵绳连着手推车的把手。通过控制牵绳，推车者可调整帆的朝向。

人们很容易了解到所有这些装置都不是临时想出来的，而是车上一种额外的设计，这样在顺风的时候，推车人可以省相当多的力气。否则考虑到制作帆所花的费用，以及携带时所带来的麻烦，这种想法是奇怪的。

我忍不住欣赏这种设计，并且很高兴地看着这 20 辆左右的加帆车一辆接一辆地经过。[2]

范罢览看到的加帆车的侧面图

1　William Alexander：*Picturesque Representations of the Dress and Manners of the Chinese*，London，1814，plate XIV.

2　André Everard van Braam Houckgeest：*Voyages de L'Ambassade de la Compagnie des Indes orientales hollandaise*. Philadelphia，1797，t. 1，p. 115.

　　而使团成员之一，法国汉学家小德金（Chrétien-Louis-Joseph de Guignes，1759—1845）却并不认同范罢览对加帆车大加欣赏的态度，他在回忆录中写道：

　　离开村子后，我们看到了一些加帆车。帆是竖在车前的一根竹子上的，一些细绳以一英尺的间隔拴在帆的边缘，供推车者控制方向。考虑到货物跟帆之间的小比率，我们可以得出结论说，被顺风鼓起的帆不足以有效地推车前行；如果风向不顺时，效果更差。在前一种情况下，因为推车人总是在后面，当风力中等的时候，几乎没什么用；当风力增强时，因为帆和桅杆跟重量和阻力不相称，会被毁掉，要不然推车人就得把帆降下来。在后一种情况下，风使得车子倾斜，继而车子的重心不再垂于轮子，需要推车者用很大的力气来保持车子的平衡。所以这些装置的用处很少，或者说全然无用。这个地区的车轮较大，但轮边却很窄。中国人为了扩大轮边，在上面缠上一圈带子。他们还在轮子的两边各放上一块木头，为了清除掉泥巴。范罢览先生对中国发明的加帆车欣喜不已，但是在仔细地考察之后，我觉得没有什么值得羡慕的。[1]

　　小德金和他的同行者们此前曾有一次失败的试推独轮车的经历，难怪他发出这样的感慨。[2]

小德金书中的加帆车插图。注意右侧翻倒在地的车子

　　范罢览跟小德金看到的是车前只有一根竹竿的加帆车，跟斯当东及亚历山大看到

1　Chrétien-Louis-Joseph de Guignes：*Voyages à Peking*，*Manille et l'Île de France*，Paris，1808，t.1，p. 336-337.

2　同上书，t.2，p. 50.

的使用两根竹竿的不同。

斯当东的儿子小斯当东曾作为副使率英国使团于 1816 年访华，他在 1816 年 9 月 24 号的日记中写道：

> 今天早上，我们步行在（汶河）岸边时，看到了一辆著名的加帆车，并有机会考察了一番。当时那辆车没有使用帆和桅杆，但是这些所有的装置都在推车人的手边，我们可以很清楚地看到用于固定小桅杆的插口。我们在岸边的路上碰到的另一辆手推车是由一个小贩推着的，里面装着各种各样的小饰件、带子以及一些装饰性的或可穿的衣服，我们的部分团员跟小贩买了些东西。[1]

尽管加帆车被欧洲人誉为中国人的伟大发明，但在中国国内的典籍中却鲜少记载，无论是从文字或是图片中都很难发现其踪迹。[2] 目前能找到的唯一一幅描绘加帆车的木刻图的出版年代也比较晚——清道光二十九年，即 1849 年。见麟庆著《凝香室鸿雪因缘图记·邯郸说梦》。

《凝香室鸿雪因缘图记》中的加帆车

随着科技的进步以及清洁能源观念的不断深化，我们期盼着也许有一天，中国人发明的加帆车会被重新赋予生命，并行驶在全世界的陆地及海洋上。

1　Sir George Thomas Staunton：*Notes of Proceedings and Occurrences During the British Embassy to Pekin in 1816*，Havant Press，1824，p. 196.

2　Joseph Needham：*Science and Civilisation in China*，v. IV:2，2000，p. 274.

5.2　船

也许是因为来自水城威尼斯的缘故，意大利商人马可·波罗对于船只特别留意。在《马可·波罗游记》中，他提到了在北京附近的船：

如果有人真的从上面说的汗八里城出发，朝着日落方向走十里地，他就会看到一条叫做普里桑干的大河，河里的水一直流到大海。河上有许多商船，船上有很多运往海洋的商品。[1]

他也说到了在新州码头（Singiu Matu）的船：

还有，我告诉你，真的，那个地方的船太多了，那么多船，一个人要不是亲眼所见，光听别人说，他是不会相信的。那些大船难以置信，它们可以也必须在大河里航行。还有啊，我告诉你，这些大船把大批货物从契丹运送到南方地区，真是个奇迹。它们返航的时候又装载了其他的货物。看到商品通过河流运上运下，真是令人叹为观止。[2]

我告诉你，有一次我在新州的时候看到有 15000 艘船，都沿着河航行。河很宽，看上去不像河，而像是大海，那河太宽了。[3]

另外，他还详细描述了行在（杭州）娱乐用的游舫：

1　A.C. Moule & Paul Pelliot：*Marco Polo*：*The Description of the World*，London，1938，v.1，p. 255. 欧洲早期的《马可·波罗游记》手抄本里有普里桑干河及河上商船的插图，见本书《卢沟桥》一节。

2　同上书，第 306—307 页。

3　同上书，第 321 页。

还有，上面提到的湖里有很多大大小小的为了娱乐的船只。这些船可以载 10、15 或者 20 个人。因为它们有 15 到 20 步长，底是平的，很宽，所以泛舟湖上时不会左右摇晃。如果有人想跟佳人或是同伴一起玩乐，可以坐这样的船。船上总是配有漂亮的桌椅，还有其他办宴席所必需的家具。

船上高一点的地方铺了平板，船夫站在上面用竿子戳到湖底（湖深不到两步）将船撑到客人要去的地方。船里漆上了各种颜色和图案，船身上也一样。船两侧有窗户，可以随意关上或打开，这样在船边坐着吃饭的人就可以随船饱览各处不同的漂亮景致。

船上有美酒佳肴。这样，这些人就在这湖上一起寻欢作乐，因为他们的心思只在于肉体的享受以及聚餐的乐趣。而且你应该知道，对他们来说，泛舟湖上比在陆地上的任何地方都更快乐和舒服，因为湖就在城市边上，因此在船上，城市的宏伟和美丽、水边的宫殿、寺庙、修道院及树木繁茂的花园等可以尽收眼底。[1]

马可·波罗之后，16 世纪到过中国的欧洲人也记录了中国船只的繁多，其中葡萄牙人克路士的叙述具有代表性：

由于这个国家有大量的木材，价格非常便宜，铁又多又价廉物美，因此有大量的船只。全国各地到处都是无尽的杉树林和其他树林，使任何人即使不太富有也很容易制造和拥有一艘船，因为国家需要船，这带来了巨大的利益。因为沿海不仅有许多岛屿，还有很长的可以航行的海岸。除此之外，所有中国内陆都可以通航，因为到处是纵横的河流，又多又大，并且浇灌着土地，因此人们可以乘船航行到陆地的尽头。

沿海的任何校尉，如果需要打仗，那么他在很短的时间内就可以召集 200、300 甚至 1000 艘船。沿河没有任何村镇不停满大大小小的船只。广州市沿河超过半里格的地方有如此多的船只，看到它们真是一件奇妙的事。最令我惊讶的是，这批船只几乎整年都没有减少过，因为一天有 30、40 或 100 艘船出去，就有同样多的船进来。我之所以说船只永远不会减少，是因为尽管有时会多一些或少一些，但总是有大量的船只。还有，所有进进出出的船只都是满载，它们送来或是带走货物。[2]

1　A.C. Moule & Paul Pelliot：*Marco Polo*：*The Description of the World*，London，1938，v.1，p. 331—332.

2　C. R. Boxer：*South China in the Sixteenth Century*，London，1953，p. 111.

中国人有一句俗话说：皇帝来把舟桥搭，一直搭到马六甲。此话是要显示自己国度的了不起。尽管中国皇帝不可能在中国与马六甲之间近 500 里格的距离搭起舟桥，但是可以通过这个比喻象征中国的伟大，也标志着中国可以制造出大量的船只。

中国人将大船称为大帆船，此种船建得跟克拉克船一样，可以用于战争。他们在船上建造了高耸的艏甲板和艉甲板，打仗时可以压制敌人。因为他们不使用炮，所以他们的全部策略就是将许多船聚集在一起，围攻敌人的船，然后登上它。上船后，他们一开始便向敌人投去很多石灰，使对方看不见。另外他们从船楼或桅顶投下许多顶端经过烘烤的用硬木制成的尖锐长矛，这些长矛就好像是飞镖。他们还使用大量的石头，而他们最主要的办法就是用他们的船一起撞坏敌船，以征服敌人，压制住敌人，使敌人无处藏身。他们进入敌船后，便会与敌人短兵相接，因此，他们身上挂着长矛和大刀。

还有其他用于装货的帆船，尽管有些非常大，但它们却不如战船那么高。所有的战船和货船都在前头有两支桨。桨很大，安在船的两边，每一支需要四五个人划。他们用非常轻巧的方式划桨，使船前进，并且这对于船只进出被沙洲挡住的地方以及接舷战都非常有帮助。他们称这些桨为"橹橹"（Lios lios）。他们在各种船只中都使用"橹橹"，航行中不用其他种类的船桨。

还有一些比大帆船小的船只，称为"板艟"（Bancões），它们每侧有三支桨，划起来很容易，可装载大量的货物。另外还有一些船叫"兰艇"（Lanteas），侧面有六到七支桨，划得非常快，也可以装载大量的货物。这两种船，即板艟和兰艇，因为很快，所以海盗经常使用。划桨时站立，每支桨两个人划，每人各站一边，一只脚向前，另一只脚向后。在帆船上，四个、五个或六个人划一支桨。[1]

在河边看到无数的船只来来往往，有些挂帆，有些划桨，真是一件赏心悦目的事情。因为稻田无边无际，放眼望去，似乎许多远方航行的船只正从陆地驶过，直到你向着船的方向前进，船向着你的方向开来，你才看到它们拥有的巨大船体（此前除了帆什么也看不见），同时也看到承载它们的大河。有一些官员乘的船有很高的厅房，且室内布置精良，贴上金箔，富丽堂皇。船的两侧有很大的窗户，窗前用细竿挂上丝织网布，这样他们从里面可以看到外面，但外面却看不到里面。白固贵族的船只也非

1　C.R.Boxer：*South China in the Sixteenth Century*，London，1953，p. 112–114.

常华丽，但看过这两种船的人则肯定说中国人的船要高级得多。[1]

从未到过中国的西班牙人门多萨在编写《中华大帝国史》时，大量引用了克路士有关中国船舶方面的文字，但他自己也从其他来源得到了一些新的信息，比如：

他们用来修船（我们已经提到过）的油灰在这个帝国十分丰富，他们称之为"油坯子"（Iapez），是用石灰、鱼油及他们称为黄麻（Vname）的膏制成的，不但坚固，而且防蛀，因此他们的船只要比我们的耐用两倍，却因此大大地妨碍了航行。他们船内的泵跟我们的很不一样，要好得多。它由很多零件组成，其中有一个用来抽水的轮子，装在船的内侧，他们用它轻松地抽船里的水。因为只需一个人操作轮子，一刻钟内便可抽干一艘大船里的水，即使裂缝很大。[2]

1596 年，荷兰航海家林舒腾的《东方航海志》荷兰文版（*Voyage ofte Schipvaert van Jan Huygen van Linschoten naer Dost ofte portugaels Indien*）出版，书中附有一幅帆船的插图，原图的说明是："中国和爪哇帆船。帆用芦苇编成，锚用木头制成。"但此书 1598 年德文译本中插图说明里的"爪哇"字样消失了，此帆船变成了中国独有的船。不知道这个变动背后的原因是什么，但此附图应该是西方印制得比较早的跟中国船只有关的图像。

1607 年 8 月，荷兰海军将领马特里夫（Cornelis Matelief，1570—1632）率领舰队到达广东沿海，试图与中国进行

《东方航海志》荷兰文版中的中国和爪哇帆船。注意船尾有两支大桨，还有一人在击鼓

马特里夫日记中的中国帆船

1　C. R. Boxer: *South China in the Sixteenth Century*, London, 1953, p. 116.

2　*The History of the Great and Mighty Kingdom of China*, ed. Sir George Thomas Staunton, London, 1853, v. 1, p. 150.

贸易谈判。他的日记（*Journael，ende Historische Verhael，van de treffelijcke reyse，gedaen naer Oost-Indien，ende China，met elf schepen*）于他死后五年在阿姆斯特丹出版，其中的插图收录了两艘中国帆船的图像。

1613 年抵华并在中国生活了 22 年的葡萄牙人曾德昭曾计算过一条河流中每小时通过的船只，并注意到了中国有许多平底船：

我曾经用八天的时间，穿过那满是船只的奇妙的南泾（Nanchim）河水道，此河流向韩城（Hamchen），河面颇为宽阔。一小时的沙漏漏完了，我数了一下，有 300 条小船经过，我只计算那些往上航行的船只。这真是个奇迹。船的数量如此之多，所以可以很好地装载商品，并为乘客提供便利。这些船都有顶篷，而且保持得很整洁，有一些船用图片来装点，美轮美奂。看起来像是用来娱乐的，而不是用来运送商品的。[1]

皇帝在这些河流中拥有 1000 艘船，因为水浅，所以这些船是平底的，仅用于将粮食从南方运往宫廷。在南京种植一种特供皇帝的米，品质极好，仅用水煮，无需添加其他任何调味料，就是一道佳肴。[2]

17 世纪中叶荷兰东印度公司派遣使团首次访华，因为走的是水路，所以团员们得以近距离接触到中国的船只。随团画师纽豪夫在《荷使初访中国报告》中记载了 1656 年 5 月 25 日在邵伯（Saupoo）附近看到的奇妙场景：

我们发现在这个村庄周围，皇家运河（大运河）中有大量造得奇形怪状的船。但最令人赞叹的是两条中国人口中所称的龙舟，这两条船是照着一种特殊的样子建造的，涂上了各种各样奇特的颜色。它们似乎远比把鱼从江宁运到北京供皇帝享用的那些船造得好。

这种龙舟的造型很像我们的水蛇。船尾上挂满了奇怪的蛇，上面系着数种颜色的丝带，煞是好看。在其中一艘船的船尾，还吊着两个身手敏捷的男孩，他们表演杂技，以取悦船上的观众以及在水里潜水的人。在每根桅杆（总共三根）的顶上，都立着一个雕像，非常奇特地装饰着丝幡和三角旗。同样在船头上，还有一尊像，身上披挂着

---

1 Alvare de Semedo：*The History of that Great and Renowned Monarchy of China*，London，1655，p. 2.

2 同上书，第 20 页。

鸭子。

　　船尾插满了带有流苏的旗帜、锦旗和长长的羽毛。船上到处覆盖着丝绸。在一个高台的下面，也插满了旗帜，那儿坐着12个精力充沛的船夫，头上戴着镀金的王冠，身披丝绸，手臂赤裸着。他们灵巧地划桨，所以船以惊人的速度前进。这些人来到使团的船上，似乎对我们的到来感到高兴。使团因他们的好意回赠了一些礼物。他们乐意地接受了，并

中国龙船图。取自纽豪夫《荷使初访中国记》，法国国家图书馆藏。《荷使初访中国报告》中翻印了此图

祝愿使团的旅行圆满成功，他们能安全返回自己的国家。一个中国人站在甲板附近，手里拿着叉子，帽子上缀着长长的羽毛，他不断折磨这些可怜的船夫，使他们一直不歇地在划船。[1]

　　1656年5月25日是农历五月初二，尚未到端午节。纽豪夫说河中的船只种类繁多，因此他看到的很可能是里下河地区春夏之交的"船会"。

　　除了龙舟之外，纽豪夫在《荷使初访中国报告》中还记载了一些其他的船：

　　皇帝和总督的船比其他的船都好，它们是以这种方式建造的（除非亲眼所见，否则几乎没有人会相信我的记叙，欧洲的船只在任何方面都无法与之媲美）：它们像高楼或城堡一样泊在水面上，在两侧以隔板分开。在中间是一个像大厅的地方，并配有各种各样的家用桌椅等。门窗分成格子，只是不用玻璃，而是将最薄的蚌壳镶在其中，或蒙上涂了白蜡、装点了花样的细布或是丝绸。这样就可以比玻璃更好地阻挡风和空气。船边建了围廊，非常适合船夫做各种事情，而又不妨害索具的运作。船的外侧涂

---

1 John Nieuhoff：*An Embassy from the East-India Company of the United Provinces*，*to the Grand Tartar Cham Emperour of China*，London，1673，pp. 83–84.

有名为漆的树胶，使船闪闪发光并在远处非常醒目。但其中最奇特的则涂有几种颜色，令人非常赏心悦目。

木板和木料是如此奇特地榫接在一起，以至于看不到铁钉的痕迹。在长度上，它们与欧洲的船相差不大，只是它们的船帮略低以及宽度要窄一些，上船则要通过12英尺长的跳板。小号手和鼓手站立的船尾就像一座城堡。当这些总督的船只在海上相遇时，它们会致敬并根据自己的职位而让行，这些职位用大字写在船只的后部，因此没有关于先行权的争执。当海上风平浪静，很少或根本没有风吹满帆（由芦席制成）时，有一些人被指定去拉船；同时，作为协助，船上的人非常灵巧地使用他们的桨，他们划船时无需将桨每次都抬出水面。

将鱼和丝绸运到宫廷的船是如此的奇特和富丽堂皇，以至于没有其他船只可以与之相比。因为它们里外都鎏金，并涂成红色。这是它们尊贵的象征，所有其他船只无论何时何地碰到这些船都得让行。

在离大城市苏州不远的江宁，人们可以看到一些游舫，那是居民们为了游乐而保留的。这些船鎏了金，彩绘也非常丰富，它们更像房屋而不是船舶。有些中国人深爱游舫，以至于他们会将自己的财富花在这些船上，用于吃喝。[1]

《荷使初访中国记》中的各种船只。法国国家图书馆藏

纽豪夫的《荷使初访中国报告》荷兰文本于1665年出版后，其中的龙船插图就被魏岑收入了其于1671年在阿姆斯特丹出版的《古今造船术》（*Aeloude en hedendaegsche scheeps-bouw en bestier*）一书。魏岑虽然是个政治家，但对造船术颇有研究。在《古今造船术》中，还收有其他的中国船只。

继第一次访华使团后，荷兰东印度公司很快又派出了第二和第三次访华使团。在

1　John Nieuhoff: *An Embassy from the East-India Company of the United Provinces*, *to the Grand Tartar Cham Emperour of China*, London, 1673, pp. 201.

《古今造船术》中的中国船（1）　　　　　《古今造船术》中的中国船（2）

达帕编辑的这两次使团报告集《大清志》中，描述中国船只的文字与纽豪夫的记述大同小异[1]，但插图却很不一样。虽然达帕和《大清志》的出版商都未到过中国，但他们显然掌握了大量的有关中国的图片，因此有些插图中洋溢着浓浓的中国情调。

　　17世纪80年代抵达中国的法国传教士李明在乘船旅行时，注意到了中国与法国船闸的差异：

　　由于长度超过400里格的广大地面并不平坦，或者水流不以适当的坡度下降，

1　*Atlas Chinensis*：*Being a second part of a relation of remarkable passages in two embassies from the East-India Company of the United Provinces*，*to the Vice-Roy Singlamong and General Taising Lipovi*，*and to Konchi*，*Emperor of China and East-Tartary*，English'd and adorn'd by John Ogilby，London，1671，pp. 608-610.

《大清志》中的雨中泛舟图 [1]

所以有必要设置大量的水闸。尽管他们与我们的水闸大不相同，但他们还是这样称呼它们。它们其实就是瀑布，就像某种洪流，根据其水位的不同，或急或徐地从一条运河下落到另一条运河中。

为了使船只升高，他们要用上一大队人，这些人专门留在水闸附近。他们从左右两边将缆绳紧紧系在船上，以使其无法滑脱。他们借助绞盘，用手臂的力量逐渐地将船抬高，直到它进入上面的运河，在两边堤岸之中继续航行。这种劳动既乏味繁琐又非常危险。如果这些人看到我们的水闸只需一个人便能轻松地打开和关闭闸门，让最长和最重的船只安全地上升和下降，他们会感到非常惊讶。

我观察到在中国的某些地方，两条运河或水道的水并不相互连通。然而，尽管有15英尺以上的落差，但人们仍可使船从一条水道转到另一条水道。这就是他们的做法：

---

1 本书《饮宴》一节中收录了《大清志》中的游舫插图。

在一段运河的尽头，他们用石板建造了两个滑坡，它们在最高处汇合，并延伸到两侧的水面。

　　当船只在较低的水道中时，他们借助多个绞盘将其提升至第一个滑坡的坡面，直至升至最高点为止，船只靠自重沿第二个坡面下降，进入上面的河道。船在很短的时间内滑下，就像射出的箭一样。人们以相同的方式使船降到较低的河道中。我无法想象，这些船只通常很长很重，装满重物，当它们在这么尖的角上停留时，如何避免在中间断裂呢？考虑到这样的长度，杠杆作用一定会对船产生影响。但是我还没有听说发生过任何不良的事故。[1]

《中国近事报道》中的行舟图　　　　　　《中国近事报道》中的船只过闸示意图

　　1735 年，《中华帝国全志》在巴黎出版。在这部巨著中，作者杜赫德用一节专门论说中国的船。他说皇家的船有三种，金碧辉煌，雕龙画壁，船舱分隔成数间，主舱顶上有平台，可供乐队演奏等。对于中国的篙、桨和橹，他描述得较为细致：

　　为了驱动这些大船，他们使用又粗又长的 T 形船篙，长篙的一端伸到水底，另一端则顶在胸部，以增加力度，使船加速前行。他们也使用各种形状的桨，通常是长杆，顶端为铲状，中间有一个洞，可以套在固定在船边的短桩上。他们有一些永远不需要离开水面的桨，这些人模仿鱼尾的动作，熟练地左右控制着桨的末端，以至于总是像无需扇动翅膀就能翱翔的猛禽那样保持倾斜的姿态。[2]

1　Louis Le Comte：*Memoirs and Observations Topographical*，*Physical*，*Mathematical*，*Mechanical*，*Natural*，*Civil*，*and Ecclesiastical*，London，1697，pp. 106–108.

2　J. B. Du Halde：*Description géographique*，*historique*，*chronologique*，*politique*，*et physique de l'empire de la Chine et de la Tartarie chinoise*，Paris，1735，t.2，pp. 89–90.

《中华帝国全志》法文初版中中国船只插图。原图说明：A.中国大帆船；B.桨帆船；C.用于每年的一个节庆的龙形船；D.各式小船；E.渡船

　　《中华帝国全志》中附有一幅插图，展现了杜赫德从《荷使初访中国报告》及其他书籍中搜集到的多姿多彩的中国船只。

　　1742年，英国海军准将乔治·安森（George Anson，1697—1762）在率领舰队与西班牙海军作战的间隙，曾在澳门和广州驻留，并将英国军舰"百夫长号"（Centurion）开进了珠江，这是英国军舰首次进入中国水域。后来随船的牧师理查德·华尔特（Richard Walter，1716—1785）将船员日记等资料整理成《环球航行志》一书，于1748年在伦敦出版。书中对于中国的水军不屑一顾：

　　我已经观察到，在准将与中国人发生纠纷之际，仅百夫长号（Centurion）就足以使该帝国的所有水军相形见绌。[1]

　　书中并附有插图，详细地介绍了中国的船只：

　　图中（A）是一艘载重约120吨的帆船，这就是曾经拖拽"百夫长号"的船。这种船最常在大的河中行驶，尽管有时也用于近海短距离航行。图中的（B）是另一艘载重280吨的帆船，跟那些与安南、马尼拉、巴达维亚及日本进行贸易的船只一样，尽管有些贸易船只更大些。如图中（C）所示，其船头完全是平的，当船深载时，该平坦表面的第二或第三块板常在水下。这些船的桅杆、帆和索具建造得较粗大，因为桅杆是用树木制成的，没有别的方法，只能剥去树皮并修去树枝。每根桅杆只有用两

1　Richard Walter：*A Voyage Round the World*，London，1748，p. 414.

根绞起的藤条制做的横桅索，通常都移到迎风的一侧。当帆桁升起时，升降索当第三根横桅索使用。船帆由芦席制成，每隔三英尺用水平的竹肋加强。如图所示，船帆通过铁环在桅杆上升降，当帆降下后，就折叠好放在甲板上。这些商船没有大炮，显然，所有这些类型的船完全无法抵御任何欧洲的武装船只。国家也没有提供火力强大或结构更好的船只来保护它们：因为毫无疑问，在主要水军所驻扎的广州，我们看到不超过四艘战舰，载重大约 300 吨，是用上面描述过的方式制造的，且只装备了八到十支枪，其中最大的不超过四磅。[1]

《环球航行志》中的中国船

1793 年，英国马戛尔尼使团抵华，随团画家亚历山大利用这次旅行机会，创作了许多生动而有趣的绘画作品。在他于 1805 年出版的《中国服饰》一书的 48 幅插图中，有 26 幅与船相关。下面选登其中的几幅，并附上画家原来的说明。

从杭州至舟山（这是使团所经过的路段）山地延绵，因此运河通过这种式样的水闸相连。我们在 1793 年 11 月 14 日通过了两座这样的水闸。

图中两段河之间的高度差为六英尺。在较高的一侧，水位在船需要通过的横梁上

1　Richard Walter：*A Voyage Round the World*，London，pp. 414–415.

正被拉上水闸滑坡的船头

王大人乘坐的驳船

商船

缘的一英尺以内。闸由两个沙石砌成的滑坡组成，与水平线之间的倾度约为40度。船由绞盘牵引，其中两个绞盘通常就足够了，尽管有时需要四或是六个来拉拽更大的重量。在这种情况下，地面上有现成的孔可以放置绞盘。当一条船准备通过时，绞盘上的绳索（在其末端有一个环套）被拉到船尾；然后，另一个环套穿过这个环套，最后将一小块木头推入套索，以防止绳索分离，与此同时，突出的舷缘将绳索保持在适当的位置。这些都调整好之后，人们用力转动绞盘，直到船只通过平衡点为止。然后，由于其自身的重力，船以很高的速度进入下段河流。为了防止船滑下时带入过多的水，船头上放置了一个结实的用藤竹编织的装置。[1]

由于在中国旅行通常是在水上进行的，因此，人们大量使用各种形式的帆船或驳船，另外船只也用于商品运输。

主人使用中间的船舱，其窗户上设有遮阳棚。船的前半部分供他的仆人使用，船尾用于烹饪，并用作船员的就寝场所。这种驳船有一个巨大的用芦席做的帆，竹子横向穿过它，将其伸展开。放开升降索帆就可以迅速降下，当帆收起时就像扇子一样折叠在一起。当风或潮不利时，这些船要么由纤夫拉行，要么用大桨划行。这些大桨架在船首和船尾的枢轴上。划桨时，桨无需离开水面，只要来回地划动，船便以相当快的速度向前推进。三把伞彰示船上有显赫的官员。写着汉字的大灯笼以及船尾的徽章，同样是区别于其他船只的标志。[2]

这些船冒险开往马尼拉、日本，有时甚至到了巴达维亚，那是他们所能到的最远的港口。许多船载重 800 吨到 1000 吨不等。在这些航程中，水手利用一年中平和的季节航行。尽管他们能熟练地使用罗盘，但通常会将船保持在海岸附近。

几个世纪以来，中国的海军建设没有任何变化。中国人不愿创新，对古老的偏见也是如此，以至于尽管每年都有许多欧洲国家的船只常去广州，他们不得不承认其建造的优越性，但他们拒绝改善自己的船只。

这艘船在艉部形成了一个角度。其他的船会在船尾开一个洞，并将舵安置其中，以免受到海浪的损害。然而，当在公海的大风中航行时，这样的装置无疑会给船舶带来很大的危害。

船首两侧都画上了眼睛，瞳孔朝前。也许是出于跟鱼类保持一致的想法，或者是出于一种迷信的观念，他们觉得船因此可以看到并避免前方的危险。

舱口通常当作窗户使用，但很少配备武器。[3]

中国人自给自足，因此对遥远的外国需求很少。这种丰饶的自然环境，正是造成

1　见 William Alexander：*The Costume of China*，London，1805，第 16 图说明。

2　同上书，第 4 图说明。

3　同上书，第 8 图说明。

战船

《中国船夫省时省力地划船》。右侧小船上可见船篷。
大图见本篇开篇页背面

他们很少航行的原因。

尽管据说中国人从很早就熟悉指南针的使用，但无论是将天文学知识运用到航海中，还是操纵笨重的船舶，他们都不能算是专家级的水手。

但是，罗盘是水手崇拜的一种工具，是神灵。他们有时为它献上肉和水果。

该图是根据一艘停泊在宁波附近河里的船画的。将这些船称为浮动的兵站真是恰当不过了：因为上面有许多士兵，通常驻扎在主要城镇附近。

这些士兵经常将盾牌悬挂在船的尾舷。船舵被绳索提起，快要离开水面，也许这是为了在锚定时将其保存好。

舱窗是假的。目前，中国水军的船只很少装炮。[1]

亚历山大有些与船有关的图像还被使团的其他成员用在了他们出版的回忆录中。例如斯当东的《英使谒见乾隆纪实》就选用了好几幅，包括一幅船夫用脚划船的插图。

斯当东把这幅插图称为《中国船夫省时省力地划船》，而熟悉江南水乡的人一眼就可以看出这是江南乌篷船的经典划法。

马戛尔尼使团刚离开中国，荷兰东印度公司的最后一个使团就接踵而至。在中国期间，使团成员也见识了中国船只的多样性。下面的图片，出自使团译员小德金的回忆录。

1　William Alexander：*The Costume of China*，London，1805，第32图说明。

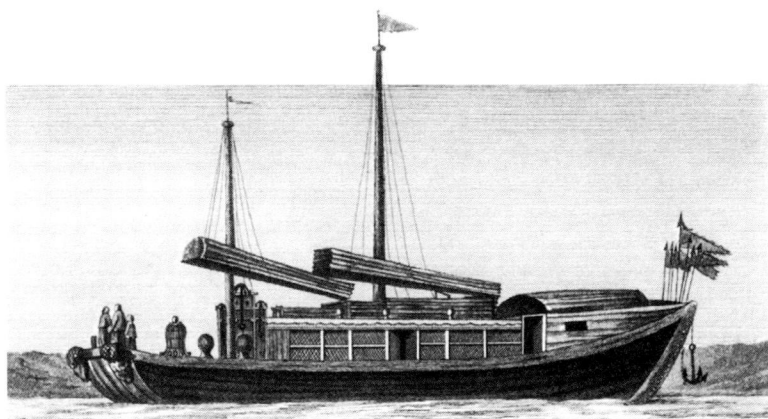

皇家船只

普通船只

大帆船

游舫

关于游舫，小德金写道：

在广东，覆盖着河流的众多船只中，最漂亮的是中国人用来在水上聚会的游舫。它们很大，由一个小前厅，一个大房间和一个小房间组成，布置得非常整洁，窗户上装有蚌壳或软百叶。船东的住所位于船的后部，船的边缘有一圈一尺半宽的船板，供船夫走动，因此船的内部不会受到干扰。船顶是平的，用于摆放船帆，但船帆很少用得到，因为船几乎是平的，不能很好地支撑风帆。如果风浪与船行驶的方向相反，则用竹篙撑船或用纤绳拉船。[1]

小德金还仔细地观察了游舫上的橹：

橹上有凹口，放在一根坚固横杆上的一颗大钉子上，洞套住钉子上部的三分之一处，橹便可以两边摇动。一根藤索固定住橹的上端，此处正是用手摇橹的地方，有时在一边，有时在另一边，船因此而前行，橹可以说就像鱼的尾巴一样。有时橹会从钉子处脱落，但不会滑走，因为还有一根绳索系着它。[2]

这很可能是到 19 世纪初为止西方人对中国人发明的橹的最准确的描述。

---

1 Chrétien-Louis-Joseph de Guignes：*Voyages à Peking*，*Manille et l'Ile de France*，Paris，1808，t，2. p. 209.

2 同上书，第 210 页。

六、风　俗

CHINESE RECHTBANK

6.1 司法

在所有到过或声称到过中国的西方人的著述中，葡萄牙人平托对细节的注意达到了惊人的地步。他说他曾经于 1542 年参与了一项葡萄牙人在中国的盗墓行动，但是因为所乘之船在南京湾（Enseada do Nanquim）翻覆而在中国流浪，后被捕并被押往北京受审。在他的回忆录《东游记》（初版于 1614 年）中，他事无巨细地描述了在中国法院看到的一切：

每一步都痛苦地拖着脚，在一群尖叫的年轻人的推搡之下，我们终于来到了法院的院外，那里有 24 名刽子手（人们称他们为行刑官）正在等待，还有许多到法院诉愿的人。我们在那儿待了很长时间，直到一声钟响，一个大型的石制拱顶下的几扇门轰然打开。拱顶上雕刻着浅浮雕，并且粉刷得很漂亮，在其上有一头巨大的银狮，它的爪子放在一个巨大的也是银制的圆形地图上。此物象征中国国王的徽记，通常在所有高等法院大楼的外墙上都可以看到，中国司法机构的察院（类似我们的总督）在那里开庭。

我刚才说到的门打开后，人群涌入一座类似于教堂的大建筑，其墙壁和天花板从上到下覆盖着各种各样的画作，描绘了各种形式的对人的惩罚，表现出了刽子手最恐怖狰狞的姿势。每幅画的底部都有说明文字，上面写着："这就是犯了某种罪行后受到的死刑报应。"因此，通过观察各种可怕的画，人们可以分辨出每种犯罪应被判处什么样的死刑，以及法院在执行死刑判决的法律上有多么严格。

在这座类似于教堂中的耳堂建筑的前面，还有另一座建筑，比前一座更加富丽堂皇，全部贴着金箔，如果我们能够苦中作乐的话，我们的目光可能会盯着这令人赏心悦目的建筑看。在这个大厅的中间，有一个七级台阶高的高台，上面镶嵌着珍珠母，由三排用铁、黄铜和乌木制成的栏杆围着。高台上罩着一顶白色的锦缎做的华盖，华盖上有绿色和金色的条纹及宽阔的花边。

察院坐在华盖下面的银色宝座上，周围林林总总尽是显示排场和地位的摆设。他的面前摆着一张小桌子，三个年轻男孩围桌而跪，他们身上穿着华丽的服饰，脖子上戴着金项链。中间的那个男孩该做的事就是将察院用来签署文件的毛笔递给他，而另外两个男孩则从诉愿人那里收取状子并将它们放在桌子上供察院办理。

在右侧更高的，几乎与察院处于同一高度的位置上，有一个小男孩，看起来大约10或12岁，穿着绣有金玫瑰的白色缎面服装，戴着一串绕他脖子三圈的珍珠；他的头发很长，就像女人的头发一样，里面编着金色和深红色的缎带，其边缘镶着名贵的珍珠；他的脚上穿着一双金绿的凉鞋，上面装饰着巴洛克式的小珍珠；他手里握着表示他的职责的徽记，即一小束由丝绸和金线制成的玫瑰花，上面点缀着非常有价值的珍珠。他看上去很俊美，以至于再美的女人都无法超越他。这个男孩的肘部撑在王位的宝座上，显然是为了帮助他托着他所持的徽记。这个姿态是慈悲的象征。

在左侧同样还有一个男孩子，也很英俊，穿着华丽的绣着金玫瑰的红色缎面服装。他右臂的袖子卷起，露出沾有朱红色染料的手臂，那颜色看起来像鲜血；右手握着一把装饰剑，裸露的刀刃也沾有朱红色的染料；他的头上戴着一顶主教戴的帽子，上面装饰着密密麻麻的小刀，那些刀就像外科医生用来给病人放血的刀一样。尽管他在各个方面看起来都很富裕和英俊，但是由于带着徽记的缘故，他的表情还是很可怕的。这个男孩表示正义。因为人们说，法官代表国王，而国王又是上帝在世上的代表，所以他必须具有两种品质，即正义和仁慈。如果他不同时体现出这两种品质，那是因为他是一位无法无天的暴君，或者他手中的徽记是篡夺而来的。

察院穿着很长的紫色缎袍，饰有绿色和金色的边纹，脖子上挂着肩章，就像修士戴的那样。肩章中间有一个大的金盘，可以看到一只雕刻的手拿着一杆天平，周围有说明文字，上面写着："这是上天的本性，在他的正义中称量和计算。因此，要注意自己的所作所为，因为如果你犯了罪，你将付出无尽的代价。"察院头上戴着像圆帽的头饰，上面有一圈金边，带有绿色和紫色的珐琅斑点。在头饰上有一只小金狮，它的爪子放在同样由黄金制成的球上。正如我之前多次说过的，冠冕上的狮子象征着国王，而球则代表着世界，这两个标志合在一起象征着国王就是世界王座上的冠冕狮子。察院手里拿着一个闪闪发光的白色象牙棒，只有三拃长，类似于权杖。

站在高台前三级台阶上的是8位拿着银钉锤的守卫，在它们下面的地板上跪着的是两排 60 个结实的莫卧儿人，他们手中拿着大戟。在他们的前面有两个像校尉一样以立正姿势站着的高大得难以置信的巨人，他们长相俊朗，衣着华丽，手中握着大戟，胸前斜挎着大刀。中国人用他们自己的语言称这两个人为"金刚侯（gigauhó）"。

在地面上，相对于高台的两侧放置着两张非常长的桌子，每张桌子旁坐着12个人，其中4个是法官或判官，2个是文员，另外4个是律师，还有2个是观察吏（conchaly），就像法庭助理[1]。这两桌中的一桌人管刑事案件，另一桌人管民事案件。所有这两桌的官员都穿着长长的白色缎袍，宽袖子，这样的设计象征着正义的纯洁与宽宏大量。他们的桌子上覆盖着紫色的锦缎，上面装饰着精美的金色条纹和花边。只有察院那张桌子上没有铺桌布，因为是银制的。上面只有一个锦缎小垫子，垫子上面是一个小圆台，台上有墨水架和吸墨粉。

此厅的外面，在另一个大厅里，有24名刽子手。正如我之前所说的，他们被称为行刑官，他们整齐地排成一排。

除了坐在长凳上的妇女以外，到处都站着诉愿者。就在这座建筑的门外，驻守着六个警卫，人们称他们为武仆（upo），他们拿着铜锤。

所有这高度组织化的一切，如果从整体来看，就代表了令人印象深刻的威权，而这些令人生畏的执行者则引发了人们的巨大恐惧，只要人们对他们瞥过一眼。[2]

很难想象一位生死未卜的囚犯在面临审判时对周遭的一切能观察得如此细致，并通过照相机般的记忆力将其记录下来。

何吉绘《中国法院》。插图原说明文字为：1. 施鞭刑；2. 法院大钟；3. 皇家大锣；4. 皇家公证员或法庭助理；5. 宝座；6. 成排的卫士；7. 巨大的银制神像；8. 行刑官；9. 主审；10. 慈悲之像；11. 正义之像。大图请看本篇开篇页背面

1　"法庭助理"，Rebecca D. Catz 英译为"高等法院法官"，此处从 Henry Cogan 及 H. C. Gent 的英译，见 *The Voyages and Adventures of Ferdinand Mendez Pinto, the Portuguese*, London, 1897, 217 及 *The Voyages and Adventures of Ferdinand Mendez Pinto*, London, 1653, p.129。

2　*The Travels of Mendes Pinto*, edited and translated by Rebecca D. Catz, The University of Chicago Press, 1989, pp.207-208.

但不管《东游记》中虚构的成分有多少，在17、18世纪，欧洲人还是将它当作认识和了解东方的必读书之一来看。

1682年，荷兰雕刻家何吉在为历史学家德·卫瑞斯的《东西印度奇珍》绘制插图时，就力图把平托所看到的中国法院形象化地展现在西方读者的面前。

最后平托跟其他八位外国人被撤销犯罪的指控，但被发配去关西（Quansi）服劳役，平托说：

当这个审判结果宣布的时候，我们仍双膝跪地，双手朝着察院伸去。然后，完成了官员要我们做的许多仪式后，我们大声地说给全场的人听："我们肯定得到了公平的审判。"[1]

平托作为囚犯，说出这番话来也许言不由衷，但是1550年代到过中国的贝奥西奥神父（P.e Belchior，1519—1571）曾经转述一位"在中国被囚禁了六年之久的正人君子"对中国司法的观察，似乎证明了平托的说法：

（中国的）司法极为公正，判决的依据从来不是一方或另一方说的话，而是站在局外形成的看法，这样就能作出公正的判决，并允许当事双方保留权利。这样做是因为害怕每隔半年朝廷在各城所进行的查案，要求他们提交报告，检查他们的行为是否冤枉某人。[2]

但这司法公正的下面却是残酷的体罚，大部分早期来到中国的西方人士都见识了中国的刑具和惩罚方法。明代来到中国的葡萄牙传教士克路士说：

有两种刑具，一种用在手上，另一种用在脚上。用在手上的是一些一指粗、一拃长的圆棍，两根绳子从中穿过，把手指夹在木棍之间后拉紧绳子，这样做就会压裂骨头。我曾看到一个十三四岁的男孩被这样折磨，真是件最可怜的事。之所以他这样受

1　*The Travels of Mendes Pinto*，edited and translated by Rebecca D. Catz，The University of Chicago Press，1989，p. 209.

2　《葡萄牙人在华见闻录》，王锁英译，澳门文化司署等1998年版，第24页。

罪是因为有人让他看守一所房子里被司法机关关押的一个年轻人，由于他粗心大意，那人逃走了，因此就这样把他抓住，同时搜寻逃犯。这是最轻的惩罚。

用在脚上的刑具非常厉害，让人感觉很痛。因为它有两块方木板，大约四拃长，一边用铰链连上，另一边用绳子绑好。将脚踝夹在木板中，再用木槌在上面敲打，这样来压碎骨头。[1]

此段描述几乎原封不动地被门多萨抄在了《中华大帝国史》中[2]，而佛莱芒雕刻家德·布莱则将这两种刑具画进了他为林舒腾的《东方航海志》所作的插图中。

《东方航海志》中的手刑与脚刑插图[3]   左图手刑细部

另一位明代来华的葡萄牙传教士曾德昭曾在中国受过牢狱之灾，他也描述了这两种刑具，并记录了他们的中文名称：

拷刑也在某些需要的案件中使用。我只知道两种拷刑。一用于足，一用于手。用于足的叫做"夹棍"（Kia Kuen），它有三块木片安在一根横木内，中间一片固定，

---

1 C. R. Boxer：*South China in the Sixteenth Century*，London，1953，p. 185.

2 *The History of the Great and Mighty Kingdom of China*，ed. Sir George Thomas Staunton，London，1853，pp. 111–112.

3 此图取自 *II. Pars Indiae Orientalis*，Francfordii，1599，xxix，林舒腾有关中国刑法的信息来自门多萨的《中华大帝国史》。

另两片是活动的，把脚放在其中，压榨收紧，直到足后跟的骨头深入足内。他们也用一些小木片放在手指间以施加手刑，他们称之为拶子（Tean Zu），然后收紧，用纸在四周加以封印，这样延续一个星期。[1]

"夹棍"和"拶子"主要用于拷问时，但其他惩罚犯人的方法仍有很多。比如关于偷盗，克路士说：

如果抓到小偷，就让他脖子上挂着赃物游街，并打上几板。如果偷的东西达到法定的一定数量，就用针和墨水在小偷胳膊上刺字，并将其关押一段时间，然后放出来。如果第二次被抓住，给以同样处置。如果第三次被抓住，就要在脖子上套上枷锁，以示死罪，并在手上和脚上带上锁链，关押起来，等待最后判决，但往往很多人得到了宽恕。[2]

关于拷刑，纽豪夫在《荷使初访中国报告》中对比了明清两代的做法：

因为他们过去通常不会为了小偷小摸而杀死任何人，除非他们犯行时使用了武力和暴力。一个人如果第二次被发现犯有抢劫罪，他的手臂上被烙上两个字；如果是第三次，则将字烙在他的额头上；但是如果他第四次犯下类似的过错，他就被鞭打和流放。这种忽视惩罚盗贼和无赖的行为，是中国有如此众多的盗贼和流民蜂集的原因。

但是自从鞑靼人成为这个帝国的征服者以来，他们以极大的审慎和严谨纠正这些犯行，并以法律来惩罚罪犯。当我在中国的时候，轻微的犯罪即被定为刑事犯罪；被判犯有最低罪行的人会被处以死刑。在执行这一判决时，一旦任何人被判死刑，他的双手就被绑在身后，背上有一块木板，上面写着他的罪行。他就这样被绑着，由治安官根据习俗带入一个空旷的地方，可能是在城内，也可能在城外。在没有任何进一步仪式的情况下，他就被斩首了。如果有任何人被赦免而捡回了一命，他将受到极端严厉的惩罚，在这种情况下他通常选择宁愿死去，而不是为了活命而遭受无可避免的苦难。折磨的方式是这样的：两名强壮的家伙受命殴打罪犯的小腿，直到所有的肌腱和

1　［葡］曾德昭：《大中国志》，何高济译，上海古籍出版社1998年版，第172—173页。
2　《葡萄牙人在华见闻录》，王锁英译，澳门文化司署等1998年版，第25页。

神经都被残酷地打烂，腿即使没被打破的话，也是伤痕累累。[1]

　　曾德昭在《大中国志》中也提到了对于通奸者的惩罚措施：

　　奸夫受到严惩，尽管不被判死刑，除其他刑罚外，还饱受杖刑。妇女犯奸的，如果她从前有贞洁之名，受到鞭打或杖刑，把裤子一直扒到脚跟，让她出丑，有时当街鞭打；但是，如果她早就失去贞洁，就只让她穿着裤子挨打。[2]

　　实际上，除了挨打之外，如果女方的丈夫提告，通奸者则会被判死刑，伯来拉说：

　　通奸者要入狱，情况一经查明，要判以死刑：女方的丈夫必须控告他们。这条法律对犯行的男女都适用。[3]

　　克路士说：

　　如果妻子通奸，丈夫控告了奸夫淫妇，那么他们两人都会被判处死刑。[4]

　　即使侥幸不被判处死刑，通奸者也难逃被戴上木枷游街的命运。克路士说：

　　对普通罪犯的惩罚是打板子，数量由罪行的轻重而定。一些犯了轻罪的人要在街上游行，受到路人的嘲笑。他们头上套着一块厚方块木板，略宽于三拃，在板子的中间有个洞，大小与脖子粗细相当。此板可以分成两块，以便将脖子套进去。板上写着此人所犯的罪行，这样他所到之处都会受到嘲笑、奚落。根据他罪行严重的程度，他要游街三到四天。[5]

1　John Nieuhoff：*An Embassy from the East-India Company of the United Provinces*，*to the Grand Tartar Cham Emperour of China*，London，1673，p.174.

2　［葡］曾德昭：《大中国志》，何高济译，上海古籍出版社 1998 年版，第 170 页。

3　C. R. Boxer：*South China in the Sixteenth Century*，London，1953，p.21.

4　同上书，第 150 页。

5　同上书，第 184—185 页。

西班牙的考特斯神父在《中国纪行》中记录了通奸者游街示众时的情况：

《中国纪行》中戴着木枷的赌徒和通奸者

通奸的男女被判戴着木枷游街示众数日。罪行更严重的人会被判在公共场所戴着木枷一动不动地站立 15 至 20 天，其间不得坐下。在刑期结束前由于腿中形成了许多硬结块，会肿胀，甚至溃烂、致死。这就是这种惩罚的目的。[1]

木枷可能是古代中国最常见的刑具，它跟西方中世纪使用的刑具颈手枷（pillory）有类似之处。颈手枷通常是固定在某处的木架子，罪犯被判立在木架子旁，将头和手伸入架子上预留的三个洞中。但中国的木枷直接套在脖子上，因此受刑人需承受木枷的重量。在 16 世纪中下叶，西方人在中国看到的木枷是比较窄的。伯来拉说：

　　木枷宽约一拃，一个人戴着枷站着时，木枷下部可及膝盖。枷板分两半，合起来中间是个脖状的孔洞。根据脖子的粗细调整后，就把木枷架在罪犯的脖子上，用装置把两半合起来，钉住。脖子后面翘起的木板有一拃长，脖子前面的木板可及膝盖。在这前倾的板上用大字写上判决书及死罪的理由。[2]

　　克路士说：

　　那些已经被判死刑的人被套上木枷，木枷长至膝盖，被涂上白色，上面写明被判刑的罪状。木枷只有一拃多宽。[3]

1　D'Adriano de las Cortes：*Le voyage en Chine*，traduction de Pascale Girard，Chandeigne，2001，p. 457.

2　《葡萄牙人在华见闻录》，王锁英译，澳门文化司署等 1998 年版，第 54 页。

3　C. R. Boxer：*South China in the Sixteenth Century*，London，1953，p. 184.

　　他们的描述可在明代万历二十八年（1600）
出版的汪耕绘图的《人镜阳秋》插图中得到印证。

　　图中的木枷前后较长，所以克路士说"长至
膝盖。"而这种细长的木枷实际上呈前窄后宽的
梯形，这大概就是为什么克路士一会儿说其"略
宽于三拃"，一会儿又说其"只有一拃多宽"的
原因吧。

　　但到了1610年之后，西方人看到的木枷就渐
渐趋向比较规则的正方形了。1613年来到中国的
曾德昭说：

《人镜阳秋》卷一中的插图。可见简
易的木枷

　　对于普通犯罪，他们施加某种在葡萄牙无人
使用的刑罚，他们称它为"枷号"。这是一块很
大的厚木板，四到五掌见方，中间有个洞，约有
一个人的脖子般大小。他们把枷号紧紧地套在罪犯的脖子上，并贴上两张一只手那么
宽的纸条，上面写着他的罪过和受刑的原因。

　　这两张纸还可以显示木板没有被打开。枷号被套在脖子上后，这些可怜虫每天被
带出，在街上示众，被人耻笑15、20或30天，刑期长短则根据他们的判决。最严
酷之处在于：任何时候，无论白天还是黑夜，枷号都一直套在身上。[1]

　　1625年来华的考特斯在东南亚
华侨的协助下画了枷刑的插图（见上
页图），从图中可以看出，木枷有相
当的厚度，其重量可想而知。而清初
访问中国的纽豪夫《荷使初访中国报
告》所附插图中的受木枷惩罚的犯人已
经侧卧在地，很可能是因为不堪重负。

　　达帕《大清志》中所绘的戴木枷

《荷使初访中国报告》荷兰文本插图

1　Alvare de Semedo：*The History of that Great and Renowned Monarchy of China*，London，1655，p.141.

《大清志》荷兰文本插图。枷刑犯人右腿伸向右前侧

亚历山大笔下的衙役带犯人去示众图

的犯人在下跪时，需将一条腿往前伸，显然也是因为木枷太重，不这样做的话就会仆倒在地。

18世纪末英国使团来中国时，枷刑依然相当普遍。使团画家亚历山大就绘制了好几幅犯人被施以枷刑的水彩画。其中有一幅被选印在了《中国服饰》一书中。

亚历山大对此图的说明是：

欧洲人所熟知的 Cangue[1]，中国人称之为"枷"。它是一块沉重的套在脖子上的木板，中间有一个洞。或者也可以说两块木板中间挖了洞，合起来就可以锁住脖子（类似于我们国家的颈手枷）。跟颈手枷一样，它还有两个锁定罪犯的孔。罪犯有时受到恩惠，只需将一只手放进去，这样他就可以用另一只手来减轻肩膀上的负担。

木枷围住头部的部分用销钉固定在一起，接缝处粘贴上纸条作进一步的防范。纸条上盖上官员的印章，并以大字写上犯人受到惩罚的原因。

这笨拙的器具的重量从60磅到200磅不等，罪犯被判的刑期，取决于犯罪的严重程度，有时连续一、两甚至三个月。在此期间，罪犯在监狱里度夜，早晨由地方官的衙役用链条将他带到城门或者老百姓最常去的地方。衙役让他将木枷靠在墙上以减轻负担，他整天都暴露于平民的嘲笑中。在没有人帮忙的情况下，他无法吃饭。当官员判令他不再戴木枷时，他的惩罚也还没有结束。他仍然要受到一定数量的杖挞。在受此种惩罚时，他额头着地，以卑屈的方式感谢官员对他慈父般的纠正。

1　源自葡萄牙语 Canga，特指中国的木枷，可能源自汉语"长枷"。

　　亚历山大还有一幅描绘枷刑的插图被收录在斯当东的《英使谒见乾隆纪实》第三卷。

　　亚历山大说受了枷刑的人最后还需受杖刑。实际上在戴上枷之前就会受到杖刑。曾德昭说："在中国，除非交钱，没有在任何惩罚之前不先处以杖刑的，因为大家知道这总是第一道菜，所以在判处时无需提及，尽管是辅助性的惩罚，这是必要的。但在枷刑之后的其他惩罚，则要写明。"[1]

斯当东《英使谒见乾隆纪实》中的插图

　　杜赫德也说"除非交钱，无不在上枷前和下枷后施以杖刑，这是中国的惯例。我们完全可以说中国政府是依靠杖刑来维持的"[2]。

　　早期来华的西方人大多对杖刑了如指掌，伯来拉说：

　　这些人的笞具是用一些从中间剖开的竹子加工成的。不是尖利的，而是扁钝的，用来抽打大腿，实际上是打在膝盖窝上。受刑者躺在地上，用刑者双手举起竹板，如此用力地向下抽打，凡是看到的人无不对他们的残忍感到吃惊。十板下去后，抽出了很多血；如果是二十板或三十板，整个膝盖窝都碎了；五十板或六十板后，必须要很长的时间才能康复；一百大板后则无药可救，只有死路一条。这只是那些没有钱贿赂打手的人才这样挨打。[3]

　　克路士说：

　　他们的鞭是用这些竹茎制成的，长约到一个中等身材的人胸部。他们打人的大腿部分，叫人趴在地上，两腿伸直，两手反绑。这种鞭杖十分残酷，头一下马上打

1　C. R. Boxer：*South China in the Sixteenth Century*，London，1953，p. 142.

2　Du Halde：*A Description of the Empire of China*，London，1741，v. 2，p. 229.

3　《葡萄牙人在华见闻录》，王锁英译，澳门文化司署等 1998 年版，第 50—51 页。

出血。一次鞭杖是两板子，由站在两旁的役吏施刑，各打一条腿。两鞭杖后人便不能站立，他们拉着手腕让他起来。很多人挨了五十或六十鞭杖后死去，因为屁股卵蛋全给打烂了。[1]

酷打的程度达到满堂院都是鲜血；打完之后，他们把犯人像羊一样拖着一条腿到牢房，而不是押送回去。役吏行杖时，他们大声报打了几杖。如果重罪在押的可怜囚犯在这种审讯将结束时能找到一条可上吊的绳子，那他们会争先恐后去上吊，以免遭受鞭杖的酷刑。[2]

以上是 16 世纪中后叶的记载，当时用的是竹板，且两人行刑，最少两板子。到了 17 世纪，曾德昭看到的杖刑则发生了些变化，他说：

在中国的法堂，当官大人坐堂审案的时候，在他的审判桌两边很近的地方，站着10 个、12 个或更多的人。他们手执大棒，棒的底端靠在地上。（有时为了更加恐怖，他们会让 40 个人站在那里。就像他们在审理神父有关宗教案件时做的那样。）这些棒子有七掌长，下面有一只手那么粗，越往上则渐次缩小，上端窄小，这样可以方便地用两手握住。这些棒子用竹子做成，有点像甘蔗，有节，且中间是空的。但不同的是，竹子是致密、坚硬、沉重的木质。

另外，在官大人的审判桌上，有一个盒子里装着木签，我们已经说过，当官大人决定给人处以杖刑时，他扔下若干木签，每根木签表示打五下，这样就算得出他希望打的数目。每个"武仆"（即葡萄牙人所称的持棒者）都准备好了接受木签，有的人把罪犯摁倒在地，褪去其裤袜，根据接签的数目，一个武仆马上就在罪犯的肉腿上打五下，然后退下；另一个武仆上来接着打五下，一直换新手，这样一直打到官大人指定的数量。当官大人把签扔下去的时候，他不会给出理由，也无人问他，但他的命令有人遵照执行。只有一些轻罪，当犯人使了银两之后，才不会被打得那么惨。[3]

比曾德昭晚八年来到中国的考斯特用绘画记录了杖刑的场景。

1　[英] C.R. 博克舍编注：《十六世纪中国南部行纪》，何高济译，中华书局，1990 年版，第 123 页。

2　同上书，第 124 页。

3　Alvare de Semedo：*The History of that Great and Renowned Monarchy of China*，London，1655，p. 142.

考斯特笔下的杖刑（1）。大英图书馆藏

考斯特笔下的杖刑（2）。大英图书馆藏

考斯特对左图的说明是：

（上）官员受杖刑时下身自腰至足裸露，不绑住脚。但受刑前徽、帽、腰带和官服必须除去。

（下）普通老百姓受杖刑时自腰至足裸露，一般需绑住脚。其他行刑者会用棍子的末端抵着他们以防他们乱动。如果他们仍不驯服，会有人摁住他们的手脚。[1]

考特斯对右图的说明是：

女性受杖刑时不脱去袜、裤。注意她是如何让行刑者看到她的钱以让他轻打的。[2]

达帕所编的《大清志》插图中也有两幅描绘了官员和百姓受到杖刑的惩罚。

1　D'Adriano de las Cortes：*Le voyage en Chine*，*traduction de Pascale Girard*，Chandeigne，2001，pp. 434–435.

2　D'Adriano de las Cortes：*Le voyage en Chine*，*traduction de Pascale Girard*，Chandeigne，2001，p. 437.

达帕还记录了另一种用杠子的奇特刑罚，他说：

他们扒下罪犯的衣服，将赤裸裸的罪犯的手绑在背后，并使他的脚向后蜷曲，一直到头发。然后，两个行刑手在他的胳膊和蜷到肩膀上的腿之间穿过一根长杠，用力将他抬起，使他非常痛苦。[1]

《大清志》中官员受杖刑图。注意官员是在室内受刑，他穿着袜子，但双腿被绑

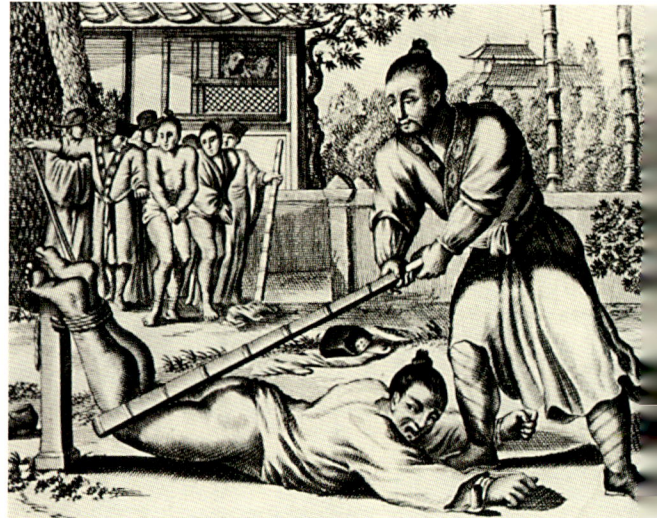

《大清志》中百姓受杖刑图。注意受刑人的手脚均被缚

18 世纪末来到中国的马戛尔尼使团因在中国逗留时间较长，团员们一路上看到不少施刑的场面，杖刑自然也不例外。亚历山大在介绍杖刑时说：

杖刑在中国经常被使用，以处罚轻微的罪行，偶尔也用在各级官员身上。

当（审判的）官员判定杖挞的次数很少时，被认为是轻描淡写的惩罚或父亲式的纠正，并且以这种温和的方式给予惩罚并不是可耻的，尽管罪魁祸首必须屈膝，额头触地，感谢官员如此下令对其进行管教。

蓝顶戴级别以下的官员在有上级指令时，会受到杖刑的惩罚。但此级别以上的官员

---

1 *Atlas Chinensis*：*Being a second part of a relation of remarkable passages in two embassies from the East-India Company of the United Provinces*，*to the Vice-Roy Singlamong and General Taising Lipovi*，*and to Konchi*，*Emperor of China and East-Tartary*，English'd and adorn'd by John Ogilby，London，1671，p. 437.

只有在皇帝的命令下，才会受刑。

杜刑所使用的刑具是一根劈开的竹子，长几英尺，施于臀部。对于重罪，下手很重。在惩罚轻罪时，犯罪者（如果有办法）会行贿行刑者，行刑者会根据银两的多少，来减轻处罚的力道，但仍佯装用力，以骗过官员。据说，有些人愿意为钱代替罪犯接受

《大清志》中奇特的刑罚

惩罚，尽管可怜的受刑者被判80或100大板，有时会影响到生命。

当官员外出时，通常会由一名衙役及一名或多名士兵陪同，他们被命令对任何粗心大意的人处以五六大板的惩罚。受处罚的人可能在大官经过时疏忽了下马致敬的礼节，或是没有跪在路边。[1]

亚历山大还描绘了中国其他一些惩罚的方法，如穿耳、坐笼之类。这些公私的刑罚对欧洲人来说充满了异国情调，因此他们也竭力收求这些画面，且觉得越怪越好。事实上，17世纪以来，有不少关于东方书籍的扉页或书名页插图都有中国刑罚的元素。

1801年英国人乔治·马森（George Henry Mason， 1770—1850）在伦敦出版了英法文对照的《中国的刑罚》（*The Punishments of China*）一书。书中收录了22幅中国人惩罚犯人的画面。这是西方出版物中有关中国刑罚最集中的展示。此书的法德双语版于1804年出版，1898年又出版了新的德译本，可见其受欢迎的程度。

《中国的刑罚》插图的印刷版由戴利（John Dadley， 1767—1817）所雕刻，但图像的蓝本则是中国画家所绘的外销画。[2]画面中无论是施刑人，还是受刑人，表情基本上都比较轻松，说明画家只是为了应付订单而作，并未费力去描摹真情实境。尽

1　William Alexander：*The Costume of China*，London，1805.

2　Timothy Brook et al：*Death by a Thousand Cuts*，Harvard University Press，2008，p. 171.

亚历山大《中国服饰》中的杖刑场面

《荷使初访中国报告》荷兰语初版书名页
局部

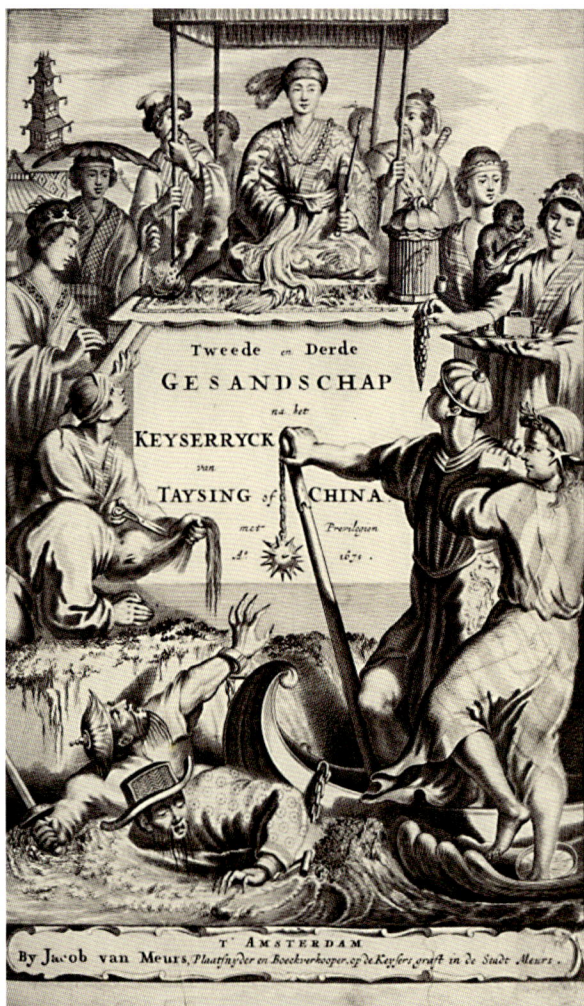

《大清志》荷兰语初版书名页。此图左下方的汉族官员戴
着手拷，左侧另有一人被剪成满人的发型

亚历山大《图说中国服饰礼仪》中的穿
耳刑

管如此，这些画作在研究清代司法、刑罚制度方面仍是非常宝贵的图像材料。下面
从《中国的刑罚》英法文版中选录四幅，以飨读者。

"荡秋千"

石灰灼眼

竹筒刑

斩首

6.2 饮宴

古往今来，一般民众离开家乡到达陌生的地方，往往会格外留心当地的饮食。这不仅是因为好奇，而且是因为在人们的生活习惯中，对饮食的喜好是比较难以改变的。食物、就餐环境以及餐具有时会影响到整个旅行的感受。

中国的饮食习惯中，最引人注目的当是使用筷子。最早记录中国人使用筷子的可能是葡萄牙人托美·皮列士。皮氏是一位成功的药剂师，也是个探险家，并且曾率领葡萄牙使团访问中国。他在《远东记行》（写成于1512—1515年之间）中说："他们（中国人）用两根棍子吃饭，左手端碗，放到嘴边，在两根棍子的帮助下吸进去。这是中国的方法。"[1]

皮列士之后，有三位欧洲人于1550至1575年间分别到访过中国南方，他们都写下了游记。这些游记后来成了西班牙作家门多萨的名著《大中华帝国志》的主要参考资料。

葡萄牙人伯来拉曾在中国当过俘虏，对于中国人吃饭的事，他说：

全中国人都像我们那样坐在凳子上就着高高的桌子吃饭。尽管他们既不用桌布，也不用餐巾，但是餐桌上仍非常整洁。送上来的饭菜事先已经切好了。他们用两根棍子进食，以免用手拿食物，就像我们用叉子一样，因而就不怎么需要桌布。[2]

另一位葡萄牙人达·克路士于1556年造访广州并在那儿待了一个月。在这期间，

1　*The Suma Oriental of Tomé Pires*，translated and edited by Armando Cortesão，London，1944，p. 116.

2　C. R. Boxer：*South China in the Sixteenth Century*，London，1953，p. 14.

他看到了中国人的精致生活：

> 上完水果之后，别的食物都放在精美的瓷盘里，事先都整齐地切好、码好，井然有序。虽然瓷盘层层相叠，但都摆放得恰到好处。这样坐在桌边吃饭的人想吃什么就吃什么，无需移动或搅动其他盘子。同时还有两根精巧的涂了金的小棍子，夹在手指之间，用来帮助进食。他们用起来就像是一把钳子，所以他们不会用手去碰桌子上的任何东西。他们吃米饭时也用这两根小棍子，一粒米也不会掉下来。[1]

而西班牙人德·拉达于 1575 年在福建停留了两个月，他对中国饮食习惯的印象是：

> 中国人的主食是米，虽然他们有小麦，也卖用小麦捏成的面包，但是他们吃面包像我们吃水果那样吃得不多。他们主要吃煮好的米，甚至用米来做酒，可以媲美不错的葡萄酒，有人可能会把两者弄混。他们吃饭时坐在桌边，但不用桌布或餐巾。因为他们不用手碰任何放进嘴里去的东西，所以用两根细长的棍子夹所有的东西。他们精通此道，因此可以夹任何东西。不管多么小，都可以夹起来送进嘴里。就连圆的东西，像李子这一类的水果，也照夹不误。一餐开始时他们先吃未配面包的肉，然后吃三到四碗米饭，用来代替面包。吃米饭时同样用筷子吃，虽然有点狼吞虎咽。[2]

继他们之后，葡萄牙人平托也来到了中国，他的游历范围则要广得多——不但到过南方，甚至去过西北。他在回忆录《东游记》（约成稿于 1580 年）中也提到了筷子。平托说他和一些葡萄牙同伴所乘的船在南京湾遇险，仅有 14 个人死里逃生。他们佯装成暹罗商人在南京附近一路乞讨，当行至祥谷里（Xiangulé）时，又累又饿，有一位躺在病榻上的中国长者慷慨地让家人给他们做饭吃：

> 然后他让家人把饭送到他的面前给我们，催我们快吃。我们立即敞开肚皮大吃，他本人尽管又病又乏，但还是饶有兴趣地看着我们。最开心的莫过于他的女儿们，即那两个姐妹。我们在吃的时候她们跟她们的兄弟一直在笑话我们，因为我们用手

1　C. R. Boxer：*South China in the Sixteenth Century*，London，1953，p. 141.

2　同上书，第 287 页。

吃饭；而在全中国，人们不习惯像我们一样用手吃饭，而是用两根纺锤棒模样的棍子来吃。[1]

　　荷兰商人和冒险家林舒腾在其名著《东方航海志》（初版于 1596 年）中也提到了中国人用筷子吃饭：

　　（中国人）办筵席的方法如下：许多人被邀请，所以许多桌子要准备好，尽管可能有上百张。桌子被油漆漆得非常精美，有各种想象的图案和花卉，看上去赏心悦目。他们不用桌布，但是根据就餐者的地位，在桌边挂着丝、缎、金丝或丝银做的围幔，一直垂到地上。在桌子的角上，挂着各种花篮，里边装满了各种香花，还有精心制作的各种口味的烤杏仁饼。在桌子的中间他们放肉食，非常名贵，装在瓷盘或者银盘里，漂亮有序。他们吃鱼和肉，不管是什么肉都切碎，骨、刺和筋都清理干净。他们从不用手指去碰鱼和肉，只用两根黑木做的小圆棍来搛。你也许可以在巴努丹乌斯大夫（D. Paludanus[2]）家看到这样的小棍子，是我送给他的。他们不用叉子，而是用小棍子，他们用起来得心应手，所以不会有食物的渣屑掉到桌上，他们不用餐巾擦手，因为用不着。[3]

　　实际上，平托不仅游历过中国，还在中国的邻国冒过险。《东游记》中也有白固（今属缅甸）附近的老百姓及日本人使用筷子的记载：

　　（在白固附近）我们遇到了非常白的人，叫白维人（Pavilens）。他们是优秀的射手和骑手。他们身着丝质长袍，就像日本人的那种；吃饭时学中国人的样子，用小棍子把食物送到嘴里。这些人告诉我他们的国家叫毕那固伦（Binagorem）。[4]

　　（在日本）然后一张桌子铺在了我们面前，上面精心摆放着各式佳肴。端菜的都

1　*The Travels of Mendes Pinto*，edited and translated by Rebecca D. Catz，The University of Chicago Press，1989，p. 161.

2　指 Bernardus Paludanus（1550—1633），荷兰博物学家、大夫，以收集外国奇异物品闻名。

3　*Iohn Huighen van Linschoten. His Discours of Voyages into ye Easte & West Indies Deuided into foure Bookes*. London，1598，p. 42.

4　*The Voyages and Adventures of Ferdinand Mendez Pinto*，*the Portuguese*，done into English by Henry Cogan，London，1897，pp. 363–364.

是漂亮的女人。我们开始用我们的方法吃面前的食物，这时这些女人们拿我们打趣。看到我们用手吃饭，国王和王后更加开心，然后喜剧在他们面前开演。对于习惯于用两根小棍子吃饭（我前面提到过）的人来说，他们觉得像我们那样用手碰食物是极不开化的。[1]

林舒腾在《东方航海志》中也述及日本人吃饭的习惯，他说："每个人有一张桌子，但是没有桌布和餐巾，他们用两根木棍吃饭，就像中国人一样。"[2]

平托和林舒腾的文字构成了西方对受中国影响而形成的"筷子文化圈"的最早记录。

而《东方航海志》中的一幅《官员迎接上司》的插图很可能将筷子的模样第一次呈现在西方读者的面前。这幅插图画的是中国的地方官员迎接上司时的情景，但背景的河里有一条船，船上的一张桌子上放了些吃的东西，三个人围桌而坐，其中一个人手里正拿着一双筷子。

1625 年西班牙籍耶稣会士亚德里亚诺·拉斯·考特斯因为所乘坐的船遭遇风暴而在广东附近的海面上翻覆，成了中国守军的

《东方航海志》中官员迎接上司的插图局部。正面的那位右手拿着一双筷子[3]

考特斯回忆录手稿中的中国人饮食图。原图说明："中国人都坐在高桌子旁用筷子吃饭。他们在吃两口饭菜之间会说很多话；他们把碗捧在手上，放在离嘴很近的地方。"

---

1 *The Voyages and Adventures of Ferdinand Mendez Pinto*, done into English by H. C. Gent, London, 1692, p. 320.

2 *Iohn Huighen Van Linschoten His Discours of Voyages*, London, 1598, p. 46.

3 完整的插图请参考本书《官员》一节。

俘虏。他在中国度过了一年半，后设法离开中国前往马尼拉，并在那儿把在中国的经历写成了游记《中国纪行》。《中国纪行》中有许多精美的配图。其中有一幅描绘的就是中国人在餐桌上吃饭的样子。

考特斯对中国人使用筷子的熟练程度印象很深。他写道：

> 自从我们被俘的第一天起，吃的东西又少又劣。他们总是用他们的方法准备，而不是我们的方法……鱼又小又烂，不加盐，也不去头剖肚，因为他们是这样吃的，连大人物也是这样。我们的看守看到我们把鱼头扔给他们的狗吃常常不开心。有一次我正打算把几个鱼头揪下来扔给狗吃，只见他们向我走来，用筷子从我的碗中夹下鱼头，放在自己的嘴里吃了。[1]

17 世纪 30 年代活跃于亚洲的英国商人孟迪（Peter Mundy， 1600?—1667）也在自己的手稿中画下了中国人用筷子吃饭的形象。孟迪写道：

> 我在前面曾提到过筷子，现在要描述一个普通人，一个船工是怎么吃饭的。他一般在地上或是桌上吃饭，手指间拿着筷子（大约一英尺长），用筷子将饭菜送到嘴边。咸肉、鱼等等都已经事先切好，再佐以米饭（那是他们的主食）。我看见他先吃一小口肉，随即将一小碗米饭送入口中。他急切地用筷子将米饭塞得满嘴都是，直到嘴里再也放不下了。[2]

孟迪手绘船工吃饭的模样

达帕在其编辑的《大清志》（初版于 1670 年）中分别提到了台湾和大陆人用筷

---

1 D'Adriano de las Cortes：*Le voyage en Chine*，traduction de Pascale Girard，Chandeigne，2001，p. 160.

2 *The Travels of Peter Mundy in Europe and Asia*，ed. Richard Carnac Temple，London， 1919，v. III，pt. 1，pp. 194–195.

子吃饭的方式：

　　他们（台湾人）不用刀叉和勺子来吃，但用象牙或乌木做的小棍子取食。小棍子的顶端包了金或银。[1]

　　（大陆人）的桌子上不放桌布或是餐巾，但桌子用一种叫漆的胶蜡涂过。他们不用刀子，所有的食物，像蛋、鱼之类在上桌之前就已经弄碎了。他们也不用叉子和勺子，只用两根有两个巴掌那么长的小棍子。他们用小棍子吃饭又灵巧又干净，就连一粒米或是玉米，不管是生的还是煮过的，都不会掉下来。他们不在菜里放盐、辣椒、醋或是酸果汁，而是用芥末或是类似的调料。他们配制得很有技巧。[2]

　　《大清志》中有一幅在游舫上饮宴的插图，灵感有可能来自于林舒腾书中的《官员迎接上司》插图。

　　英国人孟迪在17世纪初用速写的方式记录了中国船夫吃饭的影像，而他的小同乡亚历山大则在18世纪末用细致地笔触画下了中国纤夫一起吃饭的情景：

《大清志》中的游舫饮宴插图

亚历山大笔下的纤夫吃饭图

1　*Atlas Chinensis*：*Being a Second Part of A Relation of Remarkable Passages in two Embassies from the East-India Company of the United Provinces*，*to the Vice-Roy Singlamong and General Taising Lipovi*，*and to Konchi*，*Emperor of China and East-Tartary*，English'd and adorn'd by John Ogilby，London，1671，pp. 698-700.

2　同上书，第365页。

亚历山大为这幅画所加的说明是：

这些贫穷劳动者的主要食物是大米；当他们能弄到用变质的油炒的蔬菜或动物内
脏来下饭时，他们则将其视为珍馐。他们在陶炉上做饭。（图中）站立的人以一般的
方式吃米饭，就是将碗的边缘放在他的下唇，并用筷子将碗里的东西拨入他的嘴里。[1]

早期从欧洲到中国的旅行者们，不仅对筷子印象深刻，而且对中国食物之丰富、
宴会之奢华也不吝笔墨地大加描写。拉达就记载了一次宴会的情形：

在一间大厅里，厅的上首，他们为每个教士排七张桌子，沿墙为在那里的西班牙
人每人排五张桌子，陪我们的中国军官每人三张。邀我们的军官们坐在厅门附近，对
着教士们各就各位。在我们的地盘内，他们为我们每人在一边准备了三张放餐具的桌
子。这些桌上放有尽可能多的盛食物的盘碟，唯有烧肉放在那张主要的桌上，其他非
烧煮的食物放在其他桌上，那是为讲排场和阔气。有整只的鹅鸭、阉鸡和鸡，熏咸肉
及其他猪排骨、新鲜小牛肉和牛肉、各类鱼、大量的各式果品，还有精巧的壶、碗和
别的小玩意儿，等等。这些放在桌上的东西，当我们起身时都被装进篮子，送到我们
的寓所。总之所有摆在那里的东西都属于客人。

在举行筵席的厅外，排列着我们主人的全部卫队，携带武器、鼓乐，我们到达时
开始奏乐。出席宴会的军官半道出来在院内迎接我们，没有致敬或鞠躬大家就一同进
到宴会厅前的待客室，在那里我们按他们的习惯——鞠躬。行过许多礼后，我们在那
里坐下，每人一把椅子，他们立即送上我说过的热水（茶）。喝完水，我们交谈一阵，
再到宴会厅，在那里行许多礼等，讲若干客套，为免啰唆略而不谈。最后他们把我们
逐个引到我们将就坐的桌席。军官们在这桌上摆第一盘菜和一小杯盛满的酒。当每人
入席后，开始奏乐，有鼓、六弦琴、琴、大弓形琵琶，一直演奏到宴会结束。

……桌上虽摆满食物，仍不断上汤上肉。宴会中间，他们一直热情祝酒，不是用杯，
而可说是用小碟。就我所见，他们饮酒是有节制的。他们不连续饮酒，只喝水。他们
喝很热的酒，像喝汤那样呷饮，但他们给我们喝冷酒，因为他们知道我们不喝热的。
他们认为主人先从席桌起身是小气的，相反，只要客人在那儿，就不断上菜，直到客

1　William Alexander：*The Costume of China*，London，1805.

人想起身为止。甚至我们起身后，他们再请我们坐下，等一两盘菜，他们这样做了两三次。[1]

比拉达小 20 岁的利玛窦对中国的宴会颇不陌生，他觉得礼数很繁琐：

现在我来讲他们的宴会：这是礼节最繁的事情，而且是经常有的事情。因为一年所有的节日，及其他机会，总少不了请客。可以说有的人，每天都在请客或被请。因此什么事都在餐桌上谈论，手里拿着酒杯，从吃喝玩乐，到道德宗教，无所不谈。中国人除了请人吃喝外，不知道该怎样表示友爱；在习惯上和名词上，他们同希腊人一样，不把宴会叫一起吃饭，而叫一起喝酒。在实际上，从头到尾，他们一直在饮酒；用的杯子虽然像核桃那么小，因为不停地喝，结果喝的比我们西方豪饮者还多。

他们吃饭不用叉子，也不用匙子，而用细长的筷子，有一手掌半的长度，握在右手，桌子的什么东西都用这种筷子拿，他们用起来非常灵活，从来也不用手取桌子的食物。因此，桌上的食物都须切成小块，除非是液体物，或软的东西能够用筷子撕开的，如蛋、鱼等等，在桌子上绝对看不到刀子。

他们喝的饮料常是很热的，纵然是在夏天，例如茶、酒及其他饮料；这似乎非常有益健康。故此他们的寿命很长，到了七八十岁，还很健壮。我想也是因了这个原故，他们不患胆结石；我们西方人喝冷东西，就常得这种病。

想要请人吃大餐时，前一天或前几天，便送去一张请柬。上面写上主人的名字，及几句文雅客气的话，说："谨定于某日某时（通常是晚上）某地，敬备菲酌洁樽候驾。凤钦博学，尤佩危言谠论，届时敢请有以教之，幸甚！幸甚……"然后在红纸条部位，写上被邀请者的尊姓大名及许多官衔。给每位客人，都送一张这样的请帖。

在宴会当天上午，再送一张同样的请柬，但只写"请届时光临"等字样。到了宴会的时刻，又送一张请柬，他们称之为"迎客"。

客人到了之后，行过见面礼，先在客厅喝茶；都到齐之后，才进入餐厅。餐厅布置得很美，但他们不习惯用壁纸，而是用许多画轴、花瓶或其他器皿以及古玩。每位客人一个小桌，有一臂半长，一臂宽。有时放两张桌子，前后靠在一起。桌子外表很美观，就像我们的祭台。椅子也极漂亮，是油漆的，或金色的，上面有雕刻，漆成各

1　[英]C.R.博克舍编注：《十六世纪中国南部行纪》，何高济译，中华书局 1990 年版，第 204—206 页。

种颜色。其实他们的大厅，平常都有这类漂亮的艺术品和画轴。

到了餐厅后，大家都站着，主人拿起一个酒杯，平常是银的、金的或玉石的；酒杯原是放在同样质料的托盘上。主人向该坐首位的客人深深鞠一躬，走到院里，先朝南鞠一躬，把杯里的酒献给天帝，把酒倒在地上后，再鞠一躬。

主人回到餐厅，拿起另一杯酒，向该坐上位的客人鞠躬；再走到中间的桌子那里也就是最里面的桌子，那是主位（与我们的相反，我们是以外端的座位为高位）。主人把酒杯用双手恭恭敬敬地放在小碟上，在酒杯旁边放两只筷子。筷子平常是象牙的、乌木的或其他光滑坚硬的材料，包上银或金。主人再拉一把椅子，把它放正，用袖子抹干净，然后回到餐厅中央，与首位客互鞠一躬。

接着主人便以同样方式给第二位客人备座，即主客之左手那位；然后第三位，即主客右手的那位；直到最后一位。最后，那个坐首位的客人，从仆人那里拿一个酒杯及小碟子，放着些酒，与所有的客人一起向主人鞠躬，把酒杯及小碟放在主人的桌上，即在门口背朝南的桌子，与首位客人的桌子正面相对，然后按主人方才那样，把筷子一字放好。然后其他客人按次序，也都到那桌子前，把各样东西摸一摸，好像是为把东西放好。这时主人一直站在旁边，躬着腰，合着手，每次都说"不敢当，谢谢"。因为中国人不用手接任何吃的东西，饭前饭后都不洗手。

座位布置好之后，客人一起向主人鞠躬，又彼此鞠躬，各就本位。每次饮酒时，都是主人先双手拿起酒杯及小碟来，举高，放低，请大家饮酒。大家也向主人举杯，然后喝一小口。多次为喝完一杯，要喝四五次。他们也从来不像我们那样，把一杯酒或茶一口气喝干。

喝完第一口酒，便开始上菜。每上来一样东西，主人先举筷，用双手握着筷子的中央，请大家动筷。大家也面向主人做同样的动作。然后主人把筷子伸向菜碟，并请客人伸筷。大家便各吃一两口那道菜，常是首席客人先放下筷子，大家才把筷子放下。这时仆人又来给每人的杯里斟上热酒，从主客开始。如此一再举杯，喝酒的时间比吃菜的时间还多。大家一边吃喝，一边谈天说地。有时听戏、听唱歌、听音乐。这些卖艺的人，知道哪里有宴会，有时不请自来，因为大多数是专靠卖艺维生的。

在这样的宴会上，西方所有的东西都能够吃到，而且烧得很好。但是每样东西的分量不多，他们比较重视品类。满桌是碟碗，容量都不大。有鱼有肉，他们什么东西都吃。一种菜上来后，就不再拿走。因此不只看来满桌是菜，而且碗碟须堆叠起来，像个高塔，有两三层。在这样的宴会上，不供应馒头，也没有大米饭。

　　他们也习惯做各种游戏，大喊大笑，让输的人喝酒。最后常换上比较大的酒杯，但并不强迫不善饮酒的人用大杯喝。他们的酒是一种啤酒，不很强烈，但是喝多了的也会喝醉，不过第二天就没事了。

　　他们吃东西相当有节制，有时一人远行时，要参加七八个朋友给他举行的践行宴会，不过践行宴不像大宴会吃的时间那么长。大宴会有时吃到第二天早晨。在人吃完后，剩余的东西就给客人带来的仆人们食用。[1]

　　比利玛窦小 25 岁的考特斯神父在 1625 年有机会向两位澳门人士打听了一次肇庆都堂招待澳门代表的招待会情形：

　　当这些澳门代表到达时，都堂向他们指出他为他们所做的一切都是皇帝的旨意，他只是代表皇上行事，所有的费用也是由朝廷支付的。招待和欢庆活动包含一次盛大的宴会。都堂首先发给客人一枚银牌，约一拃长，宽度则是一拃左右；但有的人收到的有别人的两倍大，这些银牌的精美程度与常见的镀锡铁片一样。银牌上刻有表示"欢迎"和"友好"等字样，看起来就像是通行证，使客人在中国享受官吏的待遇。都堂然后又要客人将用银叶制成的小花束放在帽子上，如同一片羽毛，其价值则不如上面提到的银牌。接下来中国人带领客人们骑马巡游于大街之上，前面有大鼓和喇叭开道，一直到达举行宴会的地方。

　　都堂为每位客人准备了 5 个不同的餐柜，其中 4 个盛满了干鲜果品和可以在该城找到的所有肉食：母鸡、阉鸡、山鹑、火鸡、鸭子、乳猪和其他肉食。但所有的肉都是生的而且没有切开，只有禽类已经去毛并洗净了。这些柜子摆在一起，形成了尖塔状。第五个餐柜以及宾客坐的椅子上盖着崭新的缎套，是为这次宴会准备的。但是不见桌布、餐巾、汤匙和盐瓶之类的餐桌上的必备品，只有中国人吃饭时习惯使用的乌木或象牙筷子，有的还包了银。餐柜中摆放着 16 至 20 个小瓷碗，其中装满了水果和肉食，就跟其他 4 个餐柜一样。有的肉是烤熟的，有的经过简单的烹煮，都未加调味，除了有两三碗炸丸子及其他食物看起来像放了点什么。来自澳门的 12 位客人坐在他们各自餐柜前的椅子上，旁边是为他们准备的另外 4 个餐柜。都堂并不跟他们在一起就餐，而是仅仅与其他几个官吏在一起。他们使用仅有半个蛋壳大的薄金杯饮酒，

1　《利玛窦中国传教史》（上），刘俊余等译，台北：光启出版社、辅仁大学出版社联合发行，1986 年，第 52—55 页。

并用比欧洲人使用的那种盘子更小更薄的银盘布菜。在整个宴会期间，一些中国人在餐桌前演喜剧，再没有其他娱乐，也没有更多的菜肴，或是餐桌上的装饰及盘子。这些澳门人参加的宴会完全是中国式的，他们只在碗盘中，特别是果盘中来回夹食物，而又不真的吃下去。

宴会结束后，客人们以与来时相同的仪式返回驿馆后，他们看到有100多名中国人抬着48个餐柜也到了，柜中装满水果和生肉。这些澳门客人很绅士地谢绝了这些食物，并把它们分发给了附近的中国穷人。[1]

德·布莱的《中国饮宴图》。德·布莱没有到过中国，他有关中国的绘画常以西方建筑为背景。画面中左右侧角落站着席间助兴的乐手和小丑。每位客人占据一张桌子，桌上放着筷子及各式动物装饰，桌边挂着小篮子。注意食客拿筷子和端酒杯的方式。大图见本篇开篇页

拉达对中国宴会的描述经由门多萨的名著《中华大帝国史》在欧洲传播后，在西方人的脑子里形成了对中国饮宴的刻板印象。林舒腾在《东方航海志》中也引用了门多萨的描述，而佛莱芒雕刻家、出版家德·布莱则根据林舒腾的文字创作了一幅展现中国宴会的铜版画[2]；此后荷兰画家何吉则凭他天马行空般的想象，绘出了一幅《中国饮宴娱乐图》。

何吉借用了《荷使初访中国报告》中的亭子和牌坊的形象，并加上了日本和亚洲其他地方的元素，以多层构图的方式描绘出了杂烩拼盘般的、处处有动态的欢乐景象。

事实上，中国人的宴会并不总是每人独享一张桌子，从明末清初服务于南明朝廷的波兰传教士卜弥格手绘的《中国宴会图》中可以看出，官员按级别的高低，有的单独用膳，有的则跟其他人共享桌子。另外，桌子的前面放上了一块帏布，这也跟拉达

1　D'Adriano de las Cortes：*Le voyage en Chine*，traduction de Pascale Girard，Chandeigne，2001，pp. 115–117.

2　见 *II. Pars Indiae Orientalis*，in qva Iohan. Hvgonis Lintscotani nauigatio in Orientem，Francfordiae，1628，p. 63. 原书德文版初版于1598年。

何吉的《中国饮宴娱乐图》。右下：官员乘坐船、轿驾到，有人开道；卫兵在查看通行证，鼓乐齐鸣。左上：宾客围坐在餐桌旁吃喝交谈，演员在台上卖力表演。餐桌上有火鸡状的装饰品。注意有人坐在瓷杌子上

的记述相符。

　　在 17 世纪最后几十年来华的外交使团人士中，荷兰东印度公司使团和俄罗斯的伊台斯使团都留下了参加皇家宴会的记录。荷兰东印度公司第三次使团的记录如下：

　　（1667 年 7 月）12 号早上大使和他的随从被带到了皇家的宴会上。一位清廷官吏（他通常与荷兰人一起去皇宫）来告诉大使，他和他的随从应该准备好去参加前面提到的宴会，宴会马上就要开始了。大使到了都堂的官邸，待在厅堂里，很快就被礼部宋大人带进了大厅，在那里找到了都堂，并跟他在一起向皇帝的宫殿跪拜了三次。他们是以如下的方式就坐的：都堂坐在上首，大使坐在离他不远处的右手边，他的后边是贵族、使团司仪和秘书；他们的身后则坐着使团的随行成员，共有 17 人。在都堂的左手边，隔着相当远的距离坐着一些礼部官员和其他的王公贵族。当他们坐定以后，上了一杯豆羹汤。他们单膝跪着喝完了。此后在都堂、大使、使团的重要人士前面，

卜弥格在《中国地图集》手稿中贵州省图的右侧所绘的《中国饮宴图》。他还注明了中国人用筷子吃饭，并且吃饭的时候有喝茶的习惯。梵蒂冈教廷图书馆藏

放了36张饰有银牌的桌子，而使团其他成员则5人共用一张桌子。桌子上满是各样的水果，以及油炸的菜。然后每个人都得到了一杯御酒，他们跪着喝了那酒。在低头鞠躬之后，他们开始吃饭，都堂从他自己的桌子上给了其他的王公贵族一些酒。在大家酒足饭饱之时，都堂向通事打听荷兰人有没有带袋子来放动物的内脏及餐桌上剩下了什么。他得到的回答是没有，因为那不是他们的习惯。都堂立刻叫人带来一些袋子和衣服。通事没怎么考虑，就把所有留在桌上的食物一个接一个地扔进了袋子里。这事刚刚做完，另一道菜上来了，在都堂、大使和其他使团重要人员的桌子上，放有两个盘子和两个碟子；在使团其他人的桌上，放有一盘煮公羊肉和一盘乳羊肉；在礼部官员和其他王公贵族前面，没有桌子或盘子，只是一张席子铺在了地上，上面放着肥美的肉块，虽然他们的吃相不雅，但每块肉至少有15磅重。

荷兰人很开心地看着礼部官员和王公贵族狼吞虎咽地吃肉，还观察到了鞑靼人吃饭时的方式，就像是野兽而不是理性的生物。吃了一段时间后，士兵们从桌子上撤走了肉，荷兰人跟鞑靼人一道，对着皇宫三起三跪，然后返回他们自己的驿所。[1]

伊台斯率领的俄国使团的秘书亚当·勃兰德则记录道：

我们进入博克达汗宝座所在的宫殿后，两位侍读学士让使臣坐在靠近宝座的侧面。宝座两侧站着三百多名宫廷大臣（我们是根据他们胸前背后的补子才认出来的）。正对这个殿是建筑精美的博克达汗的庙。使臣先生觐见博克达汗的宫殿很高，饰有各

---

1 *Atlas Chinensis*：*Being a Second Part of A Relation of Remarkable Passages in two Embassies from the East-India Company of the United Provinces*，*to the Vice-Roy Singlamong and General Taising Lipovi*，*and to Konchi*，*Emperor of China and East-Tartary*，English'd and adorn'd by John Ogilby，London，1671，pp. 334-335.

种大理石雕成的兽像。从殿上可俯瞰整个殿廷。皇宫里殿很多，住的多半是服侍博克达汗嫔妃的宫女和太监。

使臣先生坐在博克达汗宝座的侧面。我们坐在使臣后面约四俄丈处。上述四位官员坐在右侧，正对着使臣先生。约四十名侍卫手持长矛和斧钺，侍立于宝座两侧。

我们坐了片刻，便有人送来纯金小碗盛的各色甜食，放在博克达汗面前的膳桌上；然后给这四位大臣的两桌送上甜食。使臣先生独自一桌，我们每三人一桌，用的是银器。这些甜食中有葡萄、苹果、梨、栗子、柑橘、柠檬等。中国人约有一百名，每一张小桌有各种肉菜。

博克达汗一开始进膳，我们都行了礼，然后吃自己面前的食物。在将近三小时的午宴后，给博克达汗送上两大碗酒。他请使臣走近他的宝座。领侍卫内大臣和另一官员领使臣前去。使臣走到宝座前，领侍卫内大臣将其中的一碗酒递给他，并令他鞠躬接受，将酒饮干。

这时有两位耶稣会教士来到御前，站在宝座旁边。他们奉皇上谕旨用拉丁语同使臣谈话。使臣用意大利语回答说，他不懂拉丁语。一个耶稣会教士便改用意大利语谈了许多事情，他特别询问了使臣先生，他离开莫斯科后路上走了多久。使臣先生一一作答后，上述官员领他离开御座回原位。

后来，其他官员引我们走近博克达汗的宝座，递给我们每人一金碗酒，接受的时候，我们都得鞠躬，然后被带回原位。

接着给我们送上用木碗盛的茶，给中国官员也送了茶。接茶及还碗时，我们必须再次鞠躬。

最后，撤去桌子，我们被带出大殿，在一边等候了片刻，两位侍读学士示意使臣先生跟他们走，将我们带到一边，使我们不致看到博克达汗如何离开宝座。博克达汗是蒙古人，或者叫东鞑靼人，脸深褐色，约四十五岁。[1]

这些记录在出版时都配有插图。《大清志》中的插图在室内取景，构图紧凑，人物主次分明且神态各有不同；而《三年使华记》中的插图则在室外取景，图中高大的立柱挡住了视线，且大厅中央空了一块，总体上看起来不如前者气氛热烈。

1　［荷］伊兹勃兰特·伊台斯，［德］亚当·勃兰德：《俄国使馆使华笔记（1692—1695）》，北京师范学院俄语翻译组译，商务印书馆1980年版，第209—210页。

《大清志》中皇家宴请荷兰使团插图。正面背墙而坐的两人中前面一位是都堂，后面的则是礼部尚书。画面左侧靠近都堂者为荷兰大使及其主要随从，他们的右侧为满汉贵族，后面则是使团其他随从

《三年使华记》中的中国皇帝赐宴图局部

　　《大清志》中还有一幅福建官员宴请荷兰使团的插图，则完全是按照西方的方法来绘制的，除了斗笠和长袍之外，几乎没有其他任何中国的元素。

《大清志》中福建地方官员宴请荷兰使团插图。注意画面左下角有一位戴斗笠、斜背着包袱的人正摇摆手中的香炉，以散发有香味的烟气

　　1684 年 9 月 15 日，法国传教士柏应理偕南京小伙子沈福宗到达巴黎凡尔赛宫，受到法国国王路易十四的接见。路易十四在听了沈福宗用汉语祈祷后，便命人将菜肴端上桌子，他要亲自看看中国人是如何使用一双方形的象牙筷子，吃起饭来既干净又利索的。[1]

　　路易十四自号"太阳王"。在法国人眼里，他是个古板而骄傲自大的人。不过就是这样一个说出"朕即天下"的君王，却饶有兴致地要求观看中国人的筷子技艺表演，可见对饮食方面的好奇心上到帝王、下到平民，人皆有之。有趣的是，在西方影响巨大的《马可·波罗游记》几乎没有提及中国人独特的饮食习俗，这实在是个难解之谜。

1　*Mercure Galant*，Paris，Septembre，1684.9，p. 214.

6.3 杂耍

1665年，在中国南明王朝服务的耶稣会波兰籍传教士卜弥格趁代表南明朝廷出使罗马教廷及西欧诸国的机会，在维也纳出版了《中华植物志》。此书虽然名为《植物志》，但也收录了松鼠、麝等一些动物。卜弥格在介绍松鼠时说"在中国可见，为黄黑色，很漂亮。中国人驯化它们，给它们戴上银项圈"[1]。他在书中也附上了松鼠的插图。

两年之后，卜弥格的老师吉歇尔出版了《中国图说》，他在书中也提到了松鼠，几乎照搬了卜弥格的描述，但是他在给松鼠配插图的时候，显然觉得卜弥格手绘的插图没有体现出松鼠被驯化的特征，于是就为松鼠戴上了项圈，并配备了两位驯兽员。

《中华植物志》中松鼠及绿毛龟的插图。由于卜弥格给"松鼠"标注了拉丁字母的拼音 Sum Xu，因此在很长一段时间，欧洲人认为 Sumxu 是一种中国特有的动物

事实上，关于中国人驯化动物的本领，卜弥格只是众多的目击者之一。1655年随使团出访中国的纽豪夫也对中国人驯养动物和变戏法的表演印象深刻，他在《荷使初访中国报告》中说：

那儿也有很多变戏法的人，他们都身手灵活。有的人带着鼠笼，老鼠被链子拴着。他们教老鼠跳不同姿势的舞。也有的人把绳子从眼睛穿进去，再从鼻孔里拔出来。我

1　Michat Boym：*Flora Sinensis*，Vienna，1656，L2.

还看到一个人蹑手蹑脚地钻进了一个
窄窄的篮子，而他的同伴则跑到篮子
那儿用剑猛戳，刺穿了篮子。于是血
流了下来，篮子里的那个家伙看起来
好像被伤了好几处，但很快就真相大
白：那个人毫发无损。[1]

吉歇尔《中国图说》中的驯松鼠图。卜弥格书中的
松鼠看起来只有一条前腿，此图则将另一条也画了
出来。注意图中松鼠的眼睑下垂，表示已经听从人
的命令；另外墙边还有一只已经被驯化了的猴子

纽豪夫除了谈到动物表演，也谈
到了"大刺活人"等魔术。《荷使初
访中国报告》中的插图生动地呈现了
纽豪夫所看到的景象。

值得注意的是这幅插图中的右
侧画了许多人在仰望一个站立在高
杆上的人，他脚下的杆子是绑在另
一个站在地面上的人的腰上的。虽
然纽豪夫没有提到这种"金鸡独立"
式的表演，但在 17 世纪中叶从中国
传到西方的木刻画册中很可能有这
类表演的画面，因此被《荷使初访
中国报告》的出版商用来放入《变
戏法图》中。荷兰雕刻家小辛克
（Pieter Schenk II， 1693—1775）

《荷使初访中国报告》中的《变戏法图》

在其根据中国画册而画的《中国新图册》（Nieuwe geinventeerde Sineesen， met
groote moeyte geteekent en in't Ligt gegeven，约出版于 1740 年）中也描绘了类似
的"杆上绝技"，只不过将一根杆子变成两根杆子，且上面的人也不是一只脚踩
着杆子的顶端，而是盘腿坐在杆子顶端的一个盘子上。

《荷使初访中国报告》中的《变戏法图》和《中国图说》中的松鼠也给德国雕刻

1　John Nieuhoff：*An Embassy from the East-India Company of the United Provinces*，*to the Grand Tartar
Cham Emperour of China*，London，1673，p. 160.

家维格（Christoph Weigel，1654—1725）以灵感，在他的笔下，松鼠化身为马戏团的动物演员，开始表演钻圈。[1]

《中国新图册》中的杂技表演图　　　　　　　　　　松鼠表演钻圈

如果说纽豪夫看到的只是路边杂技演出的话，那么意大利传教士利玛窦则见识到了官宦人家的艺人班子的表演。1600年，利玛窦从南方到北京去，当他沿着运河到了山东临清时，宦官马堂邀请他参加了一个宴会，席间，马堂让家里的戏班子出来表演。《利玛窦中国传教史》中说：

除了宴席丰美，请王公大人也不过如此外，他又让他的仆从表演了许多节目，如平剧、杂耍、软硬功夫。他家养了许多技艺人员，供他消遣；他每天只顾吃唱玩乐。有些特技表演，利神父无论在欧洲或在印度都没有见过，技巧确是高明熟练。

有一个人出场，拿了三把刀子，每把有一尺来长。他把刀子一个接一个投到空中，随时接住落下来的，再投出去，这样持续了很久，接刀时常是抓到刀柄，绝无差误。另一人用一肩倒立在地，两脚朝天，用脚玩弄一个相当大的坛子，将坛子投到空中，再接住后，向各种方向转动，灵巧得很，常人用手都不易做到。他也这样玩耍了一阵大鼓和一张有四个脚的大桌子。

……

但最有趣的是一个儿童的舞蹈。他出台后，翩翩起舞，然后把手放在地上，脚朝天。接着从他的大腿之间出来另一个童子，是用泥做的；它以脚代手，做真儿童方才做的

1　参考 *Reallexikon zur deutschen Kunstgeschichte*，München，1973，v.6，1503.

动作；然后跳在地上，真假两儿童一起做游戏，非常有趣，好似两个都是真的。[1]

比宦官家还精彩的杂技表演，当然是皇宫里的专场表演。明清时期，中国皇帝常常用大型的宴会和技艺表演来招待外国使团，观看过表演的客人莫不印象深刻。代表俄国于1692年出使中国的荷兰人伊台斯记录道：

在这宫殿的中间，有一个四边是围廊的场地，官员们让我们坐在里面的椅子上，给我上了茶和酒，并用喜剧和娱乐来招待我和我的随从们。我们看到了许多不同种类的优秀的杂耍者。有的人用灵巧的手法不仅变出各种水果，如橘子、柠檬、葡萄等，而且变出了活的鸟和螃蟹，另外也表演了在欧洲也有人练习的别的娴熟技法。有的人则精彩地在棍子的尖点上玩像人头一般大的圆形玻璃球，用几种方法将它们抛来抛去，不让它们破碎或落到地上，这真的令人感到惊讶。在此之后，6个男人竖立起一根大约7英尺高的竹竿，一个10岁大的男孩爬上它的顶部，他像猴子一样灵活，并将他自己的肚子放在竹竿的顶部，让自己转了几圈。然后，他起身，把一只脚放在竹竿上，同时用一只手抓紧竹竿，然后放开那只手，一边用双手鼓掌，一边很快地溜下来。他还展示了其他几个非常精彩的灵巧和敏捷方面的技能。[2]

使团的秘书勃兰德则记录道：

在晚餐之前，一个家伙玩各种技艺助兴。首先，他手中拿着一根棍子，其中一端是尖的，在那儿他放了一个大的圆形木球，球自己在棍子上不停地转动，直到他把它扔到空中，然后再用棒子的尖端接住它，但球还像以前一样转动。其次，他拿了另一根棍子，但不像前面那根那么大，他把棍子放在他的上唇上，在这根棍子的中间是一只小木马，它不断地绕着棍子转，就像棍子顶部的另一个木球一样。有时他把棍子放在他的拇指上，在那里进行同样的表演。再次，他把同样的棍子穿进一种像我们的长笛的乐器里，并把乐器含在嘴里。在棍子的尖端，他放了两把跟我们的鞋匠用的差不

1　《利玛窦中国传教史》（下），刘俊余等译，台北：光启出版社、辅仁大学出版社联合发行，1986年，第337—338页。

2　Ysbrants Ides：*Three Years Travels from Moscow Over-land to China*，London，1706，p. 73.

多的刀，这两把刀的刀锋彼此相对，在棍子的顶端转动。这个表演让观众感受到了不小的惊讶。最后，他拿了三把普通的刀，其中两把握在左手，但是他刚刚在空中抛出第三把，另两把也跟着抛了出去，最后他接住了所有三把刀的刀柄。他还向我们展示了马背上的几个精美姿势。[1]

1720年前后在北京的俄罗斯使馆服务了四年的英国人约翰·贝尔（John Bell，1691—1780）在宫中看到的表演似乎比伊台斯等看到的更上层楼：

在演员们表演的许多技巧和技艺中，我只提两三个看起来比较罕见的。

我们就坐的房间屋顶由木柱支撑。一个变戏法的人拿了一瓶鸡尾酒，爬上了房中一根柱子。他问我们选红酒还是白酒？得到回答后，他拿出了鸡尾酒瓶，然后在瓶口放了一根羽毛管，从中倒出所需要的酒，就像从酒桶里倒出来一样。他用同样的方式，提取了几种酒，我都好奇地品尝了，发现它们跟同类的酒一样好。这些演员中的另一位年轻人拿了3把锋利的尖刀，然后轮流将它们甩起来，每只手上总是拿着一把，第三把则在空中。他表演了相当长的一段时间，一直抓住落下来的刀柄，不让刀子碰到地板。这些刀子非常锋利，因此，如果他没有抓住把手，他绝对会丢掉几根手指。

同一个人拿了一个木球，比通常草地滚球用的球稍微小一点，在它的中间有一个洞，还有一根2英尺长的杆子，大约是手杖般粗细，顶端是尖的，放得进球上的洞。然后他将球抛到1码高，并用杆接住它。杆尖并未插在球洞里，而是顶在球落下时的任何地方。他用这种方式，连续抛球并接球，表演了很长时间。然后他将球放在杆的顶端，不在乎球上的洞，飞快地旋转起来，就像是一个顶盖一样。他转得如此之迅速，以至于无法观察到球在运动。这表演看上去非常熟练，因为他一直在转着球，并且，当球的运动开始减缓时，他用手重新让它转动，就好像杆子和球扣在一起了。

这个人还把一个直径一英尺半以上的大陶盘放在同一根杆上，并让它旋转，就跟他转球的方式相同。在高速旋转中，他并不总是把杆子的顶点放在盘子的中心，反之，他经常把顶端放在距离盘子边缘3英寸的范围内。

我再举一个例子。

在房间的过道上有两根竖立着的竹子，它们的长度大约是25英尺。我估计它们

---

1 Adam Brand：*A Journal of the Embassy from Their Majesties John and Peter Alexievitz*，London，1698，pp. 94—95.

下端的直径接近 5 英寸；而在顶端，大约有辔带那么粗。这两根笔直的竹竿既轻又光滑，每根竹竿都由两名男子扶着。然后两个男孩爬上了竹竿的顶端，一点儿都不要人帮。到达顶部后，他们用一只脚站立，有时换到另一只脚，然后头顶竹竿倒立。这样做了以后，他们将一只手放在杆子的顶部，伸出他们的身体，几乎与竹竿成直角。在这种姿势下，他们保持了相当长的一段时间，中间甚至换了手。我观察到这个表演很大程度上取决于扶着杆子的人。两个男人当中的一个人将杆子固定在腰带上，他们一直关注着男孩们的动作。在那儿这样的表演者大约有二三十个，他们都属于皇帝，未经他的许可，绝不可以展示他们的技艺。我全然相信，在灵活的技巧和技艺这方面，很少有国家可以跟中国抗衡，而且没有人能够超越中国人。[1]

　　贝尔的记录为《荷使初访中国报告》中《变戏法图》所描绘的儿童单脚立在杆子上的杂技表演提供了目击证词。贝尔提到长杆是绑在腰带上的，这也跟插图中的画面相符。

　　实际上，《荷使初访中国报告》中的《变戏法图》由于展现了丰富的异国情调，在欧洲流传甚广，进而被很多艺术家借用，比如荷兰画家何吉就在 1682 年把《变戏法图》中主要的内容纳入自己为《东西印度奇珍》所画的《魔术和杂技图》中。

　　《魔术与杂技图》中的铁头、烧头以及刺穿手臂等花样也脱胎于《荷使初访中国报告》，纽豪夫在报告中说：

　　这里的乞丐总的来说不仅大胆，而且很麻烦。因为他们强行乞讨，是的，而且如拒绝施舍，他们往往采用威胁手段。他们在很大程度上是非常病态和畸形的生物，因为他身体不止百分之一，而是某些部分被损坏或变形。当地人解释说：乞丐们打断还在婴儿期的孩子的胳膊和腿，或以其他方式使他们破相，这样他们就可以以一种畸形的模样长大，目的是为了适应他们在乞讨中长大的方式。除了这些强行造成的畸形之外，他们长满水疱，看上一眼足以让最稳定的胃有要呕吐的感觉。所有这些痛苦都是故意造成的，只是为了激起路人及其他人的一些怜悯和同情。有些人外表看起来像是有健康的身体，但是这样的人使用另一种伎俩来乞讨，就是像分神的人一样将头撞到一起，以便使观众相信他们的脑浆快要飞出去，或者他们自己就倒地不起。因为他们

1　John Bell：*Travels from St. Petersburg in Russia*，*to Diverse Parts of Asia*，Glasgow，1763，II，pp. 30–33.

《魔术与杂技图》。图中的说明为 1. 魔术师将绳子穿进眼睛并从鼻子取出； 2. 魔术师在篮子中被捅； 3. 铁链穿过身体； 4. 铁头； 5. 被驯过的马； 6. 老鼠跳舞； 7. 烧头； 8. 其他魔术师； 9. 爬石柱的阿拉伯人； 10. 马背杂技； 11. 走钢丝

习惯性的特点，他们永远不会停止互相殴打，直到他们成功地迫使你给他们一些东西。还有另外一种类型的乞丐，他们不是像前面说的那样将头撞在一起，而是用他们的前额猛烈地撞击地面有 4 个手指那么厚的圆形石头，他们力道之大，以至于地面似乎也随着撞击而反弹。就这样，在他们当中许多人的额头上造成了可怕的肿胀，永远无法痊愈。

在黄河中，某个占卜天气的人[1]从一艘小舢板上主动来到了我们船上。舢板是一种敞篷船，前面是平的，中间有一个小桅杆。这个人几乎赤裸地坐着，身上只有一块遮羞布，他嘴里胡说八道，好像一个拥有一些邪恶灵魂的人。为了使自己看起来更可怕，他将一个锋利的飞镖刺穿了自己一边的脸颊，这让他的面容看起来充满了恐怖。他手里拿着两把锋利的飞镖，威胁说如果不给他任何东西，他要么刺伤自己要么自杀。在他旁边坐着一位乡村和尚，手里拿着一个本子，说每个给他一些东西的人他都要在本子上写下他们的名字，但大使拒绝这样做。有一些跟我们在一起的鞑靼人，他们似乎都害怕，有些人非常害怕，看到这样一个极其疯狂的生物，他们的头发都竖起来了。并且（无论是出于恐惧或是愚蠢，这并不重要）他们给了他好几份礼物，这样他们就可能有好天气以及快速安全的航道。我们公司的一些人忍不住笑话这些野蛮人的头脑简单，直到船离开了也没有给他什么。这些人说他们害怕上帝，而不是魔鬼；他们跟魔鬼的追随者毫无干系。

在这里还有另一种乞丐，他们在头上点燃了一种易燃的东西，遭受了过度的痛苦和煎熬，直到他们用嚎叫和哭泣从过往的东印度公司的人身上勒索了一些施舍物。他们一直忍受着极大的痛苦。

最后，在每个赶集日，在几个城镇中我们都会看到大队的盲人乞丐，他们用大的圆石头极其猛烈地击打自己赤裸裸的胸口，直到血液从身上滴下来。[2]

从这段叙述中可以看出，虽然荷兰人不愿意在船上给乞丐钱财，但是他们还是在集市上为"自残者"掏了腰包。荷兰人自以为聪明，但他们在施舍的时候显然是被中国乞丐的高超魔术给骗了。

1　英文版为 Armorer，为制造盔甲者。此处从荷兰文本的 weermaker。

2　John Nieuhoff：*An Embassy from the East-India Company of the United Provinces*，*to the Grand Tartar Cham Emperour of China*，London，1669，pp. 170–171.

《荷使初访中国记》中的《乞丐图》。法国国家图书馆藏

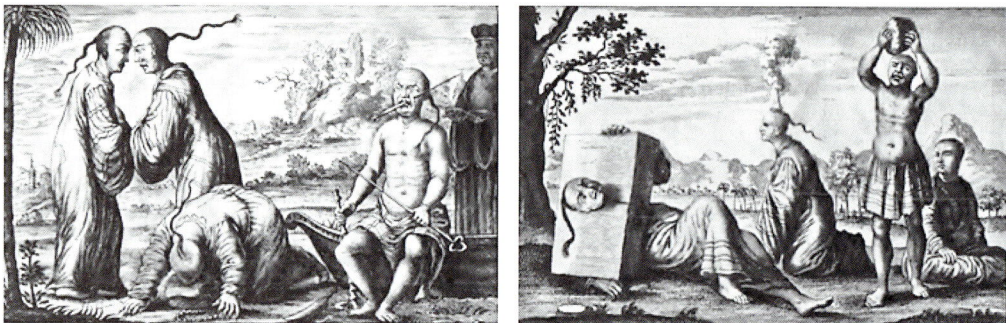

《荷使初访中国报告》荷兰文版（1665年）中的两幅《乞丐图》

除了全盘抄袭外，还有人取用《变戏法图》中的一小部分。比如法国雕刻家皮卡在为《世界各国礼俗丛书》（*Cérémonies et coutumes religieuses de tous les peuples du monde*，第一册出版于1723年）绘制《中国出殡图》时，采用了达帕《大清志》中的《出殡图》作为蓝本。但他还是忍不住把"金鸡独立"等杂技项目插入了出殡的队伍中。

1793年9月17日，是乾隆皇帝的83岁寿辰，朝廷在避暑山庄举办了盛大的庆祝活动，到访的英国使团也应邀参加了宴会并欣赏了一场皇家杂技表演。使团副使斯当东对此记录得比较简略，只说"游艺节目包括走绳、跳板、上云梯、玩花球等等杂技。有些人曾经看过这些节目，但表演者的绝技使人重看一遍还是感到有趣。觔斗及做柔软体操的也有欣赏的观众。"[1]

随团访问中国的德国人许特讷（Johann Christian Hüttner，1766—1847）则记录

1　［英］斯当东：《英使谒见乾隆纪实》，叶笃义译，商务印书馆1963年版，第379页。

《中国出殡图》，可见竹竿上的杂技及马术表演

得更详细一些。他说：

> 一人躺在地上，将腿竖起，与身体呈直角。然后有人将一个很重的石头坛子放在他的鞋底上。坛子呈瓶状，高度为两尺半，直径为一尺半。他用脚飞快地旋转着坛子，人们看得口瞪目呆。但是更让人感到惊奇的是随后一个孩童被放到了坛子上，他的技艺吸引了全场的目光。他用身体和四肢做了各种异乎寻常的动作，然后钻进了坛子里，身体令人可怕地蜷曲着，最后设法爬了出来。要是他的动作稍微有点闪失，沉重的坛子会把他和下面顶着他的人砸死。
>
> 在用脚尖旋转和翻跟头方面，中国人不比我们的舞蹈者训练得少。他们谙熟平衡的法则，可能没有欧洲人能跟他们相比。[1]

他还说：

1　J. C. Hüttner：*Voyage à la Chine*，tr. T. F. Winckler，Paris，1798，pp. 107–108.

亚历山大笔下的杂耍艺人

在同样的宴席上，有个人在他的两只靴子上各绑了三根短棍子，他拿了六个直径大约一英尺半的瓷盘，先用一根小象牙棍子让盘子一个个转起来，然后把它们放在他靴子上六根棍子的顶端，这六个盘子继续在棍子上旋转。这个演员再用左手拿起两根短棍，在上面又转起了两个盘子。然后他用右手的手指转起了另一个盘子，这样同时有九个盘子一起在转。过了几分钟之后，他将盘子一一取下，放在地上，其间没有任何事故或是中断。[1]

使团的画家亚历山大没有随团参加在避暑山庄举行的庆典，但他曾在广州街头捕捉到了艺人表演杂耍的镜头。

亚历山大对此图的解释是：

此图描绘了一位善摆姿势的大师。他一边让手里的坛子保持平衡，一边做出极难的造型。他在大使下榻于广州的住所的对面向大使展示了各种奇特的姿势，也用跟印度艺人在伦敦鲍尔茂街表演的同样方法耍了大坛子。他还把一块 12 到 14 磅的圆形石头抛来抛去。在场的观众都为这个中国人鼓掌。[2]

《耍飞球》。法国国家图书馆藏

英国使团成员有关访华的回忆录、画册等于 18 世纪末、19 世纪初在欧洲陆续出版。而与此同时，在法国巴黎也有人编辑、整理乃至出版了一批跟中国有关的图书。其中有一套名为《北京掠影》（ *Les Rues de Pékin*，分上下两册）的手稿收录了大量描绘北京市井生活的插画，每幅插画的右侧附有汉字说明，背面则有法文说明。从绘画风格和汉字的写法来看，这批画

---

1 参考 Jean Baptiste Joseph Breton 等人： *La Chine en Miniature*，Paris，1812，t. 3，pp. 170–171.

2 William Alexander： *Picturesque representations of the dress and manners of the Chinese*, London, 1814, Plate VII.

《耍坛子》。法国国家图书馆藏

《鞑靼人摔跤》。法国国家图书馆藏

应该是中国宫廷画家应在清廷服务的法国传教士的要求所作，然后由这些传教士加上法文说明并寄到法国装订成册。在《北京掠影》下册中，有多幅关于杂耍和杂技的画面，可以跟前面引用的欧洲人士的文字记录对照起来看。

《北京掠影》上册中还收录了一幅《钉针和尚》，画面中一个和尚用一根长针刺穿了脸颊，这跟《荷使初访中国报告》所记录的"占卜天气的人"的表演把戏非常类似，由此可以推断荷兰人见到的所谓占卜天气者就是和尚。而《荷使初访中国报告》中提到的乡村和尚手里的本子，当然就是功德簿了。

《钉针和尚》，和尚手中有功德簿。法国国家图书馆藏

1811 至 1812 年，法国人布热东在巴黎出版了图文并茂的《中国缩影》，洋洋洒洒一共有六册。此书的许多插图是从《北京掠影》中描摹下来的，但人物的造型更加欧化一些。比如《北京掠影》和《中国缩影》中各有一幅《耍百丈旗》，但画风不完全一样。对照之下，可见《中国缩影》中人物身体各部位的比例更准确些，但因此也失去了一些"萌"的趣味。

在中外交流的历史上，最早到中国的欧洲人士都是表演杂技和魔术的。《史记·大宛列传》曾记载安息王"发使随汉使来观汉广大，以大鸟卵及黎轩善眩人献于汉"。而《后汉书·南蛮西南夷列传》则说："永宁元年，掸国王雍由调复遣使者诣阙朝贺，献乐及幻人，能变化吐火，自支解，易牛马头。又善跳丸，数乃至千。自言我海西人，

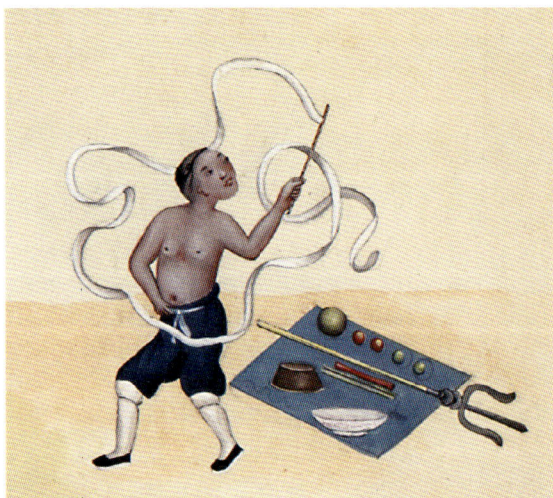

《北京掠影》中的《耍百丈旗》，地上的叉、棍应该
是用来顶球和碗盘的。法国国家图书馆藏

《中国缩影》中的《耍百丈旗》

海西即大秦也。""黎轩""大秦"指的是古代罗马帝国。此后在中国的历史上，从异
域来中国表演的杂技、魔术团队时有所闻。虽然中国在汉代已经发展出了高难度的"百
戏"，其中包括杂技、魔术等表演节目，但中国艺人们在跟异域同行们的交流中得到
了让自己的技艺百尺竿头更进一步的机会。正是由于他们的不懈努力，到了明清时，
中国人的表演才能"让欧洲人感到震惊"[1]。而到如今，中国被誉为杂技强国，实至名归。

1　Jean Baptiste Joseph Breton 等人：*La Chine en Miniature*，Paris，1812，t. 3，p. 161.

6.4　节庆

　　节庆是民俗文化最重要的代表之一，而中国又是世界上最讲礼节的国家之一，因此西方的东方学著作中有关中国节日和庆典的记载相当丰富。

　　《马可·波罗游记》提到了元代新年的庆典，其中说新年始于阳历二月，那时举国上下都穿白色的衣袍。各省需派人给大汗敬献珍宝，而人们见面时则会拥抱亲吻，并说"祝新年吉祥，万事如意"。另外还有 10 万头白骆驼、白马及鹿要献给大汗，这些动物如果不是全身洁白，至少身体大部分是白色的。王公贵族齐向大汗磕头祝福，大汗赐宴时有杂耍表演等。[1]

　　而于明代中期到中国的克路士则说中国的新年在三月份新月时，届时举国到处有盛宴，人们互相拜年。大人物则基本上是在宴席上度过的。[2] 他还说：

　　老百姓庆祝的节日中，主要是新年的第一天，那天街道和房门都布置得富丽堂皇，人们主要费力装点牌坊，在上面挂上很多锦缎及别的丝布，还有许多灯笼。他们还演奏各种乐器，唱歌，同时还准备了大量的各种肉食及丰盛的美酒。[3]

　　他有可能听到了有关生肖的传说，但是觉得荒诞不经：

　　他们还有很多未开化的传说和谎言，如人变成狗，再变回人，蛇变成人，及其他

1　A.C. Moule & Paul Pelliot：*Marco Polo: The description of the world*，London，1938，v.1，pp. 222–225.

2　C. R. Boxer：*South China in the Sixteenth Century*，London，1953，p. 216.

3　同上书，第 143—144 页。

愚昧的说法。[1]

门多萨在 1585 年初版的《中华大帝国史》中汇集了早期欧洲人的中国纪行中的文字，向欧洲读者们展示了一幅幅中国新年庆典的生动画面：

但人们特别庆祝一年的第一天，按他们的计算，那是三月的第一天。当天他们男男女女都穿上华贵的盛装，并用珠宝和新首饰打扮自己，在房屋和门口挂起壁毯、绸布和织锦，整齐地摆上蔷薇和其他鲜花，因为那时候该国有大量的花。他们还装点门前的所有大树，在上面挂上许多灯，在此日街上所有的牌楼（我们已经提到过有很多）都加装拱门，里面放上很多灯及织锦、缎子和其他各样的丝绸制作的天篷。

在这些节日里道士穿着华贵的衣服协助他们，在祭坛上向天及他们的偶像献祭，同时唱很多歌曲。

这天所有的人通常唱很多歌并演奏乐器来娱乐，他们擅于此道。奥古斯丁修士曾看到的乐器有琵琶、六弦琴、中提琴、三弦、打击乐器、键乐器、竖琴和笛子，还有别的我们也使用的乐器，尽管形状上有些不同，但仍很容易认出。

他们随着乐声美曼地唱歌，一般来说他们嗓子都很好。他们按节日的性质进行不同的娱乐表演，穿上不同的服装。这些节日的宴会要进行一整天，他们的桌上摆满了各种鱼肉、水果及美酒，他们用棕榈树制酒，掺合一些别的酒，使酒味醇香。他们和道士们整天大吃大喝，直到吃喝不下去了。他们认为有一件肯定的事，那就是看他们当天情况即可知来年的吉凶。[2]

利玛窦在提到新年时也顺便提到了正月十五的灯节，他看到了灯笼，欣赏了焰火，但也因此发出了感慨：

无论什么宗教派别，一年内最大的节日都是新年，及正月十五之灯节。灯节那天，家家户户都制作或购买许多各式各样的灯笼，有纸的、玻璃的、纱的；在那几天，市

1　C. R. Boxer：*South China in the Sixteenth Century*，London，1953，pp. 216–217.

2　*The History of the Great and Mighty Kingdom of China*，ed. Sir George Thomas Staunton，London，1853，v. 1，pp. 139–140.

何吉的《放焰火图》

场上满是卖灯笼的人；一连两三夜，大家都到街上去赏灯；这时在街上和广场上，也有放焰火的，有的有一道火光，有的万花缤纷。[1]

中国产许多火药，但很少用于战争，因为中国在战场上很少用火枪，更少用火炮；火药大部分用来制造焰火，在全年的节日，都放许多焰火，西方人看到，无不称奇；焰火在空中可散为花形、水果形、战争景象、密集的彩灯。某年在南京我们估计，在新年时一个月用的火药量，相当于我们西方连续两三年战争的用量。[2]

荷兰画家何吉为 1682 年出版的《东西印度奇珍》所作的一幅插图仿佛就是为利玛窦所提到的焰火秀而作的。在这幅画中，中国宫廷外的广场被焰火映照得如同白昼一样，各式焰火竞相燃放，蔚为大观。

画家在这幅图的不同部位都标上了号码，这些号码的说明如下：1. 三管焰火炮；2. 皇帝的卫队；3. 外广场的焰火；4. 彩旗旗杆上的焰火；5. 持长杆点火者；6. 城堡及转轮上的焰火；7. 皇帝和王公贵族观赏焰火的地方；8. 冲天炮和冲天龙。

这幅画上并没有说明是因为哪一个佳节而燃放焰火，但从阵势上看，应该是新年或是元宵节。

在欧洲访华的人员中，不少人曾受到中国皇帝的招待，观看新年的焰火表演。曾随俄国使团访华的瑞典人朗杰（Lorenz Lange，1690—1752）就得到这样的待遇，他在日记中写道：

（1717 年 1 月）20 日，皇帝陛下回到畅春园，住了几天后，他前往北京过新年，中国的新年是 2 月 2 日。[3]

在这个时节各省数以万计的达观显要齐聚北京向皇帝祝福。全中国的官员分为五级，最高级的有进入宫中最里面院子里的特权，他们在那里可以通过敞开的殿门看到皇帝坐在御座上，并以三跪九叩的方式向他贺年。第二等级的官员在第二个院子里，以此类推，最低的官员在第五个院子。大量没有官位的皇帝侍从则在街上用同样的方式向他贺年。各级官员穿上华丽的绸缎做的衣服，上面装点着用金线绣成的各种花样，

1　《利玛窦中国传教史》（上），刘俊余等译，台北：光启出版社、辅仁大学出版社联合发行，1986 年，第 62–63 页。

2　同上书，第 15—16 页。

3　此处说新年是 2 月 2 日似有误，1717 年新年为阳历 2 月 11 日。

有龙、蛇、狮甚至风景等。他们上衣的前后背上，都有一小块方形的补子，里面绣着各式走兽和禽鸟，以此区别他们的职位。武将的补子上是狮、豹、虎等，文官是孔雀等。在第一个院子里站着 10 头装饰得很漂亮的大象，我们、耶稣会士以及最高一级的官员就是进了这个院子向皇帝祝贺的。

在第三等级的官员中，有一位新年正好年届 100 岁的老人，他在鞑靼征服中国的时候就得到那个官位了。皇帝派他的总管告知这位寿星：他应该享有进入大殿向陛下祝贺新年的荣幸。还有当他进入大殿的时候，他必须知道，皇帝会为他的高寿而起身，但不是为他本人。

典礼结束后，皇帝收到了许多价值不菲的礼物，然后他就回銮至畅春园。正月十五，畅春园里燃放焰火，我们和其他欧洲人都被要求到现场观看。首先我们看到几个木头做的人分成两边，用鞭炮而不是弓箭打仗，一边输了，逃得不见踪影。征服者随即攻城略地，攻防战持续了半个小时，直到一个装有两三千个鞭炮的堡垒爆炸。爆炸声震耳欲聋，且噼里啪啦地持续不断。此后在护城墙上依次出现了几个挥舞刀剑的人，下面有人向他们发射爆竹。同时有两条龙在现场忽上忽下，这两条龙是用纸做的，几乎有三英寻长，里面点了蜡烛，每条龙的嘴里衔着一个灯笼。这两条龙跟守城的人很快就消失了，但是其他人还在继续战斗，直到第二个堡垒被炸得灰飞烟灭。然后攻城的和守城的换了新的人马，战斗激烈地持续下去，两条龙又出现了，还是像以前那样忽上忽下。到龙消失后，守城的一方随之不得不投降，焰火表演也就结束了。双方争斗的场地四周挂满了涂上各种颜色的几千盏灯笼，为这场表演增色不少。在放焰火的时候，皇帝好几次派人问我们喜欢不喜欢。耶稣会的传教士告诉我们，同样的表演过去已经为在位的皇帝表演了近 2000 年，没有丝毫改动。[1]

但这些耶稣会的传教士很可能误导了朗杰，因为仅仅过了几年，英国人贝尔就目睹了更为震撼的表演。贝尔的日记是这样记载的：

（1721 年 1 月）24 日，司仪来邀请大使参加新年庆典，该庆典总是在满月的时候举行，此次将于 29 日在畅春园的宫殿举行。同时，刺骨的寒冷照旧，我看到马拉着满载的车通过冰面越过城外的河渠。29 日，朝廷派来轿子接大使以及随行的绅士们。

1　Friedrich Christian Weber: *The Present State of Russia*，London，1722，v. 2，pp. 29–31.

我们傍晚到达畅春园，下榻在宫殿附近的一所府邸。

在我们住所附近是一个带人工河的漂亮花园，河上泊着一条小型游艇。在河中间，还有为了模仿大自然而堆砌的假山，山上种了一些枝叶凋零的树木。我们沿着蜿蜒的小路登上了山顶，从那里我们可以欣赏到周围的乡村美景。30日是节日的第一天[1]，我们到达了宫廷。司仪在大门口接我们，他带领我们到了大殿的台阶下面，我们在那里的露天院子里就坐，我们发现在众多的达官贵人中，有人在垫子上盘腿而坐。等了大约一刻钟之后，皇帝陛下出现了，他在宝座里坐下，其他随从站着。中国人像往常一样磕头，但是我们被允许以我们自己的方式来对他表示敬意。对于英国人来说，看到成千上万的人跪在地上，以最谦卑的姿势向跟他们一样凡身肉胎的人磕头，似乎有些奇怪。

我们立即被带到大殿。大使被引到宝座前，以向皇帝陛下祝贺新年。像第一次被接见一样，这次我们的位置在宝座的右边。所有的王公、皇帝的子孙以及呼图克图和其他尊贵的人，都被安置在与我们相对的左边。由于中国人的习俗在许多情况下与欧洲人的习俗完全相反，因此，我了解到在中国人当中，左手边是最受尊敬的地方。

我们喝了茶后，皇帝召唤大使再次到他身边，并就这种性质的节日向他询问欧洲宫廷的习俗和仪式。在那个时候，他被告知，在为国王的健康饮酒后，欧洲人会摔碎玻璃杯。他说他同意饮酒的部分，但是他不理解摔杯子的意思。到了这个时候，大殿里几乎座无虚席。仍然有许多重要人士留在那儿，他们找不到落座的地方。此时开始提供娱乐服务。所有食物被井井有条地摆放在大桌上。除了在陛下面前摆放的那些菜肴外，所有菜都是冷的，皇帝从宝座上为我们提供了丰富的热食。晚餐结束后，一群由中国人和鞑靼人组成的摔跤手开始摔跤运动。他们中的许多人几乎是赤裸的，没有遮盖物，只有紧身的布衬裤。他们在大殿前的区域进行了表演。当他们中的任何一个人被他的对手严重挫伤，或者摔倒而受伤时（这种情况常常发生），皇帝会送去一杯甜酒，并命令适当地照顾此人。有时，当他感觉到战斗人员过于热切地接战时，就会给出将他们分开的信号。在年老的君王中，这些人性化的做法非常可亲，这使人们可以忍受这种令人震惊的战斗场景：因为这些摔跤手中的许多人受到了非常重的击打并跌倒在地，这足以使他们失去呼吸。摔跤比赛之后，许多其他游戏和模拟战斗上场，表演者都带着武装，有人带长矛，有人带有战斧，还有人带铁头木棒、连枷或短棒，

1　1721年1月30日是农历正月初三。

他们的打斗非常敏捷。

然后两个鞑靼人上场，他们身穿虎皮衣服，手持弓箭，并骑在有马头的竹竿上。起初，他们表现得像敌人。但是，在他们互射弓箭的小冲突之后，双方和解，并随着悠扬的声乐和器乐跳舞。舞蹈被一个戴着可怕面具的像鞑靼人一样打扮的高个子打断了，人们说此人代表魔鬼。在对鞑靼的合二为一的军人进行了几次失败的攻击后，这位强大的英雄最终被一支箭杀死，并在对方的胜利中被抬下场去。

在舞蹈过程中，每个鞑靼人一只手拿着一个小篮子，而另一只手则用一根箭在篮子上刮，以配合音乐的节奏。这种刮擦声对意大利人来说有点刺耳。因为我可以观察到梅左巴巴（Signor Mezzobarba）和他的随从对着表演微笑。当鞑靼人在院子里表演时，一个大约20岁的王子，即皇帝的一个儿子在大殿里独自跳舞，并吸引了整个观众的目光。起初他的动作很慢，所以看起来几乎没有动弹，但是后来变得更加欢快、活跃。

皇帝很开心，似乎对不同的表演者都感到满意，但特别喜欢一个鞑靼老人的表演，他用小铃铛和短象牙杆演奏。现场乐器种类繁多，而且调子都适合中国人的趣味。皇帝告诉大使，他很清楚他们的音乐不会让欧洲人觉得悦耳，但是每个国家都喜欢自己最好的音乐。

贝尔继续写道：

舞会结束后，为了表演，在该处竖立的两根柱子之间悬挂有一个形状像浴缸的大船。在船上放了三个男孩，他们在船上和柱子上都进行了许多灵巧的杂技表演，繁复得难以记叙。到这个时候，太阳已经落山了，人群很快解散了。第二天，欢乐重新开始。但是，我们没有在傍晚之前去宫廷，因为直到太阳落山，焰火表演才开始。到达目的地时，我们经过了一个花园，从宫殿向西走，在花园中间是一幢大建筑物，有顶的长廊向周围伸展。在房子前面是一条人工河，上面有一座吊桥。

我们伫留在砾石小径上，就在长廊下，皇帝与后妃及家人坐在长廊里。紧挨着我们的是在帐篷里的呼图克图，他的一位喇嘛站在帐篷口。在整个演出中，这位喇嘛从未从他的帐篷出来过。所有的贵族和中国官员都坐在河岸边的垫子上。放烟花的机器被安置在人工河的另一端，除了操作人员以外，其他人不可以过去。大约五点钟，有一个信号火箭从皇帝坐的地方飞出来，开始放焰火了。在几分钟的时间内，数千盏灯笼被点燃。这些灯笼是用红色、蓝色、绿色和黄色等不同颜色的纸制成的，挂在大约

1769 年出版的贝尔日记荷兰语译本中为贝尔记述的新年表演所配的插图

六尺高的柱子上，散落在整个花园中，呈现出非常令人赏心悦目的景象。然后又有一个信号升空，开始发射烟花。这些烟花迅速升至惊人的高度，坠落时呈星星状，显出各种各样的美丽色彩。这些烟花伴随着我称之为"彩包爆竹"的东西，因为找不到一个适当的名字。它们的爆炸类似于许多每隔一定时间开火的大枪的声音，并展现出许多迷人的色彩和各种火的形状。这些，加上其他不同种类的烟花，持续燃放了三个小时。

皇帝所在的长廊对面，是一个直径约 20 英尺的大型圆形船，悬在两根约 30 英尺高的柱子中间。长廊里射出的一支火箭点燃了一根挂在船上的火柴，这使它的底部立即坠落并发出了巨响。然后掉下来一块网格，满是火，悬挂在船与地面之间，以各种颜色猛烈地燃烧着。这持续了 10 分钟，确实表现出了最奇特的景象。看起来，这种网格结构是由暴露于空气中会立即燃烧的材料做的。可惜没有人在机器旁看清楚。网格上的火熄灭后，从船中央悬挂下来一根点燃的火柴，一直燃烧着。当火一烧到船上，30 个各种颜色的纸灯笼就从船上掉下来，并一个连一个以直线状悬挂在船与地面之间。这些灯笼一下子就点燃了自己，形成了漂亮且匀称的多彩灯柱。

接着大约 10 或 12 个形状相同但尺寸较小的柱子掉落了下来。这些也是一落下就着火。这一场面一直持续到 1000 盏灯笼从船上掉下来，每次灯笼都逐步缩小，直到最后一个，是很小的灯笼。我必须承认这给观众带来了愉悦。将如此多的灯笼塞进看起来如此小巧的机器中，我不禁对艺术家的独创性感到惊讶。在同样的时间，所有灯笼都以同样的规律掉下来和点燃自己，秩序如此严谨，好像他让它们从手中掉下来一样，甚至没有一盏灯笼偶然熄火，或者跟另一盏灯笼缠在一起。这就结束了第一天的娱乐活动。

31 日傍晚，我们回到宫廷，那里一个新的焰火场地被开辟了出来，在那里燃放各种各样的烟花，一直持续到晚上 10 点。2 月 1 日，我们再次去宫廷，许多设计得很好的烟花继续在那里表演。最让我高兴的是，在花园中间有堆起的一座小山，从中冒出一股白色和蓝色的火焰，模仿水的样子在流动。小山的顶部有一个大瓮形状的空腔，火从该空腔升至惊人的高度。皇帝所在的长廊对面，竖立了三个大框架，每个框架大约 30 英尺高。

第一个架子上面是一条巨龙。第二个上面是骑马的人。第三个上面是一头大象，象背上有一个人。所有这些都由深蓝色的火焰组成，并与悬挂在四周的，以白色、红色和蓝色的火形成的藤蔓和葡萄交织在一起。除了这些，这次还展出了许多其他新颖的烟花设计，这些设计远远超过了我所见过的其他类型，尽管我曾参加过欧洲艺术家在圣彼得堡举行的这种性质的表演。除了在创意和形象方面展示的艺术外，这些作品还特别展示了多种最美丽的色彩，远远超出了我的描述能力。我必须承认，它们远远超过了我的期望，甚至超越了大众的认知，一般他们很少会小看这类事情。第二天，皇帝单独接见了大使，并问他觉得这几天的娱乐和焰火表演怎么样。同时，皇帝重复了已知的知识，即用火药制作焰火的历史源远流长。他还补充说，尽管焰火在中国已经有 2000 多年的历史了，但他本人对其进行了许多改进，达到了现在的完美状态。

第三天，我们在寒冷的霜冻中回到市区，风向西北。我们发现，在北京，欢乐仍在继续。在我们经过的所有主要街道上都搭起了戏台，并在演出戏剧。[1]

畅春园的皇家节日庆典自然是集全国之精华，但地方上的庆祝活动其实也并不逊色。清初曾在四川滞留的葡萄牙传教士安文思在《中国新史》中写道：

在中国人的节日中，他们最隆重，也是最欢天喜地地庆祝的节日是每年的正月十五。那天，人们点燃那么多的篝火和灯笼，如果从高山顶上往下看，整个帝国就像在无边无际的大火之中。无论是在城市还是在乡村，在海岸边或河流上，几乎无人不挂灯笼，这些灯笼色彩各异，形式多样，也无人不放上千种令人惊奇的烟花爆竹，这些烟花在空中炸成船、塔、鱼、龙、虎、大象的形状。这使我想起 1644 年我亲眼所见的情景。那时候，我跟利类思（F. Lewis Buglio）被那个暴君张献忠拘留在四川，他邀请我们去观看他命令在正月十五夜晚燃放的焰火。确实有无数令人称奇的巧思和创新。最令我惊讶的是下述装置：这是一个覆盖着红葡萄藤的藤架，木架子的部分一

1　*Travels from St. Petersburg in Russia，to Diverse Parts of Asia*，Glasgow，1763，v. 2，pp. 59–69.

直在燃烧，但不会被烧掉，而另一方面，葡萄主干、枝、叶、葡萄串茎和葡萄则逐渐被烧掉。其实并非如此，你一直可以分辨出葡萄串茎的红色、叶子的绿色、藤的栗色，它们被如此生动地表现出来，以至于你会发誓每样东西都是自然的，而不是假造的。令我们更加惊讶的是，火是一种元素，非常活跃并具有吞噬性，它应该自由地运动，但它似乎已经放弃了自己的本性来服从艺术的规则和命令，它只表现藤架原来的状态而不是烧掉它。

灯笼也令人赞叹。因为正如我已经说过的，任何家庭，无论贫富，都会在厅堂、院子和窗前挂上灯笼。而且它们有许多不同的式样，无所不有。为穷人而做的价值不高。但是，还有一些是为富人而制作的，绘画和手工争奇斗艳，它们的价钱高达5、10或20皮斯托。还有一些是为官员、贵客、总督、王子和皇帝制作的，值一两百，有时值三四百皮斯托。尽管看起来似乎令人难以置信，但这些灯笼无疑是真的。最大的灯笼挂在皇家大殿中，或者是挂在院子特意搭起的灯架上。它们的直径有20腕尺，有时甚至更大。每盏灯笼中有无数灯和蜡烛，在内部混合摆放，构思巧妙，且令人愉快。光为灯笼上的画增添了美感。烟雾赋予了灯笼中的人物以生命和精神，设计得如此精湛，以至于他们似乎在走动、转身、上升和下降。你可以看到马在奔跑，拉动战车，耕耘土地，船舶在航行，国王和王子跟一大队随从进进出出，众多在步行和骑马的人，军队在行军，喜剧、舞蹈以及成千上万的其他运动在进行。

举国都在这些令人愉悦的灯笼的照耀下，每个人跟其家人、亲戚和朋友们在伴随节日的器乐声中度过良宵。同时，他们有时会表演假的戏剧，是用隐藏的细线牵动木偶来演出的；或者将影子投射到特制的精细、透明的白色丝布上。看到那些小小的木偶及代表国王、王后、校尉、士兵、剑客、小丑、博学者或戏剧中的道具的人工投影；看到他们怎么哭泣，表达喜悦、悲伤、愤怒和其他感情；看到这些艺术家通过怎样的辛勤努力和熟练的技巧使人物和阴影活动起来，真是一件奇妙的事。有时候，你几乎会以为他们也会说话。演出者在移动角色时，会惟妙惟肖地模仿小孩子的声音，以至于人们会认为看到的一切都是绝对自然的。这个民族是如此机智并富有创造力。[1]

安文思的描述直到100多年后仍给欧洲人留下深刻的印象。1825年，法国人冒皮埃尔出版《中国风俗集》时，也间接地引用了安文思的文字来描述灯节：

1　Gabriel de Magalhães：*A New History of China*，London，1688，pp.105–106.

　　这个盛大的节日固定在正月十五，但是整个帝国普遍从正月十三晚上就开始庆祝，直到正月十六晚上才结束。在同一天，同一时刻，我们可以说整个中国都被照亮了。城镇、村庄、海岸、运河和河流的岸边都衬有无数盏灯笼。我们可以在院子、花园、门上以及最穷的人家的窗户里看到灯笼。有钱人花好几百块买一个灯笼。那些给王子、阁老、总督和皇帝制作的灯笼，每个都贵到 4000 块法郎。其中有些是用透明的绸布做的，上面画着树木、花草、动物等，用鎏金的木头框起来，并装饰有各种颜色的绸缎彩带。有的非常大，以至于可在里面开音乐会和舞会。里面的人代表移动和活跃的人物，这样就是在上演真实的皮影戏。从一条街到另一条街，到处是鱼龙飞舞，火焰四射。在任何时候，焰火都会激发所有阶层人士的好奇心，因此大家混在一起。那些通常隐居的女人为这些夜间的庆祝活动增光添彩，也只有在这种场合，她们才能在人群中流动，或步行，或乘轿，或坐车，她们优雅地抽烟，并由众多的演奏各种乐器的仆人陪护。这疯狂的三天是中国人随心所欲的日子，就像在此之前的两个节日（新年开始和结束）一样，这三个节日是他们真正的狂欢节。[1]

　　冒皮埃尔为灯节配了一幅插图，图中天上的烟花、地上的灯笼以及从人像口中喷出的焰火相映成趣。此图若用来配辛弃疾的《青玉案·元夕》，也会非常恰切。

　　在中国，元宵节（灯节）后面的节日便是清明节。葡萄牙传教士曾德昭提到：

　　第三个节日是在第三个月即三月的第三天，叫做清明。那时人们都去墓地，举行祭礼和其他仪式，尽管他们为死去的人哀悼，但活着的人自己却挺愉快的。[2]

　　曾德昭把清明的日子固定在阴历三月初三，显然有误。不过他没有把下一个节日即端午节的日子搞错：

　　第四个是第五月的第五天，他们叫做端午。那天人们在街上、大道上及河上举行典礼，因为河上经常发生落水事故，所以有时仪式会被禁止。[3]

1　E. B. de Malpiere：*La Chine：Moeurs，Usages，Costumes，Arts et Métiers*，Paris，1825.

2　Alvare de Semedo：*The History of that Great and Renowned Monarchy of China*，London，1655，p. 61.

3　同上。

《中国风俗集》中灯节的插图

　　"河上"的"典礼"应该就是划龙舟了。法国汉学家小德金有机会在 18 世纪末于中国南方看到了端午节的龙船。他在回忆录中说：

小德金回忆录中的"打龙船"插图

在五月初五有个很好玩的节日，据说从前有位品德高尚、深受人民爱戴的官员被淹死了，老百姓上船一直搜寻他。这就是这个"打龙船"（Ta-long-chouen）节日的起源。节日中使用狭长的船，这些船被涂上油漆，并饰以龙和彩带，每只船最多可容纳 60 名划船者。船上有人敲锣打鼓，根据需要或急或徐，船则加快或减慢速度。因为船与船之间经常互相挑战，在这种情况下，他们会飞速划行，互相超越、冲撞，有时船甚至会翻覆。因此，我们不止一次地看到了溺水事件。为了防止此类事故，官员并不总是允许庆祝这个节日。[1]

1　Chrétien-Louis-Joseph de Guignes：*Voyages à Peking*，*Manille et l'Ile de France*，Paris，1808，t.2，p. 374.

小德金也看到了人们欢庆中秋节的盛况：

　　在秋天他们还有一个节日，那个时候人们举着用纸糊的、透明的大鱼。还有四个男人抬着一张桌子，桌子上都是水果，有个小姑娘站在一棵树的树枝上，她的旁边还有一个小女孩，前面则有个小孩打扮成老人的样子。整个游行队伍由乐队和随时停下来放鞭炮的人开道。居民在队伍的前面摆好桌子，桌子上放上水果、槟榔和烟叶，赏给参加游行的人们。[1]

小德金回忆录中的中秋节游行盛况

　　除了传统的节日外，西方人对中国人举行的另外一些庆典也非常感兴趣，比如皇帝亲自扶犁耕地的"亲耕礼"。杜赫德在《中华帝国全志》中描述道：

　　中国新春开始的时候，即二月份，朝廷的历算机构就受命查验何日举行春耕礼最为合适，最后定下来为二月二十四。礼部将此日子上奏给皇帝，皇帝则需为这个节日做好准备。

　　根据这个奏折，首先，皇帝要指派12位名人即三公九卿陪他参加典礼，并跟着他犁地，如果有人年老体衰，皇帝则指派他们的副手来代替。

1　Chrétien-Louis-Joseph de Guignes：*Voyages à Peking*，*Manille et l'Ile de France*，Paris，1808，t.2，p. 373.

其次，这个典礼不仅包括犁地，以激励民众仿效皇帝的榜样，同时也包括皇帝作为教主向上帝献祭，请求他让老百姓丰衣足食。不过，为了准备这个典礼，皇帝必须在此前三天禁食节欲。那些陪同皇帝参加典礼的人也要遵守同样的规定。

再次，典礼举行的前一天，皇帝选择一些王公贵族并派其到祖庙跪拜牌位，告诉祖先第二天皇帝会献祭，就好像他们还活着一样。

这里只是简短地说明了礼部上奏皇帝的仪式。礼部同时也说明了朝廷各部门所负责的工作：一个部门需准备祭品；另一个部门需起草皇帝在献祭时所讲的话；第三个部门负责搬运帐篷，如果皇帝命令带膳食过去，则在皇帝用膳的地方搭好；第四个部门组织四五十个德高望重的耕农，他们在皇帝犁田的时候在场。他们也要带上 40 个年轻力壮的耕农，负责放犁具、挽牛并准备皇帝要种的谷物。皇帝会种五种最为需要的谷物，包括小麦、稻米、粟米、豆菽以及另外一种叫高粱的黍谷。

这些都是准备工作。到了二月二十四，皇帝和群臣身着礼服到指定的地方给上帝献上春祭，祈求他保佑大地五谷丰登，田肥水美。这是为什么他祭祀以后才开始犁地。祭祀的地方是一块高地，距离城南有几斯塔德的路程。此处该有五十尺四寸高。此高地的旁边就是皇帝亲手犁地的地方。

皇帝献祭后，他跟将要和他一起犁田的三公九卿走下高地，一些王公贵族则捧着里面装着皇帝要播的种子的珍贵盒子。群臣鸦雀无声。皇帝扶着犁，来回犁几下。当他停下来时，一个王子扶着犁也犁几下，剩下的人也都照样这么做。在不同的地方犁过之后，皇帝播下不同的种子。他不会犁完所有的地，第二天那些耕农会来犁完。[1]

中国皇帝亲自犁田、鼓励农业的做法在欧洲引起了轰动，法国思想家孟德斯鸠曾对此加以赞赏，他这方面的知识显然来自杜赫德。[2]1763 年在阿姆斯特丹出版的法国重农主义代表人物魁奈（François Quesnay，1694—1774）和米拉波（Victor Riqueti Mirabeau，1715—1789）合著的《乡村哲学》（*Philosophie Rurale*）一书中，中国皇帝亲耕的画面成了第一章的题图；而另一位法国作家、思想家芮纳（Guillaume Thomas Raynal，1713—1796）在其《哲学史》（初版于 1770 年）中也赞扬"人民的

1　J. B. Du Halde：*Description géographique，historique，chronologique，politique，et physique de l'empire de la Chine et de la Tartarie chinoise*，Paris，1736，t. 2，pp. 83–84.

2　［法］孟德斯鸠：《论法的精神》，张雁深译，商务印书馆 1995 年版，第 233 页。

《乡村哲学》第一章题图

父亲将沉重的手放在铧犁上向他的子民显示国家的真正财富"[1]。此书第二版（出版于1773年）的扉页插图，正是中国皇帝率领一介官员在扶犁亲耕。

此后埃尔芒于1786年制作了《中国皇帝亲耕图》单幅铜版画，此画跟他绘制的其他中国题材的铜版画一样，在市场上广受欢迎。

到了1811年，布热东在巴黎出版六卷本《中国缩影》时，第一卷扉页便采用了一幅《皇帝亲耕礼》。布热东在书中对此典礼作了说明，但材料基本上来自杜赫德的《中华帝国全志》。[2]

在官方的亲耕礼等仪式之外，民间的婚

芮纳《哲学史》第二版扉页

1　Guillaume Thomas Raynal：*Histoire Philosophique et Politique des Établissements et du Commerce des Européens dans les Deux Indes*，Ameserdam，1773，p. 69.

2　Jean Baptiste Joseph Breton：*La Chine en Miniature*，Paris，1811，t. 1，pp. 128–138.

《中国皇帝亲耕图》

左图细部

《中国缩影》法文初版第一卷扉页

礼也吸引了西方人的目光。达帕编辑的《大清志》介绍了中国婚礼、婚俗：

父母同意订婚之后，新郎就开始求亲及完婚了。首先，新郎送给新娘包含肉、酒和水果的精美礼物。其次，阴阳先生选好结婚的良辰吉日。再次，询问新娘的大名。最后，新郎必须送给新娘一些珠宝、吊坠和贵重的宝石。

在新娘从娘家到丈夫家的前一天中午，她的嫁妆由特意雇来的人从她娘家运走。这些人两两成对地走着，一些人抬桌子，另外一些人抬箱子、帷幔及挂饰等。

第二天，根据某些省的惯例，新郎跟他的父亲和最近的亲戚去找新娘。找到新娘后，他们把她用轿子抬回家。

在南方的其他省份，新郎在晚上派一个人带着特制的内衬精美的花轿及一大帮打着火把和灯笼的人去接新娘。

新娘的母亲在最后一次帮她做了她嫁作人妇后也得会做的家务后，就跟她告别。然后她被锁在花轿中，钥匙被送交给丈夫的母亲。她上路的时候，最近的亲戚走在前面，她的父亲送给她的丫鬟走在她的两边。当他们到达时，她的婆婆用钥匙打开花轿，并希望她出来，将她带给丈夫。此后，根据礼仪，他俩走到竖立着祖先画像的私家祠堂，跪拜四次，然后，他们来到一个大堂，向坐在凳子上的双方父亲同样跪拜四次。

《大清志》中的插图：婚礼后一日道士送金色的半月给新娘

然后，新娘跟婆婆、丫鬟和媒婆离开婚礼地点，前往女性的馆舍。[1]

婚礼后的第二天，许多新妇的朋友和近亲将她热热闹闹地带到丈夫家，他们或是乘游船或是坐轿子。在岸边，有几位乐师和歌者演奏乐器和唱歌。当新娘靠近时，道士们在离她有一段距离的地方举起一些金色的半月，他们会将这些半月送给新娘，希望她不会像月儿一样变化，而是以纯净而持久的感情伴随新郎。这些半月是一种很好的保证，据信只要女人保存它们，她就永远不会对丈夫变心。[2]

杜赫德在《中华帝国全志》中的记述与达帕的有所不同：

当（双方）通过媒人将一切都确定了，订好了婚约，并付清了双方同意的聘金后，就着手准备婚礼。事先还有一些仪式：主要包括男女双方互相索取姓名；向亲家致送丝绸、布帛、酒肉及水果等礼品；许多人在黄历中查找良辰吉日以确定婚礼的日期，这是女方家需要操办的事；男方给未来的新娘送上珠宝、挂件之类的首饰。这些都是通过中间人及两边都写上字的帖子来完成的。上面是普通人家的做法。至于那些大户人家，婚礼则会大张旗鼓地操办。

婚礼当天，新娘被锁进了装饰精美的花轿。她的嫁妆不是带着，就是有人在后面抬着。普通人的嫁妆包括锁在柜子里的嫁衣以及一些旧的衣物，还有她父亲送的家具。一群被雇来的人也在送亲的行列里，他们即使在白天也打着火把、灯笼。吹打乐队走

---

1 *Atlas Chinensis*：*Being a Second Part of a Relation of Remarkable Passages in two Embassies from the East-India Company of the United Provinces*，*to the Vice-Roy Singlamong and General Taising Lipovi*，*and to Konchi*，*Emperor of China and East-Tartary*，London，1671，pp. 368–369.

2 同上书，第371页。

在花轿的前面，父母、亲朋好友则紧随在轿子之后。一个心腹丫鬟保管着轿门的钥匙，以便交到新郎手中。新郎衣着光鲜，在门口迎接他的新娘。

新娘一到，新郎就收到丫鬟交给他的钥匙，他急不可耐地打开轿子。这是他第一次见到女方，因此会了解自己运气的好坏。有些人对自己的运气不满，他们会立即把轿门关上，把女方及其父母打发走。他们宁愿赔掉自己付出的聘金，也不愿接受如此糟糕的婚姻。然而，由于已经采取了防范措施，因此这种情况极为罕见。

新娘一下轿，新郎就站在她的旁边。他俩一起进入厅堂，在那里跪拜天地四次。在跪拜了新郎的父母后，新娘被送到受邀参加婚礼的女宾当中，她们整天在一起参加婚宴并娱乐；而新郎则在另一个房间里款待他的朋友。[1]

《中华帝国全志》法文第二版（1736年出版）为大户人家的婚礼配了插图：

《中华帝国全志》中的婚礼场面

左图细部。丫鬟将轿门钥匙交给新郎

在插图中可以看到新娘坐着八抬的大花轿，在吹打乐队的引导下，在送亲队伍的陪伴下，热热闹闹地到了新郎家。整个画面生动活泼，洋溢着一派祥和的气氛。

---

1 J. B. Du Halde：*Description géographique，historique，chronologique，politique，et physique de l'empire de la Chine et de la Tartarie chinoise*，Paris，1736，t.2，pp. 142–143.

6.5　音乐与戏剧

中国自古就是礼乐之邦，音乐在社会生活各个方面的作用之大，往往超出欧洲人的想象。《马可·波罗游记》中就提到在中国人葬礼上音乐的作用：

我再跟你说一遍，当遗体被抬去火化的时候，所有的乐器都围着火，在遗体前一同奏响。因为他们说死者一定会在天堂受到同样的礼遇。这个仪式根据死者的地位而定。[1]

《马可·波罗游记》还记录了音乐在大汗的宴会上扮演着司仪的角色：

每次当大汗准备饮酒时，一大群等着皇帝行动的带着各式乐器的乐手们就开始奏乐，当童仆把酒杯递到大汗的手中后，他退后三步跪下，王公贵族和在场所有的人也都跪下，以示谦卑。待到大汗喝完酒，乐声停止，众人起身。[2]

但《游记》中并未详述中国人所用的乐器，这项工作就要等 16 世纪来华的西方人来完成了。

拉达在《记大明的事情》中说：

当大家都落座后，乐师开始演奏音乐，乐器包括鼓、六弦琴、三弦和琵琶，一直

1　A.C. Moule & Paul Pelliot：Marco Polo：*The Description of the World*，London，1938，v.1，p. 58.

2　同上书，第 85—86 页。

演奏到宴会结束。

大厅中间有其他人表演戏剧，优美地展现了古代的故事以及战争。因为事先已经有人向我们解释过剧情，因此尽管我们听不懂剧中人说什么，但我们还是对演的是什么一目了然。[1]

克路士在《中国志》中说：

他们用来演奏的有的像我们也有的弹拨乐器，制作得不太好，需要用琴栓来调音。有的像吉他，但比较小，有的像大提琴，也较小。他们还用扬琴和三弦，以及某种类似于我们所使用的风笛。另有一种有许多丝弦的箜篌，用指甲弹奏，因此他们让指甲长得长一些。这种琴的声音很大，并且非常悦耳。有时他们会一起演奏许多乐器，并将四种声音组合在一起，从而产生非常好的和音。

有一个月夜，我和一些葡萄牙人在我们住所门口河边的长椅上坐着，当时几个年轻人乘着小船游玩，他们沿着河过来，演奏各种乐器。我们喜欢音乐，就派人请他们到我们这儿来。他们是豪爽的青年，他们乘船来了，开始调校乐器，我们很高兴看到他们调到自己满意，没有杂音为止。演奏时，他们并没有全部都开始，而是一一参加进来，因而整个乐曲有很多乐章，有的乐器停下来，有的则在演奏。大多数时候他们一起演奏四重奏。

用于次中音部分的是两把小月琴，用于中音部分的是一把大月琴，还有一把配合其他乐器的大箜篌，用于高音的有时是三弦，有时是扬琴。他们采取了一种很好的策略，即不演奏两个以上的曲子，这样我们可能会渴望听到更多。我们恳求他们第二天再回来演唱，尽管他们答应了，但他们没有这样做。但是在一天早晨的破晓时分，他们带着同样的乐器给我们献上了黎明之歌，没有令我们完全失望。[2]

克路士除了看到中国人的器乐和声乐表演外，跟拉达一样，也提到了中国的戏剧表演：

---

1 C. R. Boxer：*South China in the Sixteenth Century*，London，1953，pp. 288–289.

2 同上书，第144—146页。

他们演很多戏，演得惟妙惟肖，演员的服装非常好，井井有条，符合他们所表演的人物所需要的。演女性角色的人，除了女性必需的服装外，还要涂脂抹粉。那些不了解演员所说的话的人看戏有时会感到厌倦，但是对于内行的人，听戏是一大乐趣。他们一个、两个、有时是三个晚上忙于接连不断地表演。在演戏的时候，必须有一张摆放大量肉类和饮料的桌子。他们的这些戏剧表演有两个大缺陷。其一是，如果一个人扮演两个角色，并且必须换衣服时，他会在所有观众面前换。另一个是，演员，即他所扮演的角色在独白时，声音很尖，几乎像在唱歌。有时他们去商船上表演，葡萄牙人会给他们钱。[1]

比上述两人稍晚进入中国的意大利传教士利玛窦也注意到了中国的乐器：

在此容我讲一些有关音乐的事，这是欧洲人非常重视的一种艺术。学术界的领导人物，都举行一种祭祀，为敬礼孔子。中国人把这位大哲学家看为先师，而不是看神明，所以他们用"祭祀"二字时，是按其广泛意义。在举行这项仪式时有音乐演奏。在前一天，负责人请了地方首长参加预演，为决定所奏的音乐是否合适。他们也请了利神父，因为预演牵涉不到祭祀问题，利神父便答应了。负责音乐的人是道士，演奏的地方是为敬礼上帝而建的皇家天坛。那天有地方首长的孩子们陪利神父前往参加音乐预演。乐队是由道士组成的，穿的服装极为华贵，像正式祭祀时一样；给地方首长敬礼之后，便开始演奏。他们的乐器有青铜钟、锣及铙板，用石制的东西像鼓，上面蒙上皮革，琵琶，用骨做的横笛，用口吹的笙。有的笙制成动物的形状，嘴中伸出许多竹筒，气是由肚子吹进去。预演时，这些乐器齐鸣，其结果可想而知，声音杂乱，毫不和谐。中国人自己也知道有问题。一位先贤曾说，古代的音乐早已失传，只留下了乐器。[2]

利玛窦还看到哑剧（或双簧）的演出：

他们演了一出面具戏，人物高大，穿着绣花的服装，甚是好看。这些人物只表演动作，不讲话；每个人物该讲的话，都由一个在幕后的人包办。[3]

1　C. R. Boxer：*South China in the Sixteenth Century*，London，1953，p. 144.

2　《利玛窦中国传教史》（下），刘俊余等译，光启出版社、辅仁大学出版社联合发行，1986年，第309页。

3　同上书，第338页。

1613 年来华且在中国生活了相当长时间的葡萄牙传教士曾德昭则将中国音乐，特别是乐器系统地介绍给了西方读者：

在中国古代，音乐很受重视。他们的哲人孔夫子在他所统治的地区竭力要做的工作之一就是教化音乐。现在中国人哀叹说真正的乐律已经失传，那些记录音乐的书籍也几乎不见踪影。所以现在音乐不受贵族的重视。最能用到音乐的地方就是戏剧。也有一些专门的乐师被请到宴会、婚礼及孩子诞生的庆祝活动上去演奏，这样一些音乐可能会流传下去。中国也不缺少沿街或上门演唱的盲人。因为中国人都庆祝生日，这些盲人能记住所有贵人的生日，也熟知他们的府邸，所以他们在这些时候都会去演唱，从不会错过。[1]

说到他们的乐器，他们说加上人声，共有七种声音。基于此，他们制造出了乐器。

第一种乐器是用金属做的，包括各种钟、铃、叉铃等。

第二种是用石头做的，他们用碧玉制成一种乐器，有点像意大利方块，只是底部非常大。他们将其挂起来敲击。

第三种是用皮革做的，像我们普通的鼓。他们有好几种型号的摩尔人式的定音鼓。有的太大了，除非挂在木框上才能击打。

第四种是用丝做的。他们用丝制作琴弦，就好像我们用肠线制作鲁特琴的弦一样。弦乐方面，他们有很像我们的中提琴的琴，但只有三根弦，是盲人通常使用的乐器。他们也用弓拉的三弦小提琴，另外一种只有一根弦，就像我们演奏提琴那样，用弓来拉。他们最重要的弦乐器有七根弦，比其他乐器更受重视，如果乐师的技艺高超，可以演奏出动听的音乐。

第五种是用木头做的。这类乐器中，他们将一种薄板排列在一起，一起演奏，就像响板一样。和尚也用自己特殊的方式来敲打一块木头，很有节奏。

第六种是用口吹的乐器，如笛子，他们有两三种，演奏起来很动听。还有一种用几根管子制成的乐器，像我们管风琴的样子，但很小，拿在手里。他们用口吹奏，和音非常优美。有时这些乐器同时演奏，发出悦耳的乐音。[2]

1　Alvare de Semedo：*The History of that Great and Renowned Monarchy of China*，London，1655，p. 54.

2　同上书，第 54—55 页。

在欧洲，虽然出版于 1598 年的《小航海志》德文版中的一幅插图[1] 展示了"中国乐器"，但这些乐器看上去显然是西方的，与中国无关。而西班牙籍耶稣会士考特斯于 1625 至 1629 年间写成的《中国纪行》手稿中则准确描画了一些中国官员出行时随从所用的乐器。

《东方航海志》中的敲鼓与吹号的队伍

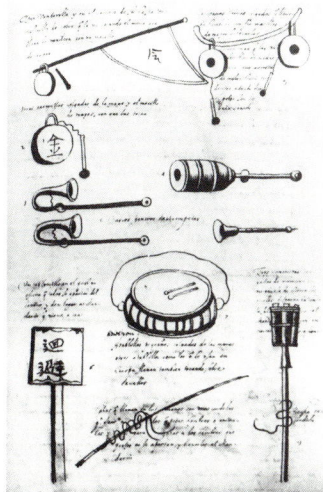

《中国纪行》中鸣锣开道时所用的道具

考特斯为这些道具作了详细的说明，从中可以看出他的观察细致入微。比如他注意到了令旗（右上图中左上角）的下方有一只小铜锣，要用蒙了布的木槌敲打。[2]

考特斯还说：

中国人雅好音乐，沉迷于其中：尽管他们感到非常满意，但他们的表演远不如我们，我们看到他们用缓慢而灵巧的方式弹奏乐器。虽然形状和演奏方式不同，但他们有跟我们的竖琴类似的好乐器：所有的演奏都是通过弹拨来完成的。

在街道上，音乐家成群结队地演奏和唱歌，但前提是必须付费。按照惯例，人们聚集在商店门口听他们演唱，住在附近的人都要付钱。同样地，当音乐家参加其他庆祝活动，例如戏剧表演时，整条街道的人都得出钱，因为他们对这些表演充满热情且

---

1 此图的全图请参看本书《官员》一节。

2 D'Adriano de las Cortes：*Le voyage en Chine*，traduction de Pascale Girard，Chandeigne，2001，p. 418.

总是去看。几乎每天都有这样的表演，有时同时有两到三场。在一些街道上，人们在庙宇前搭起高高的戏台，大街上人头攒动。[3]

考特斯于 1625 年到过中国，30 年后，纽豪夫也在中国看到了类似竖琴的乐器，他在《荷使初访中国记》中说：

乐师们手持喇叭和其他吹奏乐器，站在两排帐篷前边奏乐欢迎我们……我们觉得中国人的音调非常奇特，但他们还是有稳定的节拍，懂得用不同的乐器协奏。他们用高音嗓子唱歌，声音动听且音调优美。他们最主要的乐器是用手指弹拨的丝弦乐器，就像我们的竖琴，但乐器上部则圆得多。吉他是他们普遍的乐器，另外有一种吉他是用弓拉奏的。他们演奏这些乐器，配以歌声及吹奏乐器唢呐，在响板的指挥下，表演得令人赞叹不已。[4]

而在纽豪夫《荷使初访中国报告》（初版于 1665 年）的插图中，考特斯提到的戏台也显现了出来。

《荷使初访中国报告》中也谈到了中国戏剧：

《荷使初访中国报告》荷兰文版中的中国戏剧演员。注意画面背景左侧的戏台上正在上演武打戏

中国人非常沉迷于看表演和舞台演出，在这方面，他们比欧洲人有过之而无不及。在整个帝国中，他们的戏剧演员大多年轻活跃，人数众多。他们中的一些人到处旅行，而另一些人则到主要的城镇去，为婚礼及其他盛大的娱乐

3 D'Adriano de las Cortes：*Le voyage en Chine*，traduction de Pascale Girard，Chandeigne，2001，p.270.

4 ［荷］包乐史（Leonard Blussé），［中］庄国土：《〈荷使初访中国记〉研究》，厦门大学出版社 1989 年版，第 51 页。

活动表演。

　　他们所演的戏剧是讽刺性的或喜剧性的，但不反映现实的生活，或者在他们自己原有的花样上翻新，让老百姓高兴。剧目中的很大一部分是夸耀古代的，尽管推陈出新并不难，但是他们很少增加或改进旧的东西，更不用说创作任何新的作品了。这样，无论何时何地，也无论客人们想看什么，他们总是可以随时准备好表演自己的戏剧。为了更好地满足客人们的需求，他们总是随身携带一本戏单，上面写有他们的剧目，当有人召集他们时（通常是在公众盛宴时），他们会在宴会进行的过程中（有时是七八个小时）一直表演。在此期间，为了使观众不觉得乏味，他们在一场戏看起来快要结束的时候，马上又开始了另一场戏。伴随着歌唱的部分，他们的动作变化多端，并用奇怪的表情来逗乐看客。[1]

　　1670年，达帕出版了荷兰东印度公司第二次和第三次访华使团的报告《大清志》，在此书中有一幅插图，表现的是中国人随着音乐起舞的情景。

　　书中对此插图的说明是：

　　中国人很喜欢跳舞，尤其是那些穿着长长的外套、裹着小脚的女人，看起来似乎是在飞而不是在跳。她们随着音乐忽而向前，忽而退后，忽而到一侧，忽而腾空。她们还举起手臂，做出优美的动作，或是拍手发出独特的声音。有时她们在一起花几天时间来练习，只喝一杯茶。

　　在为舞蹈伴奏的乐器中，有一种是一块架在三根交叉的棍子上的圆板，上面装满了发声的琴弦，一个男人坐在它前面，手持

《大清志》中的舞女与乐队图

1　John Nieuhoff: *An Embassy from the East-India Company of the United Provinces*, *to the Grand Tartar Cham Emperour of China*, London, 1673, pp.160-161.

两根木棍，一手一根，用来演奏愉快的音乐，并很好地配合舞蹈的节奏。[1]

《大清志》中还提到了中国官员和贵族对西洋音乐的欣赏：

（1667年6月1日）礼部宋老爷跟四个高官到了大使的馆舍，请大使令他的乐队演出，他们很想听。大使知道老爷们是有教养的人，因此很豪爽地接待了他们，并命令乐师们演出最好听的曲子。这让中国人非常高兴，不住地对大使道谢，最后离去了。[2]

（1667年6月15日）又有六位大官来到大使的馆舍，这时礼部宋老爷正在告辞，他请大使招待六位老爷，大使照办了，请他们吃晚饭，还让乐队演奏悦耳的音乐，然后他们满意地离开了。[3]

（1667年6月17日）下午，一位年轻的、不到20岁的总督跟当今皇帝的侄子一起来看大使并听他的乐队演奏，他们听得很高兴，并品尝了两三杯烈性白葡萄酒，然后离开了，看上去十分满意。[4]

关于中国人的歌唱技巧，书中评论说："他们所有的声乐中都只有一种特别的音色，因为他们不懂合唱。"[5]

这种特殊的音色，很有可能是又细又尖的嗓音。1692年出使中国的伊台斯也注意到了这种唱腔：

在我们吃饭的大厅中同时演出戏剧。幕间歌手们用细的嗓音演唱。还有男孩子男扮女装演出舞蹈，他们在一位歌手悦耳的歌声和柔和的乐声伴奏下跳舞，这些乐器很像德国长笛。演员们合着音乐的节拍灵巧地翻腾跳跃。此外，他们还手持扇子做了各

1　*Atlas Chinensis*：*Being a Second Part of a Relation of Remarkable Passages in Two Embassies from the East-India Company of the United Provinces*，*to the Vice-Roy Singlamong and General Taising Lipovi*，*and to Konchi*，*Emperor of China and East-Tartary*，London，1671，p. 446.

2　同上书，第331—332页。

3　同上书，第336页。

4　同上书，第337页。

5　同上书，第447页。

式各样的身段和优美的手势。[1]

伊台斯欣赏这样的歌唱。但是他对中国热闹的迎宾音乐却很反感：

我又见到了知县及该城的主要官员。饮过几杯茶后，他们设盛筵招待我，还演了一场戏，用中国音乐伴奏。由各种锣和弦乐器奏出的音乐，造成一种奇怪的、杂乱无章的噪音，使人想跑开。[2]

另外，他对中国的戏剧表演则赞赏有加：

席间戏班的领班来了。他跪下向站在我身旁的官员呈上红纸黑字的小本。官员翻阅了戏单，点了他想看的戏。领班又磕了头，然后站起来，下令开场。

最先出台的是一个美貌的妇女，身着华丽的锦缎衣服，佩带宝石，头戴凤冠。她拖长声调婉转动听地说唱起来，同时一手持扇，做出各种优美的姿态和手势。

她退场后，接着演出颂扬以前某中国皇帝的戏。该皇帝忠于祖国，因此被编成戏剧传颂。有时皇帝亲自出台，冠服华贵，手持一块用象牙制成的类似扁平权杖的东西；有时出台的是他的武将，肩插旗帜，手持兵器或鼓等。他们的仆人不时穿着逗人发笑的衣服，脸上勾了各种脸谱，出来插科打诨。

他们演得都很熟练、俏皮。演出并不比我在欧洲看到的差。因为有翻译，我能明白。他们的演出非常引人发笑，尤其可笑的是有一个人追求一个名声不好的女人，娶了她，结果被欺骗了。他以为她已归他一人所有，但另一个男人却就在他眼前成为她的情人。[3]

1722年意大利耶稣会学者伯南尼（Filippo Bonanni，1638—1723）出版了一本名为《乐器大全》的书，其中收录了五幅有关中国乐器的插图。中国乐器集中出现在欧洲出版物中，当以此为开端，虽然其中有的乐器看上去不像是中国的。

1　［荷］伊兹勃兰特·伊台斯，［德］亚当·勃兰德：《俄国使馆使华笔记（1692—1695）》，北京师范学院俄语翻译组译，商务印书馆1980年版，第216页。

2　同上书，第185页。

3　同上书，第186—187页。

《乐器大全》中的中国乐器（1）　　　　《乐曲大全》中的中国乐器（2）（3）

《乐曲大全》中的中国乐器（4）（5）

　　尤其值得注意的是第一幅插图中的乐器。伯南尼把它称作"弹琴"（Tam Kim），并说"他们（中国人）用嘴通过一根短管将气吹进一个圆盒子，盒子边缘有12、15或20个孔，孔中插了同样多数目的管子"[4]。"演奏时像风琴一样。通过开合管子上的孔洞调节声音。"[5] 很显然，这种乐器是笙（葫芦笙），而伯南尼的这幅插

4　Filippo Bonanni：*Gabinetto Armonico pieno d'istromenti sonori*，Roma，1722，p.172.

5　同上。

《中华帝国全志》中的五首中国器乐曲谱

图也让西方人第一次看到了笙（葫芦笙）的样子。[1]

伯南尼说这件乐器是意大利籍的耶稣会传教士喜大教（Niccolo Giampriamo，1686—1759）在中国收集的。事实上，进入 18 世纪以后，来华的西方传教士，尤其是耶稣会的传教士在收集中国文物、总结中国文化知识等方面做了大量的工作。法国的耶稣会学者杜赫德在他的巨著《中华帝国全志》中收录了一些中国器乐曲谱，其中包括著名的《柳叶锦》。这些谱子都是耶稣会传教士在中国记录、整理并寄回欧洲的。

《中华帝国全志》中也谈到了中西音乐交流的情况：

他们非常喜欢欧洲音乐，只要是各种乐器伴奏一种声音。至于音乐中最令人好奇的部分，我的意思是不同声音的对比，包括锐钝、半音、赋格、切分，都根本不对他们的口味，因为他们认为这些不比混乱的杂音好到哪里去。他们没有音符，也没有任何标志来表示音色的多样性、声音的升高或下降以及和声的变化。他们演唱的曲子要靠听了以后死记硬背。尽管如此，他们还是时不时地制作新的歌曲，而已故的康熙皇帝也写过几首曲子。

这些曲子用他们的乐器演奏，或以良好的音色演唱，有种特殊的韵味，甚至会让欧洲人也觉得很悦耳。我们欧洲人轻松地借助乐符在只听一遍之后便记下一首曲子的能力，使康熙皇帝感到非常惊讶。在 1679 年，他指派闵明我（P. Grimaldi）和徐日升（P. Pereira）在风琴和大键琴上演奏，这两种乐器是这两人以前送给他的。康熙

1　法国音乐家梅森（Marin Mersenne，1588—1648）在 1637 年出版的《宇宙和谐》（*Harmonie universelle*）第二卷第 308 页上刊印了一幅"印度"管风乐器的图片。从图上看，该乐器似乎是流行于中国南方及东南亚地区的芦笙。

皇帝喜欢我们欧洲的曲子，似乎对它们很欣赏。他又命令他的乐师在中国的乐器上演奏中国的曲子，并且自己也以非常优美的方式演奏了一下。当乐师们在演奏的时候，徐日升拿出了他的小本子，记下了所有的曲调；当他们结束演奏时他将这些曲调一丝不差地重复了一遍，使皇帝感到非常震惊。他高度赞扬了欧洲音乐的精准、和谐和便利。[1]

在为欧洲提供中国音乐知识方面，法国传教士钱德明贡献良多。他耗费了大量心血，写成了《中国古今音乐》一书，于1779年在巴黎出版，该书于1780年被收录于《中国杂纂》第六卷中。

在《中国古今音乐》中，钱德明介绍了中国音乐悠久的历史及其科学性，书中还附了大量插图，直观地展示了音律、乐器及乐队组织等中国音乐的各个方面。

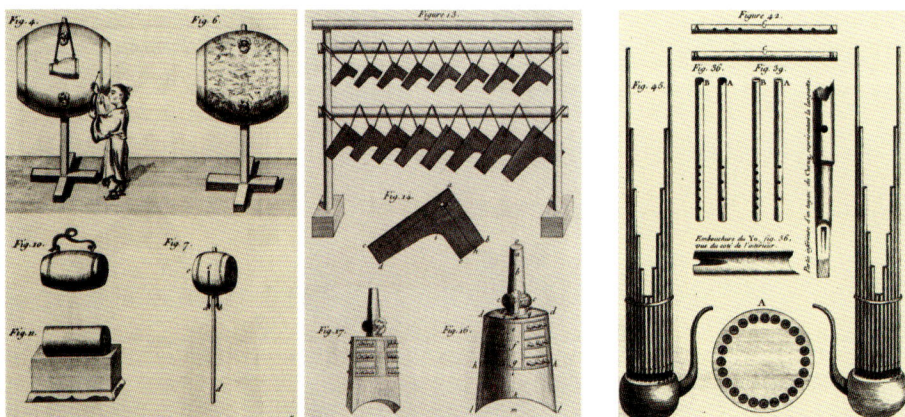

《中国古今音乐》中的鼓（左）、编磬与钟（右）　　《中国古今音乐》中的笙

钱德明还用五线谱记录了中国皇家祭祖时的音乐并提供了唱词。这是将中国音乐直观地呈现给西方读者的最早例子。

钱德明用拼音记录了唱词，并翻译成了法文。这些唱词与中国文献中所记载的略有不同，兹还原成汉字如下：

思皇先祖，耀灵于天，源衍庆流，蓦高逵玄。玄孙受命，追远其先，明禋世崇，

1　Du Halde：*The General History of China*，London，v. 3，1739，pp. 68–69.

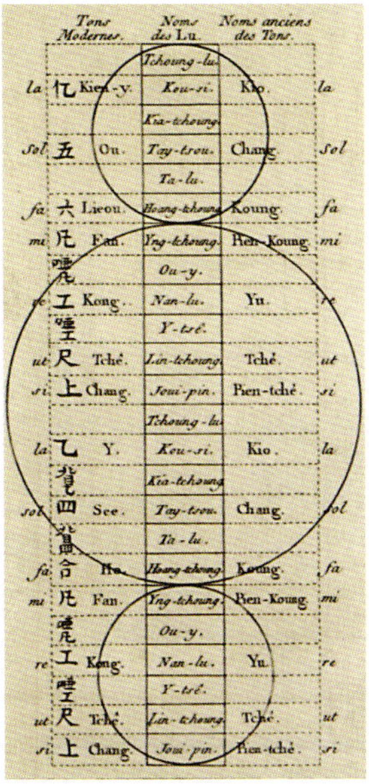

《中国古今音乐》中的工尺谱 　　　《中国古今音乐》中记录皇家在太庙祭祖时演奏的音乐和唱词

亿万斯年。

对越至亲，俨然如生，其气昭明，感格在庭。如见其形，如闻其声，爱而敬之，发乎中情。

惟前人功，德肇膺天，历延及予（小子），爰受方国。欲报其德，昊天罔极。殷勤三献，我心悦怿。

不过，《中国古今音乐》注重宫廷音乐，并没有收录中国民间歌曲，这难免是个遗憾。

1780 年，法国音乐家德·拉·博尔德（Jean–Benjamin François de La Borde，1734—1784）在巴黎出版了四卷本的《古今音乐论》（*Essai sur la musique ancienne et moderne*）。其中的第一卷述及中国音乐，材料则引自钱德明有关中国音乐的未刊手稿及《中国古今音乐》。不过书中有一幅插图却与钱德明没有关系。

博尔德对此图的说明是"不知其名的中国乐器，于肖奈公爵家中所见"。肖奈公爵（Michel Ferdinand d'Albert d'Ailly, Duc de Chaulnes，1714—1769）为法国天文和物理学家，他收集了很多东方的乐器。从插图中看，这些乐器包括三弦、四胡和琵琶，形状上很像中国的乐器，不过那些弹奏的乐师是插画者凭想象画出的。

《古今音乐论》中的中国乐器图

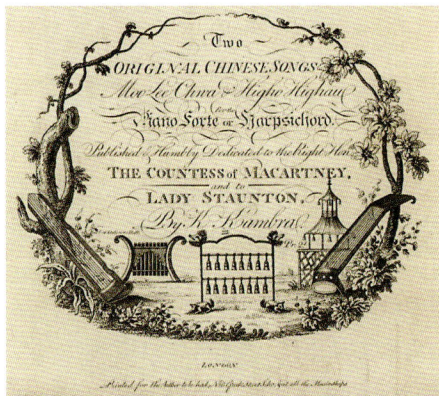

《两首中国原创歌曲》扉页。上有琴、筝等中国乐器。哈佛大学图书馆藏

1795 年，英国伦敦出版了一本《两首中国原创歌曲》的小册子[1]，作者为坎布拉（Karl Kambra）。此书收录了两首中国歌曲：《茉莉花》和《白河船夫曲》。

坎布拉把这本书献给了马戛尔尼夫人和斯当东夫人，并说"这两首歌由最近出使中国使团中的一位先生带回英国"。可见曲子是马戛尔尼使团成员在中国采集的。虽然书名说两首中国歌是原创的，但坎布拉又说为曲子加上了低音，以使英国人听起来更悦耳。

这两首歌都有中英文两个版本，中文以拼音表示。将拼音还原成汉字，《茉莉花》的歌词如下：

好一朵茉莉花，好一朵茉莉花，满园的花开赛不过它。本待呀摘一朵儿戴啊，又怕那栽花人骂。

好一朵鲜花，好一朵鲜花，有朝一日吆落在我家，本待呀不出门哪，对着那鲜花儿乐。

1804 年，马戛尔尼使团成员巴罗出版了一本回忆录，其中也出现了《茉莉花》的谱子和歌词，巴罗说这是使团的另一位成员许特讷记录的。[2] 联想到许特讷曾在 1796 年发布了《白河船夫曲》[3]，因此他很可能是给坎布拉提供原创中国歌曲的那位先生。

---

1 此书未标记出版年份，但 1795 年 12 月 21 日英国版权机构已经录入此书，可见至迟出版于 1795 年。参见 Michael Kassler：*Music Entries at Stationers' Hall*，Routledge，2016。

2 Sir John Barrow：*Travels in China*，London，1804，p. 315.

3 见 Johann Christian Hüttner；*Ein Ruderliedchen aus China mit Melodie*，载 *Journal des Luxus und der Moden*，11，pp. 35–40。歌谱为插页，歌词为德文。

《两首中国原创歌曲》中《茉莉花》歌谱及歌词 　　　　巴罗回忆录中《茉莉花》谱子

巴罗也提供了茉莉花歌词的拼音[1]，还原成汉字为：

好一朵鲜花，有朝一日落在我家。我本待不出门，对着鲜花儿乐。

好一朵茉莉花，满园花开赛不过它。我本待采一朵戴，又恐看花人骂。

看上去大体上与坎布拉刊布的歌词一致，只是第一和第二段互换了一下，另外巴罗版中并没有记录重复的歌词及衬词。

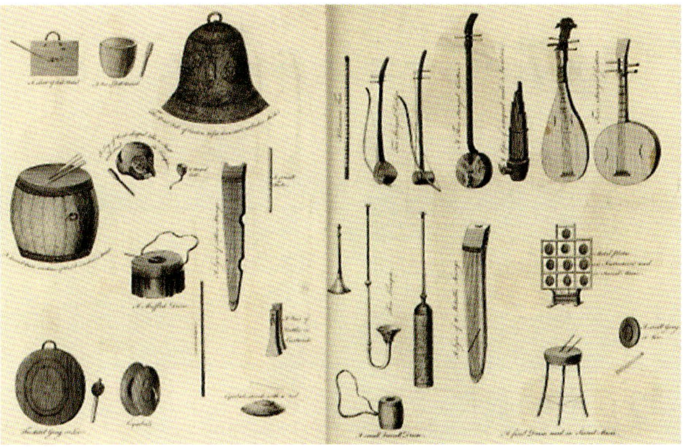

巴罗还在书中附上了大量的中国乐器插图，他说这些是一位中国画家的手笔。[2]

巴罗认为中国人喜欢吵闹，因此他不无讽刺地说中国人似

巴罗回忆录中的中国乐器

乎以乐器的音量来决定演奏的水平。[3]他还说中国人偏好历史戏剧[4]，中国人在戏剧舞台上不换布景，要表示到很远的地方去就跨在竹竿上转两三圈。[5]当然他仅用西方的标准来对照中国的音乐与戏剧，很难看出门道。

1　Sir John Barrow: *Travels in China,* London, 1804, pp. 316–317.

2　同上书，第 315 页。

3　同上书，第 314 页。

4　同上书，第 218 页。

5　同上书，第 219 页。

而在中国方面，正如对待早期荷兰使团的乐队一样，中国官员对西方的音乐充满了好奇。马戛尔尼在日记中写道：

每天都有高官来看我们，其中一些人是因其职务和职责而为之，其他人则是出于好奇，不少人被我的乐队所吸引，因为在我的馆舍每晚都有乐队举行上佳的音乐会。在这些访客中，皇家乐队的乐官不断地过来看精彩的演出。他对我们的某些乐器感到非常满意，以至于想照原样画出来。我愿意将这些乐器作为礼物送给他，但是他婉拒了，我发现这些乐器确实对他没有用。但是，他派来了几位画家，将单簧管、长笛、大管和圆号放在铺在地板上的几张大纸上，然后用铅笔勾勒出乐器的外形，测量所有的孔径，连最细微的末节也不放过，并在画完图后写下了注意事项，一并送给了他们的主人。我听说乐官的意图是让中国工人在这里制造类似的乐器，并按照自己的意愿来定音阶。[1]

不知道这些乐器有没有制成，如果制成的话，则它们很可能是最早的一批洋为中用的乐器。

使团副使斯当东在回忆录中记录了一出与莎士比亚戏剧情节相似的戏：

招待特使的另一项节目是在特使游艇前面靠近水边搭的一个临时剧场中演出。剧场内外俱由各样鲜艳颜色装饰。中国人精于把不同颜色配在一起，非常美观。一个戏班子的演员终日不断地演出，有几出只做手势而不讲话的哑剧，也有几出历史剧。演员穿的都是剧中人时代所穿的古装。演员的说白好似朗诵，并配合着音乐节奏，每一个停顿都有一下锣声。全体乐工坐在舞台后面，地方很宽但不够深。每一演员出场的时候，首先报告他扮演的角色及剧情发生的地点。每一出剧自始至终只有一个布景。女角由男童或太监扮演。

其中有一个剧的情节同英国一个剧非常相似，引起我们的兴趣。剧情表演一个中国皇帝和皇后正在非常恩爱幸福地生活当中，突然国内发生了叛乱。战争的结果是反叛者得胜。叛党首领打败了政府军队，杀死了皇帝，俘虏了皇后。皇后在台上做出种

1 *Some Account of the Public Life，and A Selection from the Unpublished Writings，of the Earl of Macartney*，ed. John Barrow，London，1807，v.2. pp. 230–231.

种悲伤的表情，哀悼丈夫的遇害，自己的被虏，以及将来还有可能受辱。正当她撕乱自己的头发对天抱怨的时候，得胜的叛乱首领轻轻地走出场来，到皇后面前，对她表示尊敬、安慰和爱慕。如同莎士比亚剧本中理查三世和安娜夫人的情形一样，这位皇后在半小时内就擦干了眼泪，忘掉了死者，屈服于新的求爱者。最后是一个盛大的婚礼结束全剧。[1]

　　斯当东回忆录里还附了一幅中国戏剧表演的插图，题为《中国舞台古装戏一幕》，为亚历山大所绘。其中舞台布景的繁复及演员服装的华丽真是令人叹为观止。
　　亚历山大还画了几幅跟戏剧表演有关的插图，比如武生。

《中国舞台古装戏一幕》

武生

　　亚历山大对武生图的说明是：

　　戏剧表演是中国人的主要娱乐活动之一。虽然没有政府许可的公共剧院，但是每个高官在自己的宅邸里都建有戏台，用来表演戏剧，并且通常会聘请演员来招待客人。
　　在公众欢庆的时候，比如新年、皇帝的诞辰以及其他节日到来的时候，全天都可以在街上看到公开表演的戏剧，而走街串巷的演员则能得到观众自愿给的赏钱。
　　当大使和他的随行人员在广东时，戏剧经常在晚餐时间表演，以供他们消遣。根据译员的解释，图中的人物是被激怒的军官。此画是一位演员在 1793 年 9 月 19 日

1　［英］斯当东：《英使谒见乾隆纪实》，叶笃义译，商务印书馆 1963 年版，第 274 页。

在使团前表演的时候勾勒出来的。这些娱乐有音乐伴奏。在表演期间，管乐器和铜锣突然爆发出刺耳的和响亮的声音常令听众大吃一惊。

女性不被允许登台表演，她们的角色因而由太监扮演。他们在紧紧地裹了脚之后，很难分辨与女人有什么不同。

演员穿的戏服是古代人的装束。[1]

又比如青衣。

亚历山大对青衣图的说明是：

青衣

也许将附图称为"表演女性的演员"比"女演员"更为合适，因为自乾隆皇帝娶了一位女演员为妃子以来，便禁止女性在舞台上公开露面了，因此现在她们的角色由男孩或太监扮演。演员全身的服装应该是古代中国人所穿的，与现在的确没有太大的区别。中国年轻女士的头饰展现出可观的品位和审美，她们的头上有羽毛、花朵、珠子以及各式各样的金属饰品。她们的外衣绣得很漂亮，通常是她们自己的手工，她们大部分时间花在这样的事情上。即使不是该国的死板习俗将上层女性限制在闺房里，那么从婴儿时代起的缠脚也足以防止她们到外面走动，因为她们蹒跚前行也有难度。但这就是时尚的力量，以至于天足的女士会遭到鄙视，并会立即被视为低俗。[2]

18世纪末随荷兰使团访华的小德金在他的回忆录里附上了一幅中国戏台的插图，他说：

1　William Alexander：*The Costume of China*，London，1805.

2　William Alexander：*Picturesque Representations of the Dress and Manners of the Chinese*，London，1814.

在中国没有公共戏院。当某地的居民想要看戏时，他们会凑钱来搭戏台并支付演员的酬劳。

戏台由一大一小两间屋子组成，一般是用竹子搭的，花费很少，场地也很有限。它只是一个三面围起来的棚子，地板离地六七尺高，并铺有垫子。[1]

小德金回忆录中的中国戏台插图

他还说：

（戏台）一切都简化成了将一张桌子和几把椅子放在一块大布帘前面，帘子上有两个供演员上下场的出入口。[2]

演员们都有自己熟悉的曲目，可以在现场表演。一个班子由七八个演员组成，有时甚至更多，因为同一个演员可以在一个戏剧中扮演两个不同的角色。演员在入场时可以通过念白告知观众他所扮演的角色。[3]

中国人在舞台上不遵守时间上的统一，故事有时会持续几天；而演员通常在很短的时间内旅行相当长的距离。[4]

他在中国期间，看了一场根据《白蛇传》改编的戏剧：

1　Chrétien-Louis-Joseph de Guignes：*Voyages à Peking*，*Manille et l'Ile de France*，Paris，1808，t. 2，p. 321.

2　同上书，第 322 页。

3　同上书，第 321 页。

4　同上书，第 323 页。

中国官员招待我们看了一场《雷峰塔》，剧名来自浙江省杭州西湖岸边的一座塔。

开幕时精灵们骑在蛇上，在湖边游走。随后一位当地的和尚爱上了一位女神，向她求爱。女神不顾妹妹的告诫，接受了这个年轻人，嫁给了她，后来怀孕了，并在戏台上生了个孩子，这个孩子很快就能走路了。精灵们对这种丑行大为恼火，他们把和尚赶了出去，最后撞倒了这座塔，使其成为目前残破的模样。

在这些怪异的场景之外，如果再加上其他的特点，如一个演员在另一个演员旁边却互相视而不见；模仿开门的动作并将脚跨过并不存在的门槛就足以表示有人进入房间；以及一个人手里握着一根竹棍就表示骑在马背上，人们会对中国人的戏剧艺术以及演员的表演有所了解。[1]

小德金毕竟是个汉学家，他在介绍中国戏剧时实际上也在向欧洲人传授中国的戏剧美学，即中国戏剧在时空上没有像欧洲的三一律那样的清规戒律；演员的表演是虚拟的、程式化的，并不追求逼真。他对中国戏剧的理解和欣赏，比德国戏剧家布莱希特对中国戏剧"陌生化效果"的推崇还要早 100 多年。

---

1 Chrétien-Louis-Joseph de Guignes：*Voyages à Peking*，*Manille et l'Ile de France*，Paris，1808，t. 2，p. 324.

6.6　汉字

　　1254 年 4 月，受法国国王路易九世派遣而出使蒙古帝国的法国方济各会教士卢布鲁克（Guillaume de Rubruck，约 1220—约 1293）到达哈拉和林，并在那儿停留了几个月。在此期间，他见到了一位来自中国的人士，从他那里了解到了中国的货币和文字的情况：

　　中国通用的钱币是用棉纸造的，长、宽皆为一掌，上面印有跟蒙哥印玺上相似的纹样。中国人用画师画画用的毛刷写字，他们将几个字块组成一个字形。[1]

　　这是西方最早的对汉字构成的特点以及书写汉字用的工具——毛笔的记载。到了 16 世纪中叶之后，随着越来越多的传教士及旅行者到达东方，西方人对汉字及其书写特点的认知也越来越清晰了。

　　克路士于 1556 年访问了广州，他的游记《中国志》于 1569 年在葡萄牙的埃武拉（Évora）出版。在书中，克路士谈到了中国的文字：

　　中国人的文字没有固定的字母，因为他们的书写都是以字为单位的，而且由字组成词，因此他们有大量的字，并用字来表示每件事物。在这种情况下，只有一个字表示"天"，另一个字表示"地"，还有一个字表示"人"，以此类推。

　　但同时你必须知道，他们也使用汉字来写那些外国的或看起来很古怪的名字。这

1　*The Journey of William of Rubruck to the Eastern Parts of the World*，1253–55，tr. by William Woodville Rockhill，London，1900，p. 201.

就是为什么整个中国有很多方言，以至于人们不能通过说话来互相理解，安南人听不懂中国人说的话，日本人也听不懂，但他们彼此可以通过书写来理解。例如，对所有人来说都表示"天"的字，大家都以相同的方式书写，有人以一种方式发音，而其他人则以另一种方式发音，但是对所有人来说，它都表示"天"。

我多次与深思熟虑的人谈论过不同国家的人怎么可能理解彼此的文字，但却听不懂彼此讲的话，我们永远无法弄清为什么，直到有一次我在安南的一个港口时才恍然大悟。我们船上的事务长是中国人，他正在写信给当地的老爷，要求他们下令为我们供应我们采买的食品。当我看到他写信时，我问他："你为什么写信？这完全可以通过口头向他们提要求。"

他回答道，他们不懂口头说的话。待他写完信，我请他为我写字母。他只写下了4个字。我请他写出所有的字，他告诉我说他当时在那里做不到，因为有5000多个字。我一下子就猜出来了是怎么回事，然后问他，"这第一个字你怎么念？"

他回答说："Tiem。"

我问他，"Tiem"是什么意思？

他回答我，"天空"；另一个字是"地"，还有这个字是"人"。

因此，对我来说以前困扰我的问题就豁然开朗了。他们文字的排列方式并不像其他国家那样，而是从上往下写。[1]

而拉达则在1576年出版的《记大明的中国事情》中提到文房用具及汉字：

至于他们的纸，他们说是用植物的内芯做的，很薄，因为墨水会透过纸张，因此很难在两面书写。他们将墨切成小块出售，在水中弄湿后用于书写。而他们用的笔，是极细的小刷子。他们的文字是迄今为止最不开化和最难的，因为都是字而不是字母。表示每个词或每件事的字都不尽相同，以至于即使一个人认识一万个字，他也不会什么都读得懂。因此，识字最多的人是最聪明的人。[2]

所谓的"小刷子"，显然指的是毛笔。与拉达同时期的平托，在其《东游记》（约

1　C. R. Boxer：*South China in the Sixteenth Century*，London，1953，pp. 161–162.

2　同上书，第295页。

成书于 1580 年）中描述中国法院的场景时也提到了毛笔：

　　察院坐在华盖下面的银色宝座上，周围林林总总尽是显示排场和地位的摆设。他的面前摆着一张小桌子，三个年轻男孩围桌而跪，他们身上穿着华丽的服饰，脖子上戴着金项链。中间的那个男孩该做的事就是将察院用来签署文件的毛笔递给他，而另外两个男孩则从诉愿人那里收取状子并将它们放在桌子上供察院办理。[1]

　　1577 年，西班牙人贝纳迪诺·德·埃斯卡兰台（Bernardino de Escalante，约 1537—约 1605）于塞维拉（Sevilla）出版了一本名为《葡萄牙人往东方王国和各省的航行，以及关于大中华王国的消息》（*Discurso de la navegacion que los Portugueses hacen a los Reinos y Provincias de Oriente，y de la noticia que se tiene de las grandezas del Reino de la China*）的书。埃斯卡兰台虽然没有到过中国，但他读过克路士及巴洛士等人的东方游记，并且在葡萄牙的里斯本向了解中国知识的人请教过。他在书中展现了三个汉字：

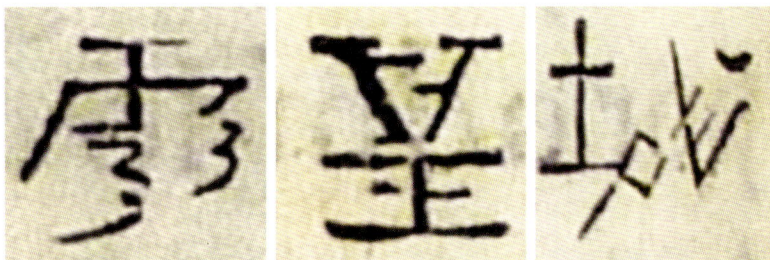

埃斯卡兰台书中的三个汉字

　　埃斯卡兰台解释道：第一个汉字读 guant，意思是天空；第二个读 Bontai，意思是皇帝；第三个则读 loembi 或 fu，意思是城市。他还说中国有 5000 多个字，他曾请一位中国人写字，字的排列由上往下。另外中国书籍上的字也是这样排列的。[2]

1　*The Travels of Mendes Pinto*，edited and translated by Rebecca D. Catz，The University of Chicago Press，1989，p. 207.

2　*Discurso de la navegacion que los Portugueses hacen a los Reinos y Provincias de Oriente，y de la noticia que se tiene de las grandezas del Reino de la China*，Sevilla，1577，p. 62. 关于这三个汉字的释读，小斯当东认为是"犍""皇"和"城"，见 *The History of the Great and Mighty Kingdom of China*，ed. Sir George Thomas Staunton，London，1853，v. 1，pp. 121—122；何高济则认为是"穹""皇"和"城"，见［西班牙］门多萨：《中华大帝国史》，何高济译，中华书局 1998 年版，第 112 页。按第一个字实为"空"字的讹写，参见 Francesco Carletti：*Ragionamenti di Francesco Carletti*，secondo，Firenze，1701，p. 162.

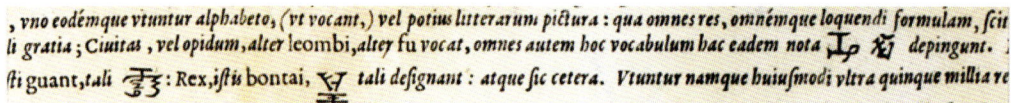

《中国新图》背面中国概说局部

埃斯卡兰台描摹的三个汉字是西方出版物中首次出现的来自中国的汉字。1584年，奥特里乌斯在印制巴布达绘制的《中国新图》时，于地图背面附文介绍中国概况，其中就复制了这三个汉字。

而一年后，门多萨在他的《中华大帝国史》中引用了埃斯卡兰台对汉字的介绍，使得这几个字流传得更广。

但是，从广义的汉字西传的角度来看，这三个字还不是欧洲人最早寓目的方块字。1555年9月23日，正在日本传教的耶稣会士巴尔塔萨·加戈（Balthasar Gago，约1520—1583）从平户给葡萄牙友人发了一封信。在信中，加戈抄录了七个汉字，并附上了日语平假名作为参考。加戈解释说在日本有两套书写系统：文人用汉字，普通人则用假名。[1]

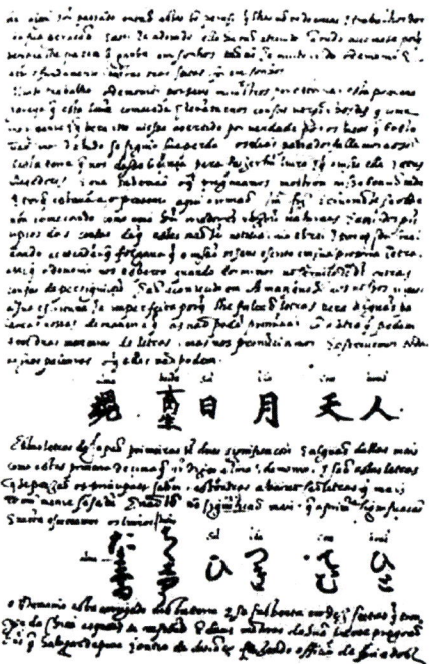

加戈1555年9月23日信手稿局部[2]

加戈信中的这七个汉字分别是魂、畜、生、日、月、天和人。其中"畜"和"生"连写在一起，看起来像是一个字。耶稣会士初到日本时，曾经利用佛教的概念和词汇来进行传教，加戈抄的这七个字，显然也与佛教有关。

几乎在加戈写那封带有汉字的信的同时，在梵蒂冈的意大利人玛策禄·切尔维尼（Marcello Cervini，1501—1555），即天主教教皇马塞勒斯二世（Marcellus II），从东方的书籍中抄录了一些汉字，并注上了拉丁化的拼音。[3] 这些汉字看起来是从中国

1　Donald F. Lach：*Asia in the Making of Europe*，v.1，bk. 2，The University of Chicago Press，1984，p. 679.

2　此图转载自 Donald F. Lach：*Asia in the Making of Europe*，v.1，bk. 2，The University of Chicago Press，1984。

3　Donald F. Lach：*Asia in the Making of Europe*，The University of Chicago Press，1977，v. II，bk. 3，pp. 512–514.

幼童识字描红的《上大人》字帖中抄的。虽然有些字变形得厉害，但其内容仍可以辨识得出来。从左到右的两列文字为：

上大人丘乙已化三千七十士尔小生
八九子佳作仁可知礼也

虽然这些字尚不能完全确定为教皇的手笔，[1]但至少可以说明在 16 世纪中叶，教廷中已经有人通过中国书籍学习并练习书写汉字了。

加戈的信在 1550 年代至 1560 年代至少四次被收录在耶稣会出版的耶稣会士书信集中，但不知何故，这些出版物中都没有附上汉字。

到了 1570 年，在科因布拉（Coimbra）出版的《耶稣会士日本通信集》中，加戈的信被再次出版，这次终于附上了汉字。

在同一本《耶稣会士日本通信集》中，还刊登了耶稣会士维雷拉（Gaspar Vilela，约 1525—1572）于 1557 年 10 月 29 日从日本发出的一封信，信中附上了 1552 年 9 月 16 日（日本天文二十一年八月二十八日）山口领主大内义长批准传教士托瑞斯（Cosmos de Torres）修建"大道寺"的特许状。

这份特许状中的文字可释读如下：

周防國吉敷郡山口縣大道寺事従西域来朝之僧為佛法紹隆可創建彼寺家之由經請望之旨所

（传）教皇马塞勒斯二世的汉字手书（抄本）。大英图书馆藏

1570 年《耶稣会士日本通信集》中加戈抄录的汉字的印刷版[2]

1　British Museum：*A Catalogue of the Lansdowne Manuscripts in the British Museum*，London，1918，p. 163.

2　*Cartas que os padres e irmãos da Companhia de Iesus，que andão nos Reynos de Iapão escreverão aos da mesma Companhia da India，e Europa，desdo ano de 1549 ate o de 66*，Coimbra，1570，cxvij.

令裁許之状如件天文廿一年八月廿八日周防介御判當寺住持

1570 年《耶稣
会士日本通信
集》中特许状
印刷版[1]

　　一共 65 个字，其中"經"和"請"两个字印倒了。这 65 个字，加上加戈抄录的
7 个字，构成了西方最早的一批汉字活字，值得在世界印刷史上大书一笔。

　　加戈和维雷拉的书信连同所附的汉字后来也曾被重新印刷过数次。值得注意的
是 1589 年在埃武拉（Évora）出版的《耶稣会士中日书信集》（*Cartas que os padres
e irmãos da Companhia de Ieasus escreuerão dos Reynos de Iapão e China aos da mesmo
Companhia da India，e Europa des do anno de 1549 ate ao de 1580*）中，特许状中印倒
了的"經"和"請"被纠正了过来，但加戈抄录的"魂"字却被印成向右旋转 90 度。[2]
这说明在 16 世纪下叶，耶稣会的印刷部门就有了校对制度，即使对陌生的外国文字
也不例外；另外当时制作的活字是正方形的，因此极易在排版时被放错了角度。

　　耶稣会早期派往日本的传教士到达日本后都努力学习汉字[3]，而被派遣到中国的
传教士们则更发愤用功。意大利传教士罗明坚于 1579 年到达澳门后即开始学习中文，

1　*Cartas que os padres e irmãos da Companhia de Iesus，que andão nos Reynos de Iapão escreverão aos da
mesma Companhia da India，e Europa，desde ano de 1549 ate o de 66*，Coimbra，1570，p. clxxvij–clxxxij.

2　*Cartas que os padres e irmãos da Companhia de Ieasus escreuerão dos Reynos de Iapão e China aos da
mesmo Companhia da India，e Europa des do anno de 1549 ate ao de 1580*，Évora，t. 1，p. 41；p. 62.

3　Donald F. Lach：*Asia in the Making of Europe*，v.1，bk. 2，The University of Chicago Press，1984，p. 679.

三年后利玛窦也到达澳门，跟罗明坚一起学习。利玛窦于 1583 年 2 月 13 日给友人写信，报告他所了解的汉字知识：

要知道中国语文较希腊文和德文都难；在发音上有很多同音而义异之字，许多话有近千个意义，除掉无数的发音外，尚有平上去入四声；在中国人之间，有时还须借着笔写以表达他们的思想，但文字在他们之间并无分别。不过中国文字的构造实难以形容，除非亲眼见、亲手去写，就如我们今天正学习的，真不知从何说起。有多少话、多少事，便有多少字，好像七万左右，彼此都不一样，非常复杂；假使您愿我给您寄几本中文书籍，我会满足您的希望，并附说明。所有的话皆是单音的，他们的书法几乎等于绘画。因此他们用刷子（按指毛笔）写字，正如我们用它画画一样。虽然如此，不少国家使用它，虽然说话大不一样，也没有我们所有的字母，但在书写上或在书籍上，不少使用它，如日本、越南（原文暹逻）与中国，彼此国籍不一，语言也大不相同，但在文字方面均相同。[1]

通过努力，他们两人终于掌握了中文，此后不但合作编纂了《葡汉辞典》（1583—1588），还能利用汉语传教，甚至著书立说。

进入 17 世纪之后，西方出版物上最早出现的汉字是普察斯于 1626 年出版的《世界游记大成》（*Purchas His pilgrimage*）第 12 卷中的中国地图上的"皇明一统方舆备览"八个字。[2] 与这幅地图同时刊印的，还有金尼阁编辑的《中华帝国志》的英文译文。

而《中华帝国志》的拉丁文本，也被收录于 1639 年在荷兰莱顿出版的《记中华帝国》（*Regni Chinensis descriptio Ex Varijs Authoribus*）一书中。

实际上，《记中华帝国》可以说是普察斯《世界游记大成》第 12 卷部分章节的拉丁文版，此书也将普察斯的中国地图印在了书名页的下部，只是略去了汉字及原图上的三个人物的画像。[3]

不过，有意思的是，此书书名页的中部，出现了一幅画、四个汉字（"平沙落雁"）以及一枚印章：

1　《利玛窦全集》（3），罗渔译，台北：光启出版社、辅仁大学出版社联合发行，1986 年，第 31—32 页。

2　关于此图，参考本书《长城》一节。

3　普察斯地图上的中国男女形象被移到书中作为两幅单独的插图了。

罗明坚和利玛窦编纂的《葡汉辞典》手稿（罗马耶稣会档案馆藏）。《辞典》中的汉字大部分为广东人钟鸣仁所写，但也有些字（如上图最后一行的"抱"字等）出自两位传教士之手

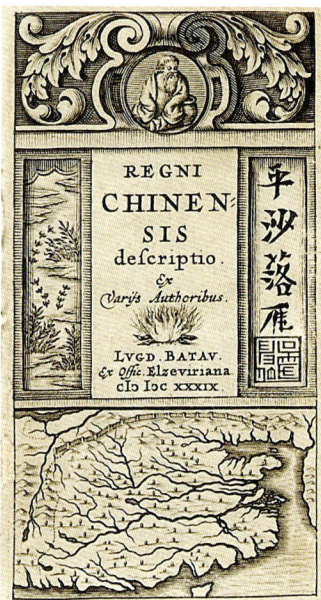

《记中华帝国》书名页

　　图中的画富含动态并展现了深远的意境，看上去是原汁原味的中国画；而"平沙落雁"显然是这幅画的标题。不过将画的标题及画家的印章与画分开，用对联的形式来陈列，并非中国传统的做法。

　　其实，这画、字以及印章是从一块墨锭的正反两面描摹下来的，其线索便是印章中的三个篆字：吴申伯。因为吴申伯为明代万历年间安徽制墨名家，因此可以确定"平沙落雁"是他制作的一款墨锭的名称。《记中华帝国》书名页上的那幅画应是墨锭的正面图案，而四个汉字及印章则是墨锭的背面设计。

　　虽然《记中华帝国》书名页上的"平沙落雁"四个字有些失真，但这些汉字却是西方书籍中最早与书名印在一起的实例之一[1]；而那幅山水画和那枚印章则是西方出版物中最早出现的中国画和篆文印章。

　　在《记中华帝国》出版的三年前，即1636年，吉歇尔在罗马出版了《哥普特文或埃及文的前身》（*Prodromus Coptus Sive Aegyptiacus*）。此书虽然是研究古埃及文

1　其他的例子包括：1586年于里斯本出版的 *Catechismus christianae fidei* 一书，书名页上有6个草书日本汉字；1619年于科隆出版的 *Meditationes De Praecipuis Fidei Nostrae Mysteriis* 第二卷的书名页出现了"耶稣"和"玛利亚"的字样。

字的专著，但是也将 1623 年于西安出土的《大秦景教流行中国碑》的碑额以及碑身
的部分文字收进了插图，因为此碑上有古叙利亚文字。有意思的是，碑额上的汉字，
临摹得相当稚拙；而碑身上的汉字则临摹得非常精确。也许碑额是照着在中国的传教
士提供的摹本临的，而碑身则是照着拓片临的。

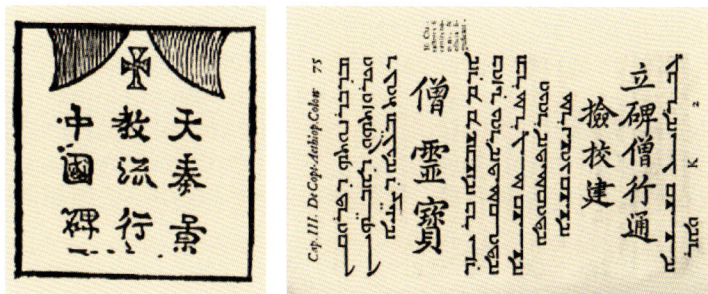

《哥普特语或埃及语的前身》中收录的《大秦景教流行中国碑》碑额
（左）和碑身（右）上的文字

　　1642 年，曾德昭的《大中国志》西班牙文版在马德里出版，书中提到了汉字可
以通过增加部件而生成新字的特点：

　　所以一横表示一，再加上一竖就是十，底下再加一横就表示土，上面再加一横就
是王，在左边最上面两横之间加上一笔就成了玉，然后再加上其他的笔画就表示珠。[1]

　　他还说明了偏旁的意义以及会意字的构成：

　　因此，表示任何树木的字都必须要与木字旁相结合；表示金属的偏旁必须附在要
表示的字上，例如铁、铜、钢；但这不是绝对可靠的规则。
　　他们在构成文字的时候也尊重各个部件的意思：因此，我们之前所说的代表太阳
的方块，跟另一个形状几乎相似，但与代表月亮的字形相结合，便读如 Mim，表示明亮。
另一个看上去像扇门，读如 Muen，表示门的字，还有一个看起来像心脏，表示心的字。
如果将后面的字放在前面表示门那个字的两条垂直线之间，则表示悲伤，也就是说，
心被压抑在狭窄的门中。每一个表示悲伤的字都必须附加心的偏旁。[2]

1　Alvaro Semmedo：*Imperio de la China*，Madrid，1642，p. 52. 此处根据英文版翻译，见 Alvare de
　　Semedo：*The History of that Great and Renowned Monarchy of China*，London，1655，p. 33。

2　Alvare de Semedo：*The History of that Great and Renowned Monarchy of China*，London，1655，p. 34.

可惜的是，1642 年西班牙文版中并没有图示说明，因此西方的读者一定会有雾里看花的感觉。

不知道是不是体察到了读者的苦恼，1643 年出版的《大中国志》意大利文版加上了汉字的形象：[1]

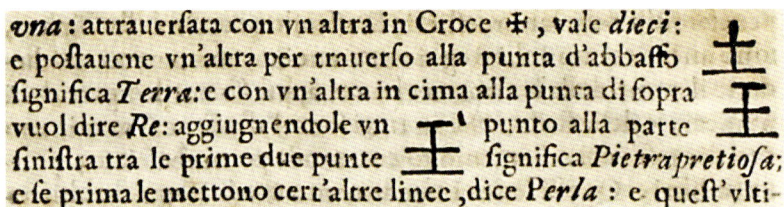

1643 年意大利文版《大中国志》中的汉字说明

显然，这些汉字是了解汉语的人所加，因为"土"字底部的一横长于其上面的一横，没有学过汉字的人很可能将两横写得一样长。

除了汉字外，这一版还在目录后面附上了一张曾德昭的半身肖像画。

画中的曾德昭左手持一本中国册页，右手握一支毛笔，好像册页上的汉字行书是他写上去似的。实际上，曾德昭对中国书法和文房四宝也颇为了解，他说：

1643 年意大利文版《大中国志》中的曾德昭肖像

造字的变化形成了他们的四种字体。第一种是古体，仍保留在他们的图书中，虽然文人都看得懂，但不再使用，除了在题字时或是用在代替纹章的印章上。第二种叫真书，最为通用，可用在手抄本和印刷的书籍上。第三种叫拓碑（Taipie），相当于我们公证员写的字，用处不大，只用在票据、合约、诉状、告示等上面。第四种跟其他的很不相同，是一种省略的写法（有很多这样的字），其笔画跟形状变化多端，需要专门学习才能看得懂。[2]

他们用几种以动物的毛制作的笔代替硬笔，其中最好的是用兔毫做的。与硬笔相比，毛笔书写起

1　Alvaro Semedo：*Relatione della Grande Monarchia della Cina*，Romae，1643，p. 46.

2　Alvare de Semedo：*The History of that Great and Renowned Monarchy of China*，London，1655，p. 33.

来既灵巧又方便。普通的毛笔值 3、4 或 5 个法寻，最好的每支要 6 便士。他们的砚台是用几种不同形状的石头做的，一般来说都制作得很精美，价钱并不太贵，但有的也值 30 克朗。他们在砚台中将干墨化开，干墨是在小模子里压制的，最好的原料是人们精心收集的油烟。[1]

1652 至 1654 年，吉歇尔在罗马出版了三卷本《埃及的俄狄浦斯》（*Oedipus Aegyptiacus*）。这套书是吉歇尔研究古埃及文字和文化的总集，为了进行比较研究，书中还收录了其他多种具有古老历史的文字。

吉歇尔对象形文字特别感兴趣，他在《埃及的俄狄浦斯》第三卷（出版于 1654 年）将中国明代万历年间出版的《万宝全书》中的 16 种古文字全都描摹出来，作为插图收入书中，这些文字都是属于"鸟虫书"之类的奇字。

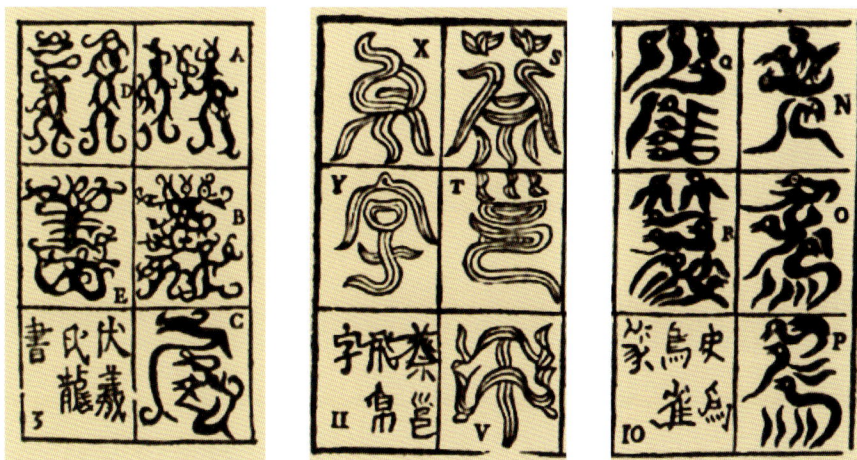

《埃及的俄狄浦斯》中的三种古汉字造字方法：伏羲氏龙书（左）、蔡邕飞帛字（中）和史为鸟雀篆（右）

除此之外，此书还从《万宝全书》中引用了介绍"上方大篆"的内容。并把原书中原本不在一处的篆字字例和执笔法合在一处，创造了一幅新的插图。

《埃及的俄狄浦斯》也为曾德昭《大中国志》中提到的"明"和"闷"作了图示。显然吉歇尔读过曾德昭的书并曾向懂汉语的人请教过汉字知识。

---

1 Alvare de Semedo：*The History of that Great and Renowned Monarchy of China*，London，1655，p. 34.

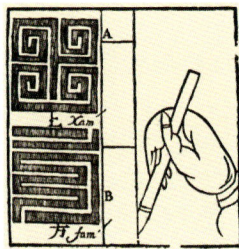

明万历版《增订万宝全书》中的
篆字例及毛笔执笔法

《埃及的俄狄浦斯》中
的插图。注意执笔图中
臃肿、扭曲的手指

《埃及的俄狄浦斯》中的"明"和"闷"
示意图

　　在《埃及的俄狄浦斯》第一卷中，还收录了
卜弥格用汉语写的颂词和颂诗。颂词是献给神圣
罗马皇帝费迪南多三世（Ferdinando Ⅲ， 1608–
1657）的；而颂诗虽然名义上也是献给费迪南多
三世的，但内容则是赞美吉歇尔（卜弥格称之为"吉
师"）像孔子一样有知识、会教书，并祝其著作
流传于世界。

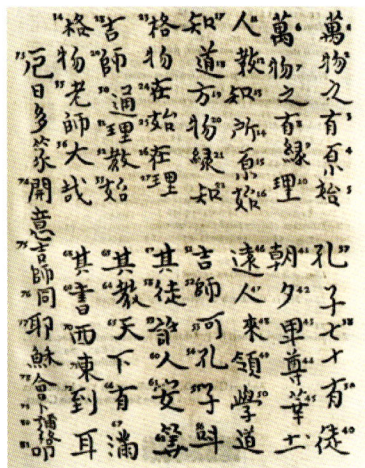

卜弥格手书颂诗

　　这首诗的内容如下：

　　　万物之有原始，孔子七十有徒；

　　　万物之有缘理，朝夕卑尊华土。

　　　人教知所原始，远人来领学道。

　　　知道方物缘知，吉师可孔子叫。

　　　格物在始在理，其徒谁人安算。

　　　吉师通理教始，其教天下有满。

　　　格物老师大哉，其书西东到耳。

　　　厄日多篆开意吉师同耶稣会卜弥格尔叩

　　在远赴中国的欧洲传教士中，虽然懂汉语的人不少，但能用汉语写诗的则不多。[1]

1　如罗明坚能作汉语诗，参见 Albert Chan: *Michele Ruggieri*，S.J.（1543–1607）*and His Chinese Poems*，Monumenta Serica, vol. 41 ， 1993, pp. 129–176。

虽然卜弥格的这首诗离中国文人诗的要求尚远，但很可能是西方刊印的第一首西方人用汉语写的诗歌。

1658 年，卫匡国在慕尼黑出版了《中国上古史》（*Sinicae Historiae Decas Prima*）。书中说伏羲发明了中国的文字，并列出了一些象形字作为例证（见右图）。

卫匡国说图中左边一列文字为古代字形，右边一列为当代字形。另外他还说他得到了一本写有六种不同字体的书。[1] 很可能他提供的象形字就是从那本书上抄录的。

1667 年，吉歇尔在阿姆斯特丹出版了他专门介绍中国的著作《中国图说》拉丁文版，有关汉字的内容占有相当的比重。

书中除了重印了《万宝全书》中的 16 种造字法外，还将篆字和执笔法合二为一的插图进行了改造，形成了一幅中国文人在书房写字的图像。

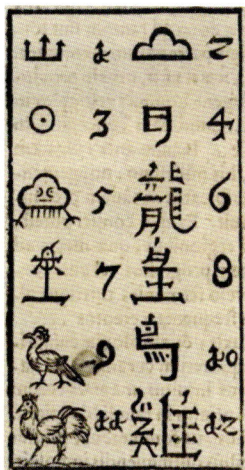

《中国上古史》中的象形字。图中的字自上往下为山、日、龙、皇、鸟和鸡

在这幅文人写字图中，"上方"两个篆字被移到了墙上作为装饰，这跟吉歇尔在仕女画中处理"窈""窕"两个字的手法类似。[2]

值得一提的是，《中国图说》是当年欧洲最畅销的著作，1667 年就有两个拉丁文版问世。其中一个版本的出版商是维斯伯格和威尔斯特雷特（Joannem Janssonium à Waesberge et

《中国图说》中的文人写字图

Elizeum Weyerstraet）；另一个版本的出版商则是大名鼎鼎的缪尔斯（即纽豪夫《荷使初访中国报告》的出版商）。维斯伯格和威尔斯特雷特的版本得到了印行的特许，因而是正版，而缪尔斯出的则是盗版。

1　Martino Martini：*Sinicae Historiae Decas Prima*，Monachii，1658，p. 12.

2　关于"窈""窕"两个字的装饰用法，请参考本书《妇女》一节中的插图。

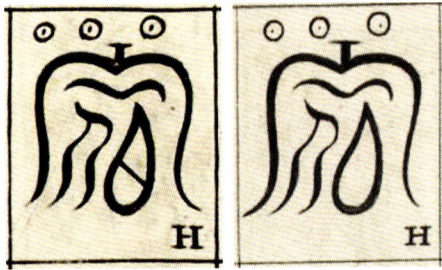

《中国图说》拉丁文版正版（左）与盗版（右）
中古体"宿"字的比较

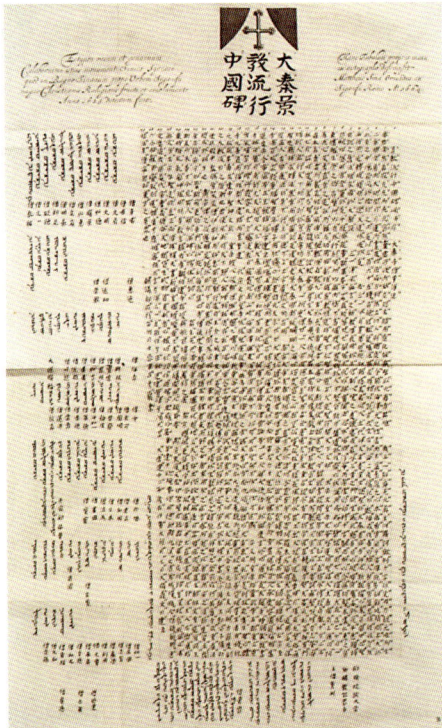

《中国图说》中《大秦景教流行中国碑》抄本

缪勒《中国石碑》中的汉字

虽然缪尔斯的盗版在制作插图时竭力模仿正版，但细节上仍有差距。不过由于缪尔斯名气太大，所以历史上绝大多数学者都觉得缪尔斯的版本是正版，因而盗版中的图片流传甚广。

在《中国图说》中，吉歇尔刊印了《大秦景教流行中国碑》的抄件。这是西方出版物中首次将如此多的汉字（近2000个字）集中呈现在读者面前。吉歇尔同时提供了卜弥格为每个字注上的汉语读音以及拉丁文译文。

吉歇尔公布的《大秦景教流行中国碑》激发了德国汉学家缪勒研究中国碑刻和汉学的热情，他于1672年出版了《中国碑刻》（*Monumenti Sinici*）一书，公布了自己的研究成果。可惜书中只印出了三个汉字（"庚申"和"文"）。

缪勒曾声称自己发明了理解中文的钥匙（Clavis Sinica），但从来没有公之于众。[1] 也许他所说的只是一个噱头。不过他一直在努力寻找汉字的规律却是不争的事实。他在1694年出版的《世界字符》（*Alphabeta Universi*）中，试图用汉字为英文字母标音。

下图中的英文字母缺少J，但有两个Z。缪勒在右侧列出字母，然后左侧是三种发音，最左边则用人名和地名举例。缪勒似乎对汉字的排列方向还有点迷惑，比如"荷兰国"三个字自左往右写，而"罗马"两个字则是自右往左写的。

---

1 Donald F. Lach：*The Chinese Studies of Andreas Müller*，in *Journal of the American Oriental Society*，v. 60，no. 4，p. 565.

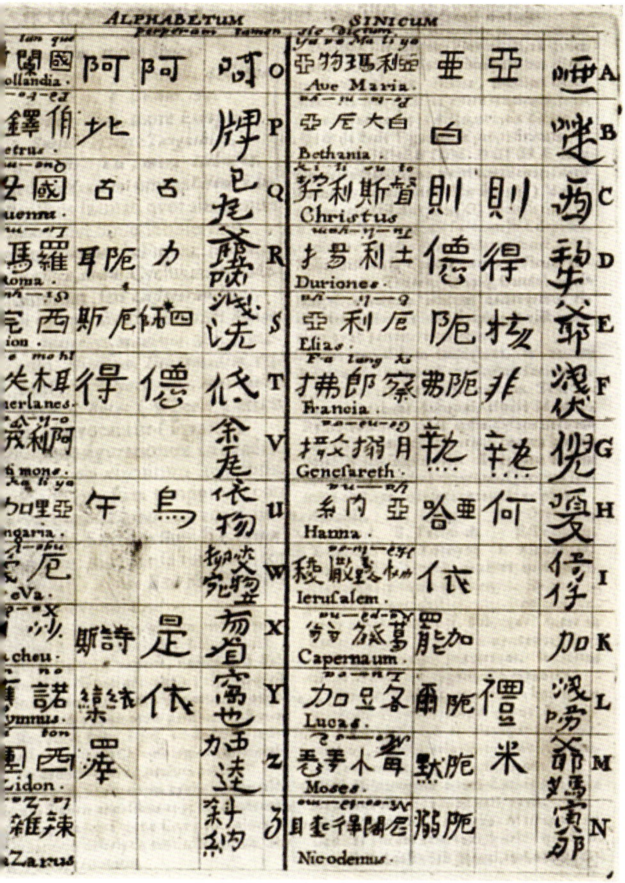

缪勒《世界字符》中的"汉语字母表"

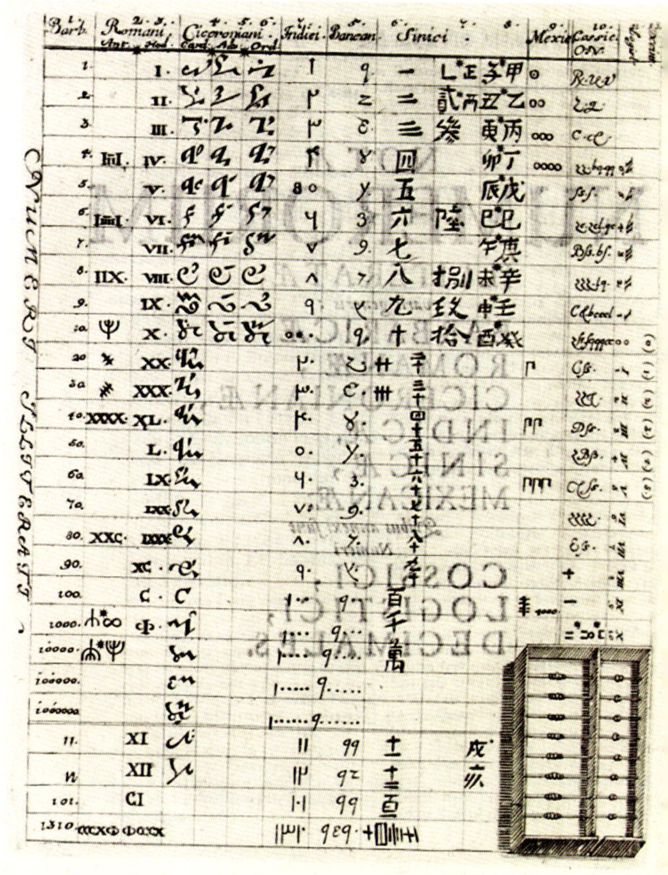

《世界文字》中的汉字数字表达法

　　缪勒还附上算盘和汉字数字、天干地支的写法，显然对中国人发明的计数工具以及数字的表达方式很着迷。

　　与缪勒同时代的德国汉学家门采尔也在孜孜不倦地研究汉字。他于 1685 年在《医学及自然科学年鉴》上发表了他编纂的《拉丁语汉语小词典》（*Sylloge Minutiarum Lexici Latino-Sinico-Characteristici*），此词典的前面有一篇短文，对汉字的特点进行了介绍，共列出了 32 条，其中包括草体、异体字、形声字等等相当专门的知识。

　　门采尔还在《小词典》的后面也附上了汉字数字表。他的表跟缪勒的似乎没有关系，因为缪勒的表中有"廿"和"卅"两个缩写的数字，而门采尔的表中没有。门采尔还抄录了《说文解字》中对"一"字的解释，说明他下工夫研读过中国传统的文字学著作。

门采尔的《拉丁语汉语小词典》第 1 页

《拉丁语汉语小词典》后的汉字数字表

1705 年，荷兰博学家魏岑趁他的《北鞑靼与东鞑靼》再版之际，加入了他收集到的一枚铁镜的图片。此铁镜出土于西伯利亚，上面有一圈古汉字铭文。魏岑得到铁镜后，爱不释手，立即请人制作成铜版画，并将画片的副本寄给当时欧洲的许多学者，包括大名鼎鼎的莱布尼茨（Gottfried Wilhelm Leibniz，1646—1716），请他们帮忙鉴定铁镜的年代并释读上面的文字。然而并没有得到有用的信息。最后还是荷兰东印度公司辗转向中国的学者求助，才有人解开了这些古汉字的谜底，并将铁镜的年代断定为 1800 年前，即中国的西汉时期。

魏岑收集的铁镜的背面花纹及铭文

魏岑铁镜的铭文及释文

由于在流传到西方的大量文物中，这枚铁镜曾引起东西方学者的广泛讨论，受到的重视可算是绝无仅有的。[1]因此在汉字流传到西方的历史上，值得记上一笔。

魏岑的铁镜是他的一位俄罗斯友人赠送的。而在俄罗斯生活过十多年的德国汉学家拜耳（Theophilus Siegfried Bayer，1694—1738）也曾竭力地收集中国的书籍和文物。他于 1730 年在圣彼得堡出版了两卷本的《汉语及中国文献详解》（*Museum Sinicum in quo Sinicae Linguae et Litteraturae ratio Explicatur*），其中收录了大量有关中国文字的资料。在全书 75 幅插图中，最引人注目的可能要数明代书法家杨士奇的一幅草书作品了。其内容是唐代诗人王维的《观猎》诗：

风劲角弓鸣，将军猎渭城。草枯鹰眼疾，雪尽马蹄轻。忽过新丰市，还归细柳营。回看射雕处，千里暮云平。

尽管这幅作品在制版时有点失真，但从中仍可看出酣畅淋漓的气势以及变化多端的笔法。而将中国著名书法家的作品在西方刊印发表，自学成才的汉学家拜耳有首创之功。

18 世纪有大量的西方传教士在中国传教之余，到处收集中国文物寄回欧洲，其中也包括一些书法作品。如法国传教士巴多明（Dominique Parrenin，1665—1741）就曾在 1730 年代送给法兰西科学院成员德·麦然（Dortous de Mairan）一幅《百寿图》。麦然说此幅书法差不多有"五尺高，两尺半宽。古老的汉字每个有将近五寸宽，两寸半长。以各种别出心裁的方式写出来，看上去总是赏心悦目"[2]。

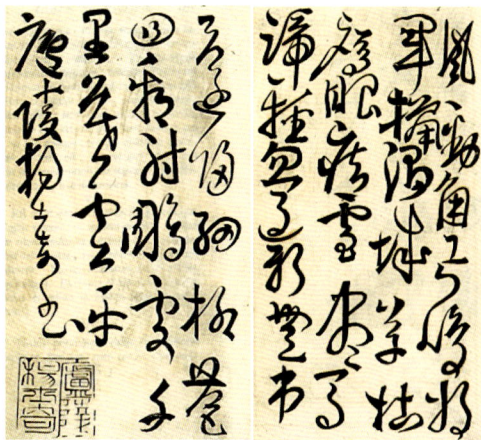

杨士奇书《观猎》诗

1763 年，在北京的耶稣会士们收到了一封来自英国王家科学院的信，询问埃及

1　Van Noord, W., & Weststeijn, T.：*The Global Trajectory of Nicolaas Witsen's Chinese Mirror.* In The *Rijksmuseum Bulletin*，63（4），p. 325.

2　*Lettres de M. de Mairan，au R. P. Parrenin，missionnaire de la Compagnie de Jesus，a Pekin. Contenant diverses questions sur la Chine*，Paris，1759，pp. 70–71.

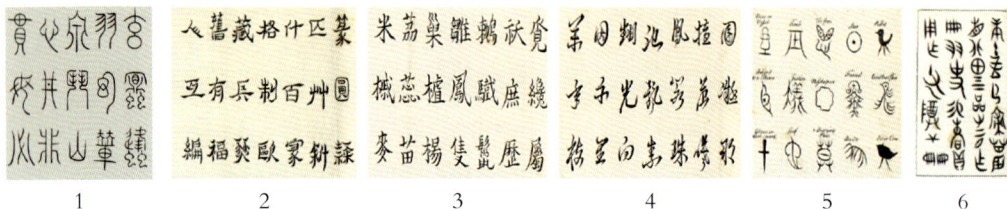

韩国英信中所附的部分汉字实例：1. 篆书；2. 隶书；3. 行书；4. 草书；5. 古文；6. 金文

古文字跟中国文字的关联性的问题。随信还有一幅刻着象形字的古代埃及半身塑像的铜版画。耶稣会士们进行了讨论，并请教了中国学者，最后由法国传教士韩国英（Pierre-Martial Cibot，1727—1780）执笔写了一封信，回答了英国人提出的问题。信中除了提到中国文字是最古老的文字、中国的造字原则是"六书"，因此跟埃及文字没有干系外[1]，还附上了多种字体的中国文字实例。

此信原以法文写成，其英文撮要和附图于 1769 年刊载于英国的《自然科学会报》（*Philosophical Transactions*）第 59 卷中。韩国英提出的无可辩驳的论据使最先主张汉字起源于埃及象形字的英国王家科学院院士尼达姆（Turberville Needham，1713—1781）自动放弃了自己的结论。[2]

此信的法文原版和附图于 1773 年出版单行本[3]，后被收录于 1776 年出版的《中国杂纂》的首卷。[4] 这些书籍中的附图让欧洲人有机会在继吉歇尔的《埃及的俄狄浦斯》和《中国图说》之后，再次接触到了历史悠久、形式多样的中国文字，从而拓宽了他们的眼界，增进了他们对中国文化的了解。

---

1 *Philosophical Transactions*，v. 59，London，1769，pp. 489–504.

2 见 *Biographical Dictionary of the Society for the Diffusion of Useful Knowledge*，v. II，pt. II，London，1843，p. 471。但书中误将给英国王家科学院回信的传教士说成是钱德明。后来有许多汉学家和传记作者都指出那封信出自韩国英之手。参见 Henri Cordier：*Bibliotheca Sinica*，v. 2，Paris，1878，p.793 及 Thompson Cooper：*Dictionary of National Biography*，v. 40，London，1894，p. 159。

3 *Lettre sur les Caractères Chinois*，Bruxelles，1773.

4 *Mémoires Concernant l'histoire，les Sciences，les Arts，les Mœurs，les Usages，&c. des Chinois*，Paris，1776，275–323; pl. I–VIII.